2021年度全国会计专业技术资格考试辅导用书

初级会计资格

经济法基础

JINGJIFA JICHU

鸭题库会计考试研究组 编

華中科技大學出版社
http://www.hustp.com
中国·武汉

图书在版编目（CIP）数据

初级会计资格经济法基础 / 鸭题库会计考试研究组编 .
— 武汉：华中科技大学出版社，2019.12（2020.10 重印）
ISBN 978-7-5680-5973-2

Ⅰ . ①初… Ⅱ . ①鸭… Ⅲ . ①经济法－中国－资格考试－自学参考资料 Ⅳ . ① D922.29

中国版本图书馆 CIP 数据核字 (2019) 第 291302 号

初级会计资格　经济法基础
Chuji Kuaiji Zige　Jingjifa Jichu

鸭题库会计考试研究组　编

策划编辑：汪粲
责任编辑：汪粲
封面设计：优学设计
责任监印：徐露
出版发行：华中科技大学出版社 (中国 · 武汉)　电话：(027) 81321913
武汉市东湖新技术开发区华工科技园　邮编：430223
录　　排：武汉市洪山区佳年华文印部
印　　刷：武汉市籍缘印刷厂
开　　本：787mm×1092mm　1/16
印　　张：15.5
字　　数：427 千字
版　　次：2020 年 10 月第 1 版第 2 次印刷
定　　价：**52.80** 元

前　言

本书是鸭题库专业会计名师团队以最新版的初级会计专业技术资格考试大纲为依据，深入研究和剖析历年考题，并在全方位把握初级会计考试命题特点的基础上精心编写而成。本书具有以下特点：

1. 精准备考——把握每章重难点，事半功倍

每一章设有考情分析模块，详列主要知识点及预估所占分值，使考生在备考时能精准把握考试重难点，做到有的放矢，提高备考效率。每一章内容重点突出、讲解细致、分析深刻，适用于各个阶段的备考考生，是帮助考生理清思路，有效备考的指路明灯。

2. 名师解读——知识点简练清晰，易于掌握

本书摒弃了累赘冗长的文字，采用通俗易懂的语言，并以图表文结合的方式，对知识点进行系统且直观的梳理，使内容透彻精练，便于考生理解记忆。除此之外，本书把易混淆的知识点进行对比总结，明确区分，深化识记，比如仲裁、民事诉讼、行政复议、行政诉讼之间，适用主体、适用范围、生效时间之间等的对比。本书对一些难以理解的知识点进行相关知识拓展补充，以加深理解，快速掌握；对于前后有所关联的知识点，采用了前后穿插，交互理解的方式，便于考生归纳记忆。

3. 讲练结合——辅以经典习题，学以致用

本书中的重难点内容，均配有经典习题，让考生在熟悉掌握的基础上能够学以致用。做题的过程中若有疑难，可直接扫描题目旁边的二维码查看名师讲解的视频。每道题目讲解详尽、深刻，并对所涉及的重要知识点进行高度提炼和深入分析，帮助考生充分吸收内化，达到理解掌握、举一反三的效果。

4. 优质课程——零基础入门必修，高效通关

本书配备了与初级会计考试新大纲同步的全套基础精讲课程，考生使用微信扫描本书封面的二维码即可免费学习。本课程由鸭题库一线会计名师精心讲解，通过对每章节内容的同步精讲，为考生细致分拆、剖析知识点，让考生在学习中建立会计学习的思维框架，使其对知识内容理解透彻，帮助考生零基础入门，高效通关。

感谢各位考生对鸭题库一直以来的信赖及支持，备考路上我们与你相伴，为你加油，预祝各位考生顺利通过考试。

考试资讯｜备考干货｜备考交流

尽在鸭题库！

目　录

第一章 总 论

微信扫二维码
看教材配套课程

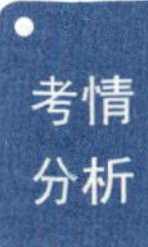

本章主要分为法律基础、经济纠纷的解决途径和法律责任三个部分，需要注意区别不同经济纠纷的解决途径。本章需要记忆的知识点较多，预估分值在8分左右。

第一节 法律基础

考点一 法和法律

（一）法和法律的概念

要　点		内　容
法的概念		法是由国家制定或认可，以权利义务为主要内容，由国家强制力保证实施的社会行为规范及其相应的规范性文件的总称
法律的概念	狭　义	法律专指拥有立法权的国家机关（国家立法机关）依照法定权限和程序制定颁布的规范性文件
	广　义	法律指法的整体，即由国家制定或认可，以权利义务为主要内容，由国家强制力保证实施的社会行为规范及其相应的规范性文件的总称

（二）法的本质与特征

要　点		内　容
法的本质		①法是统治阶级的国家意志的体现；其意志是由统治阶级的物质生活条件决定的，是社会客观需要的反映 ②法体现的是统治阶级的整体意志和根本利益，而不是统治阶级每个成员个人意志的简单相加 ③法体现的不是一般的统治阶级意志，而是统治阶级的国家意志
法的特征	国家意志性	由国家制定或认可才得以形成的规范
	国家强制性	凭借国家强制力的保证获得普遍遵行的效力
	规范性	确定人们在社会关系中的权利和义务的行为规范，具有能为人们提供一个行为模式、标准的属性（概括性）。通过规定人们的权利和义务来分配利益，从而影响人们的动机和行为，进而影响社会关系，实现统治阶级的意志和要求，维护社会秩序（利益导向性）
	明确公开性和普遍约束性	法是明确而普遍适用的规范，对所有社会成员及其活动都普遍适用。法具有明确的内容，能使人们预知自己或他人一定行为的法律后果（可预测性）

【例题 1：单选题】下列关于法的本质与特征的表述中，正确的是（　　）。

A. 法是“全体社会成员”意志的体现

B. 法是由统治阶级的精神生活条件决定的

C. 法凭借国家强制力的保证而获得普遍遵行的效力

D. 法是明确而在特定情况下适用的规范

扫二维码　视频讲解

【答案】C

【解析】法只能是统治阶级意志的体现，是由统治阶级的物质生活条件决定的，是社会客观需要的反映；法是明确而普遍适用的规范。

【例题 2：多选题】根据我国法律制度的规定，法的特征包括（　　）。

A. 规划性　　B. 利益导向性

C. 国家强制性　　D. 国家意志性

【答案】BCD

考点二 法律关系

（一）法律关系的概念

法律关系是法律规范在调整人们的行为过程中所形成的一种特殊的社会关系，即法律上的权利与义务关系。包括：民事法律关系、行政法律关系、经济法律关系。

（二）法律关系的要素

法律关系是由法律关系的主体、法律关系的内容和法律关系的客体三个要素构成的。缺少其中任何一个要素，都不能构成法律关系。

1. 法律关系的主体

又称法律主体，是指参加法律关系，依法享有权利和承担义务的当事人，任何一个法律关系至少有两个主体。

（1）法律关系主体的种类。

①自然人：公民是指具有一国国籍的自然人，即生物学上的人，是基于出生而取得主体资格的人。既包括中国公民，也包括居住在中国境内或在境内活动的外国公民和无国籍人。

②组织（法人和非法人组织）：国家机关、企事业组织、各政党和社会团体、个人独资企业、合伙企业等。

③国家：在国际上，国家是国际公法关系的主体。

（2）法律关系的主体资格。

①权利能力是指法律关系主体能够参加某种法律关系，依法享有一定权利和承担一定义务的法律资格，它是任何个人或组织参加法律关系的前提条件。

公民的权利能力依不同标准可以进行不同的分类。

分类标准	内　容	
根据享有权利能力的主体范围不同	一般权利能力	一国所有公民均具有的权利能力，它是任何人取得公民法律资格的基本条件，不能被任意剥夺或解除
	特殊权利能力	公民在特定条件下具有的法律资格，这种资格并不是每个公民都可以享有，而只授予某些特定的法律主体
按照法律部门不同	民事权利能力、政治权利能力、行政权利能力、劳动权利能力、诉讼权利能力等	

【提示】

①人的整体只能是法律关系的主体，不能作为法律关系的客体；而人的部分可以作为客体的“物”，如当人的头发、血液、骨髓等器官从身体中分离出去，成为与身体相分的外部之物时，在某些情况下可以视为法律上的“物”。

②权利人对自己的人身不得进行违法或者有伤风化的活动，不得滥用人身或者自践人身和人格，如卖淫、自杀、自残行为就属于违法或法律不提倡的行为。

③对人身行使权利时必须依法进行，不得超出法律授权的界限，如有监护权的父母不得虐待未成年子女的人身。

④人身是客体，自然人是主体。

（3）精神产品。也称智力成果。如作品，发明、实用新型、外观设计，商标等。精神产品是一种精神形态的客体，是一种思想或者技术方案，不是物，但通常有物质载体，如书籍、图册、录像、录音等。

（4）行为（行为结果）。是指法律关系的主体为达到一定目的所进行的作为（积极行为）或不作为（消极行为），是人的有意识的活动。如生产经营行为、经济管理行为、完成一定工作的行为和提供一定劳务的行为；买卖合同法律关系的客体是“交付标的物的行为”和“支付货款的行为”等。

【例题：多选题】根据我国法律制度的规定，下列各项中，能够成为法律关系主体的有（　　）。

A. 人身　　B. 法人

C. 宠物　　D. 自然人

扫二维码　视频讲解

【答案】BD

【解析】选项A、C是法律关系的客体。

考点三　法律事实

法律事实，是指由法律规范所确定的，能够产生法律后果，即能够直接引起法律关系发生、变更或者消灭的情况。

任何法律关系的发生、变更和消灭，都要有法律事实的存在。法律事实是法律关系发生、变更和消灭的直接原因。

按照是否以当事人的意志为转移作标准，法律事实可以划分为两大类：法律事件和法律行为。

要　点		内　容
法律事件	含　义	不以当事人的主观意志为转移的，能够引起法律关系发生、变更和消灭的法定情况或者现象
	种　类	①绝对事件（自然现象）：如地震、洪水、台风、森林大火等非人的行为引起的 ②相对事件（社会现象）：爆发战争、重大政策的改变等，虽属人的行为引起，但其出现在特定法律关系中并不以当事人的意志为转移
法律行为	含　义	以法律关系主体意志为转移，能够引起法律关系发生、变更和消灭的人们有意识的活动
	分　类	①合法行为与违法行为 ②积极行为（作为）与消极行为（不作为）

（续表）

要 点		内 容
法律行为	分 类	③意思表示行为（如订立合同）与非表示行为（如拾得遗失物、发现埋藏物等） ④单方行为（如遗嘱、行政命令）与多方行为（如合同行为） ⑤要式行为与非要式行为 ⑥自主行为与代理行为

【例题：多选题】下列各项中，能够引起法律关系发生、变更和消灭的法律事实有（　　）。

A. 纵火　　B. 爆发战争

C. 地震　　D. 签发汇票

扫二维码 视频讲解

【答案】ABCD

【解析】选项B、C属于法律事实中的法律事件；选项A、D是属于法律事实中的法律行为，A、B、C、D都属于法律事实。

考点四 法的形式和分类

（一）法的形式

法的形式，即法学上所称的法的形式渊源，是指法的具体的表现形态，即法是由何种国家机关，依照什么方式或程序创制出来的，并表现为何种形式、具有何种效力等级的规范性法律文件。

1. 我国法的主要形式

我国法的形式有：宪法、法律、行政法规、地方性法规、自治条例和单行条例、特别行政区的法、规章、国际条约等。

形 式		制定机关	名 称
宪 法		全国人大	宪法
法 律		基本：全国人大 非基本：全国人大及常委会	××法
法 规	行政法规	国务院	××条例、办法、规定等
	地方性法规、自治条例、单行条例	地方人大及其常委会	××地方××条例
规 章	部门规章	国务院各部委	××办法 ××实施细则
	地方政府规章	地方人民政府	××地方××办法

【提示】

①法律分为基本法律和基本法律以外的法律两种。基本法律由全国人民代表大会制定和修改，在全国人民代表大会闭会期间，全国人民代表大会常务委员会也有权对其进行部分补充和修改，但不得同该法律的基本原则相抵触。基本法律以外的法律由全国人民代表大会常务委员会制定和修改。

②全国人民代表大会及其常务委员会还有权就有关问题作出规范性决议或决定，它们与法律具有同等地位和效力。

③最高人民法院的判决不属于法的形式。

④政府规章除不得与宪法、法律和行政法规相抵触外，还不得与上级和同级地方性法规相抵触。规章在法院审理行政案件时仅起参照作用。

⑤效力：宪法＞法律＞行政法规＞地方性法规＞同级地方政府规章。

【例题 1：单选题】下列法的形式中，效力最低的是（　　）。

A. 行政法规　　B. 地方性法规

C. 同级地方政府规章　　D. 法律

【答案】C

【解析】法的形式的效力等级：宪法＞法律＞行政法规＞地方性法规＞同级、下级地方政府规章。

【例题 2：多选题】下列规范性文件中，属于法律的是（　　）。

扫二维码　视频讲解

A. 国务院发布的《企业财务会计报告条例》

B. 上海市人民政府发布的《上海市旅游业管理办法》

C. 全国人民代表大会通过的《中华人民共和国民事诉讼法》

D. 全国人民代表大会常务委员会通过的《中华人民共和国审计法》

【答案】CD

【解析】选项 A 属于行政法规，选项 B 属于地方政府规章。

2. 法律效力等级及其适用规则

（1）不同形式的规范性法律文件之间是有效力等级和位阶划分的：宪法至上原则、法律高于法规原则、法规高于规章原则、行政法规高于地方性法规原则（上位法的效力优于下位法）。

（2）自治条例和单行条例依法对法律、行政法规、地方性法规作变通规定的，在本自治地方适用自治条例和单行条例的规定（自治条例和单行条例的变通规定优先）；经济特区法规根据授权对法律、行政法规、地方性法规作变通规定的，在本经济特区适用经济特区法规的规定（经济特区法规的变通规定优先）。

（3）同一机关制定的法律、行政法规、地方性法规、自治条例和单行条例、规章，特别规定与一般规定不一致的，适用特别规定（特别法优于一般法）；新的规定与旧的规定不一致的，适用新的规定（新法优于旧法）；法律、行政法规、地方性法规、自治条例和单行条例、规章不溯及既往，但为了更好地保护公民、法人和其他组织的权利和利益而作的特别规定除外。

（4）同一事项不同规定的适用规定：

①法律之间对同一事项的新的一般规定与旧的特别规定不一致时，由全国人民代表大会常务委员会裁决；

②行政法规之间对同一事项的新的一般规定与旧的特别规定不一致时，由国务院裁决；

③地方性法规、规章之间不一致时，由有关机关依照规定的权限作出裁决；

④同一机关制定的新的一般规定与旧的特别规定不一致时，由制定机关裁决；

⑤地方性法规与部门规章之间对同一事项的规定不一致时，由国务院提出意见，国务院认为应当适用地方性法规的，应当决定在该地方适用地方性法规的规定，认为应当适用部门规章的，应当提请全国人民代表大会常务委员会裁决；

⑥部门规章之间、部门规章与地方政府规章之间对同一事项的规定不一致时，由国务院裁决；

⑦根据授权制定的法规与法律不一致，不能确定如何适用时，由全国人民代表大会常务委员会裁决。

【总结】

事 项	效力原则
一般原则	上位法优于下位法、特别法优于一般法、新法优于旧法、经济特区法规的变通规定优先、自治条例和单行条例的变通规定优先
同一机关不一致	制定机关
新一般规定与旧特别规定不一致	①法律之间不一致由全国人民代表大会常务委员会裁决 ②行政法规之间不一致由国务院裁决
不同机关不一致	（1）地方性法规与部门规章之间 ①国务院认为适用地方法规，听国务院的 ②国务院认为适用部门规章，听全国人大常委会的 （2）部门规章之间、部门规章与地方政府规章：听国务院的
授权制定法规与法律不一致	由全国人民代表大会常务委员会裁决

【例题：多选题】下列关于适用法的效力原则，正确的有（ ）。

扫二维码 视频讲解

A. 中位法优于下位法

B. 特别法优于一般法

C. 新法优于旧法

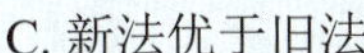

D. 法律、行政法规、地方性法规、自治条例和单行条例、规章不溯及既往，另有规定除外

【答案】BCD

【解析】上位法优于下位法。

（二）法的分类

划分标准	法的分类	记 忆
法的创制方式和发布形式	成文法和不成文法	创城
法的内容、效力和制定程序	根本法和普通法	城根
法的内容	实体法和程序法	内饰
法的空间效力、时间效力或对人的效力	一般法和特别法	效益
法的主体、调整对象和渊源	国际法和国内法	诸国
法律运用的目的	公法和私法	穆公

【提示】

①根本法是宪法，它规定国家制度和社会制度的基本原则。普通法泛指宪法以外的所有法律。

②一般法是指在一国领域内对一般公民、法人、组织和一般事项都普遍适用的法律；特别法是指只在一国的特定地域内或只对特定主体或在特定时期内或对特定事项有效的法律。

③习惯法是不成文法中常见的一种。

④凡是调整国家与公民或法人之间民事、经济关系，即调整平等主体之间的关系的法律，就是私法。

【例题：单选题】下列对法所作的分类中，以法的空间效力、时间效力或对人的效力为法律依据的是（　　）。

A. 根本法和普通法　　B. 一般法和特别法

C. 实体法和程序法　　D. 国际法和国内法

扫二维码　视频讲解

【答案】B

【解析】根本法和普通法：以法的内容、效力和制定程序为法律依据；实体法和程序法：以法的内容为法律依据；国际法和国内法以法的主体、调整对象和渊源为法律依据。

考点五　法律部门与法律体系

（一）法律部门与法律体系的概念

（1）法律部门（部门法）是指根据一定标准和原则所划定的同类法律规范的总称。法律部门划分的标准首先是法律调整的对象。

（2）法律体系：一个国家现行的法律规范分类组合为若干法律部门，由这些法律部门组成的具有内在联系的、相互协调的统一整体即为法律体系。

（二）我国现行的法律部门与法律体系

法律体系：
- ①宪法及宪法相关法法律部门
- ②民法、商法法律部门
- ③行政法法律部门
- ④经济法法律部门
- ⑤劳动法、社会法法律部门
- ⑥刑法法律部门
- ⑦诉讼与非诉讼程序法法律部门

第二节　经济纠纷的解决途径

考点一　经济纠纷的概念与解决途径

经济纠纷是指市场经济主体之间因经济权利和经济义务的矛盾而引起的权益争议，包括平等主体之间涉及经济内容的纠纷和公民、法人或者其他组织作为行政管理相对人与行政机关之间因行政管理所发生的涉及经济内容的纠纷。

在我国，解决经济纠纷的途径和方式主要有仲裁、民事诉讼、行政复议、行政诉讼。

1. 仲裁与民事诉讼

（1）作为平等民事主体的当事人之间发生的经济纠纷，只能在仲裁和民事诉讼两种方式中选择一种解决争议。

（2）都是适用于横向关系经济纠纷的解决方式。

（3）有效的仲裁协议可排除法院的管辖权，只有在没有仲裁协议或者仲裁协议无效，或者当事人放弃仲裁协议的情况下，法院才可以行使管辖权，这在法律上称为或裁或审原则。

2. 行政复议与行政诉讼

（1）当公民、法人或者其他组织认为行政机关的具体行政行为侵犯其合法权益时采取。

（2）都是适用于纵向关系经济纠纷的解决方式。

（3）都由行政管理相对人一方提出申请。

（4）有的可以直接向法院起诉，或者先申请行政复议，对行政复议决定不服时再起诉；有的只能先申请行政复议，对行政复议决定不服时再起诉；还有的只能通过行政复议，由行政机关对纠纷作出最终裁决。

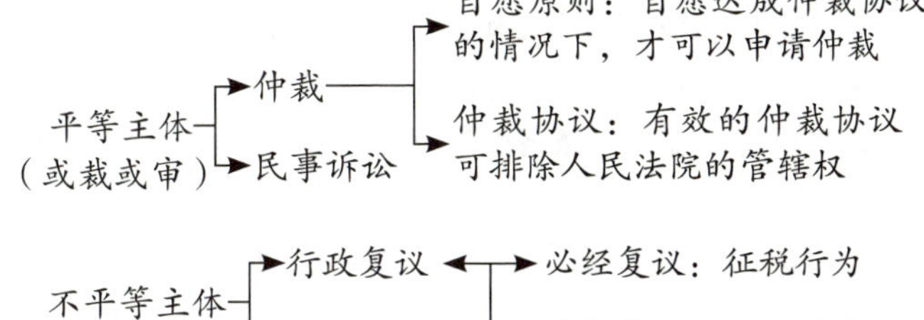

【例题1：判断题】作为平等民事主体的当事人之间发生的经济纠纷，可以在仲裁或者民事诉讼两种方法中选择其一解决争议。（　　）

【答案】√

【例题2：多选题】在我国，解决经济纠纷的途径主要有（　　）。

扫二维码　视频讲解

A. 仲裁　　B. 刑事诉讼

C. 行政复议　　D. 行政诉讼

【答案】ACD

【解析】在我国，解决经济纠纷的途径主要有仲裁、民事诉讼、行政复议、行政诉讼。

考点二 仲　裁

仲裁是指由经济纠纷的各方当事人共同选定仲裁机构，对纠纷依法定程序作出具有约束力的裁决的活动。

（一）仲裁的特征

（1）以双方当事人自愿协商为基础。

（2）由双方当事人自愿选择的中立第三者（仲裁机构）进行裁判。

（3）裁决对双方当事人都具有约束力。

【提示】仲裁机构是民间性的组织，不是国家的行政机关或司法机关，对经济纠纷案件没有强制管辖权。

（二）仲裁的适用范围

（1）根据《中华人民共和国仲裁法》（简称《仲裁法》）的规定，平等主体的公民、法人和其他组织之间发生的合同纠纷和其他财产权益纠纷，可以仲裁。

（2）不能提请仲裁的纠纷。

①婚姻、收养、监护、扶养、继承纠纷。

②依法应当由行政机关处理的行政争议。

（3）不适用《仲裁法》，不属于《仲裁法》所规定的仲裁范围，由别的法律予以调整。

①劳动争议的仲裁。

②农业集体经济组织内部的农业承包合同纠纷的仲裁。

【例题 1：多选题】下列关于仲裁特征的说法中，不正确的有（　　）。

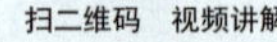

A. 以双方当事人自愿协商为基础

B. 由双方当事人自愿选择的中立第三者（仲裁机构）进行裁判

C. 裁决对双方当事人不具有约束力

D. 仲裁机构对经济纠纷案件有强制管辖权

【答案】CD

【解析】仲裁的特征包括：①以双方当事人自愿协商为基础；②由双方当事人自愿选择的中立第三者（仲裁机构）进行裁判。仲裁机构是民间性的组织，不是国家的行政机关或司法机关，对经济纠纷案件没有强制管辖权；③裁决对双方当事人都具有约束力。

【例题 2：判断题】商业、收养、监护、扶养、继承纠纷都能提请仲裁。（　　）

【答案】×

【解析】婚姻、收养、监护、扶养、继承纠纷，不能提请仲裁。

（三）仲裁的基本原则

1. 自愿原则

当事人采用仲裁方式解决纠纷，应由双方自愿，达成仲裁协议。没有仲裁协议，一方申请仲裁的，仲裁委员会不予受理。

2. 依据事实和法律，公平合理地解决纠纷的原则

仲裁要坚持以事实为依据，以法律为准绳的原则。在法律没有规定或者规定不完备的情况下，仲裁庭可以按照公平合理的一般原则来解决纠纷。

3. 独立仲裁原则

仲裁机关不依附于任何机关而独立存在，仲裁依法独立进行，不受任何行政机关、社会团体和个人的干涉。

4. 一裁终局原则

仲裁庭作出的仲裁裁决为终局裁决。裁决作出后，当事人就同一纠纷再申请仲裁或者向人民法院起诉的，仲裁委员会或者人民法院不予受理，仲裁协议无效除外。

【例题：判断题】当事人采用仲裁方式解决纠纷，应由双方自愿，达成仲裁协议。没有仲裁协议，一方申请仲裁的，仲裁委员会应予受理。（　　）

扫二维码　视频讲解

【答案】×

【解析】当事人采用仲裁方式解决纠纷，应由双方自愿，达成仲裁协议。没有仲裁协议，一方申请仲裁的，仲裁委员会不予受理。

（四）仲裁机构（仲裁委员会）

（1）仲裁委员会是民间组织，不按行政区划层层设立，可以在直辖市和省、自治区人民政府所在地的市设立，也可以根据需要在其他设区的市设立。（无地域管辖）

（2）仲裁委员会独立于行政机关，与行政机关没有隶属关系。仲裁委员会之间没有隶属关系。（无级别管辖）

（3）仲裁委员会组成：由主任 1 人、副主任 2 ～ 4 人和委员 7 ～ 11 人组成。仲裁委员会的组成人员中，法律、经济贸易专家不得少于 2/3。

法人权利能力的范围由法人成立的宗旨和业务范围决定，自法人成立时产生，至法人终止时消灭。

②行为能力：法律关系主体能够通过自己的行为实际取得权利和履行义务的能力。

我国《民法总则》将自然人民事行为能力划分为三类：

分 类	内 容
完全民事行为能力人	① 18 周岁以上的自然人 ② 16 周岁以上的未成年人，以自己劳动收入为主要生活来源
限制民事行为能力人	① 8 周岁以上的未成年人 ②不能完全辨认自己行为的成年人
无民事行为能力人	①不满 8 周岁的未成年人 ② 8 周岁以上的未成年人，不能辨认自己行为 ③不能辨认自己行为的成年人

【提示】“以上”“以下”“以内”“届满”包括本数，“超过”“不满”不包括本数。

《中华人民共和国刑法》（简称《刑法》）规定：

要 点	内 容
应当负刑事责任	①已满 16 周岁的人犯罪 ②已满 14 周岁不满 16 周岁的人，犯故意杀人、故意伤害致人重伤或死亡、强奸、抢劫、贩卖毒品、放火、爆炸、投毒罪的 ③间歇性精神病人在精神正常的时候犯罪
应当从轻或减轻	①已满 14 周岁不满 18 周岁的人犯罪 ②过失犯罪的
可以从轻或减轻	①已满 75 周岁的人故意犯罪的 ②尚未完全丧失辨认或者控制自己行为能力的精神病人犯罪的，应当负刑事责任，但可以从轻或减轻
不负刑事责任	精神病人在不能辨认或者不能控制自己行为的时候造成危害结果，经法定程序鉴定确认的

2. 法律关系的内容

法律关系主体所享有的权利和承担的义务；依法享有权利的主体称为权利主体或权利人，依法承担义务的主体称为义务主体或义务人；各方主体都既享有权利，又承担义务。

（1）没有无义务的权利，也没有无权利的义务，两者相辅相成。

（2）法律义务包括积极义务和消极义务。

（3）法律上的权利和义务，都受国家法律保障。

（4）权利可以选择放弃，但义务不能放弃。

3. 法律关系的客体

指法律关系主体的权利和义务所指向的对象。

（1）物，能满足人们需要，具有一定的稀缺性，并能为人们现实支配和控制的各种物质资源。如自然物、人造物、货币及有价证券，可以是有固定形态的，也可以是没有固定形态的（天然气、电力等）。

（2）人身、人格。人身和人格分别代表着人的物质形态和精神利益，是人之为人的两个不可或缺的要素。以人身、人格作为法律关系客体的范围，法律有严格的限制。

【例题1：多选题】根据《仲裁法》的规定，下列关于仲裁委员会的表述中，正确的有（ ）。

A. 仲裁委员会是行政机关

B. 没有仲裁协议，一方申请仲裁的，仲裁委员会不予受理

C. 仲裁委员会是民间组织

D. 仲裁委员会之间有隶属关系

扫二维码 视频讲解

【答案】BC

【解析】仲裁委员会是民间组织，仲裁委员会之间没有隶属关系。

【例题2：判断题】当事人申请仲裁，必须按照级别管辖和地域管辖的规定选择仲裁委员会。（ ）

【答案】×

【解析】根据规定，仲裁委员会不按照行政区划层层设立，由双方当事人自愿选择仲裁委员会，不受级别管辖和地域管辖的规定。

（五）仲裁协议

1. 仲裁协议的概念

仲裁协议是指双方当事人自愿把他们之间可能发生或者已经发生的经济纠纷提交仲裁机构裁决的书面约定。

【提示】仲裁协议应以书面形式订立；口头达成仲裁的意思表示无效。

2. 仲裁协议的内容

（1）请求仲裁的意思表示。

（2）仲裁事项。

（3）选定的仲裁委员会。

仲裁协议对仲裁事项或者仲裁委员会没有约定或者约定不明确的，当事人可以补充协议；达不成补充协议的，仲裁协议无效。

【提示】仲裁协议口头达成或达不成补充协议的，仲裁协议无效。

3. 仲裁协议的效力

（1）仲裁协议一经依法成立，即具有法律约束力。

仲裁协议独立存在，合同的变更、解除、终止或者无效，不影响仲裁协议的效力。

（2）仲裁庭有权确认合同的效力。

当事人对仲裁协议的效力有异议的，可以请求仲裁委员会作出决定或者请求人民法院作出裁定。一方请求仲裁委员会作出决定，另一方请求人民法院作出裁定的，由人民法院裁定。

当事人对仲裁协议的效力有异议，应当在仲裁庭首次开庭前提出。

（3）当事人达成仲裁协议，一方向人民法院起诉未声明有仲裁协议，人民法院受理后，另一方在首次开庭前提交仲裁协议的，人民法院应当驳回起诉，但仲裁协议无效的除外；另一方在首次开庭前未对人民法院受理该案提出异议的，视为放弃仲裁协议（非仲裁协议无效），人民法院应当继续审理。

【例题：单选题】朱某和赵某因买卖大米发生合同纠纷，朱某向法院提起诉讼，人民法院受理。在首次开庭前赵某提交了仲裁协议。下列说法正确的是（ ）。

A. 仲裁协议有效，法院驳回朱某诉讼

B. 仲裁协议无效，法院继续审理

C. 由朱某和赵某协商解决纠纷

D. 视为朱某和赵某放弃仲裁协议，法院继续审理

扫二维码 视频讲解

【答案】A

【解析】当事人达成仲裁协议，一方向人民法院起诉未声明有仲裁协议，人民法院受理后，另一方在首次开庭前提交仲裁协议的，人民法院应当驳回起诉，但仲裁协议无效的除外。

（六）仲裁裁决

（1）《仲裁法》规定，仲裁不实行级别管辖和地域管辖，仲裁委员会应当由当事人协议选定。

（2）仲裁庭组成（3 或 1）。

①仲裁庭由 3 名仲裁员或 1 名仲裁员组成，由 3 名仲裁员组成的，设首席仲裁员。当事人约定由 3 名仲裁员组成仲裁庭的，应当各自选定或者各自委托仲裁委员会主任指定 1 名仲裁员，第 3 名仲裁员由当事人共同选定或者共同委托仲裁委员会主任指定。第 3 名仲裁员是首席仲裁员。

②当事人约定由 1 名仲裁员成立仲裁庭的，应当由当事人共同选定或者共同委托仲裁委员会主任指定。当事人没有在仲裁规则规定的期限内约定仲裁庭的组成方式或者选定仲裁员的，由仲裁委员会主任指定。

③裁决应当按照多数仲裁员的意见作出，少数仲裁员的不同意见可以记入笔录。仲裁庭不能形成多数意见时，裁决应当按照首席仲裁员的意见作出。

一种意见：最终裁决；两种意见：少数服从多数；三种意见：首席仲裁员。

（3）仲裁中的回避制度。

仲裁员有下列情形之一的，必须回避，当事人也有权提出仲裁员回避申请：

①是本案当事人或者当事人、代理人的近亲属；

②与本案有利害关系；

③与本案当事人、代理人有其他关系，可能影响公正仲裁的；

④私自会见当事人、代理人，或者接受当事人、代理人的请客送礼的。

（4）开庭、不公开。

①所谓开庭审理，是指在仲裁庭的主持下，在双方当事人和其他仲裁参与人的参加下，按照法定程序，对案件进行审理并作出裁决的方式。

当事人协议不开庭的，仲裁庭可以根据仲裁申请书、答辩书以及其他材料作出裁决。

②所谓不公开进行，是指仲裁庭在审理案件时不对社会公开，不允许群众旁听，也不允许新闻记者采访和报道。

当事人协议公开的，可以公开进行；但涉及国家秘密的除外。

（5）当事人的和解。

达成和解协议的，可以请求仲裁庭根据和解协议作出裁决书，也可以撤回仲裁申请。

当事人达成和解协议，撤回仲裁申请后反悔的，可以根据仲裁协议申请仲裁。

（6）仲裁庭的调解。

仲裁庭在作出裁决前，可以先行调解。当事人自愿调解的，仲裁庭应当调解。调解不成的，应当及时作出裁决。调解达成协议的，仲裁庭应当制作调解书或者根据协议的结果制作裁决书。调解书与裁决书具有同等法律效力。

调解书经双方当事人签收后，即发生法律效力。在调解书签收前当事人反悔的，仲裁庭应当及时作出裁决。裁决书自作出之日起发生法律效力。

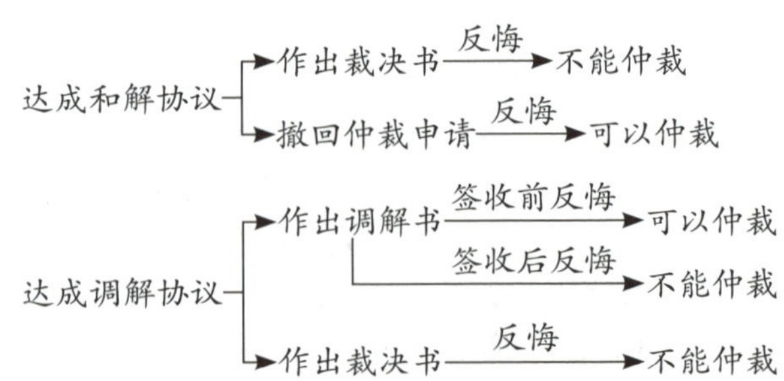

【提示】和解后可以反悔，调解生效前也可以反悔；仲裁庭一旦根据和解协议或调解书做出裁决书后，反悔也没用。

（7）当事人应当履行裁决。

一方当事人不履行的，另一方当事人可以依照《中华人民共和国民事诉讼法》（简称《民事诉讼法》）的有关规定向人民法院申请执行。受申请的人民法院应当执行。

【提示】

①当事人申请执行仲裁裁决案件，由被执行人住所地或者被执行人的财产所在地的中级法院管辖。

②仲裁裁决作出后，当事人就同一纠纷再申请仲裁或向人民法院起诉的，仲裁委员会或者人民法院不予受理。

【例题1：多选题】下列各项纠纷中，不可以提请仲裁的有（ ）。

A. 关于婚姻的纠纷　　B. 关于监护的纠纷

C. 关于财产权益的纠纷　　D. 关于扶养的纠纷

扫二维码 视频讲解

【答案】ABD

【解析】婚姻、收养、监护、扶养、继承纠纷（与人身有关）和行政争议（不平等主体）不能提请仲裁。

【例题2：多选题】下列关于仲裁审理的表述中，符合仲裁法律制度规定的有（ ）。

A. 除当事人协议外，仲裁开庭进行　　B. 仲裁员不实行回避制度

C. 当事人可以自行和解　　D. 仲裁庭可以进行调解

【答案】ACD

【解析】仲裁员存在某些法定情形的，必须回避，当事人也有权提出回避申请。

考点三 民事诉讼

公民之间、法人之间、其他组织之间以及他们相互之间因财产关系和人身关系发生纠纷，可以提起民事诉讼。

（一）民事诉讼的适用范围

（1）民事案件。

①由民法调整的物权关系、债权关系、知识产权关系、人身权关系引起的诉讼。如房屋产权争议案件、合同纠纷案件、侵犯著作案件、侵犯名誉权案件等。

②由婚姻法、继承法、收养法调整的婚姻家庭关系、继承关系、收养关系引起的诉讼。如离婚案件、追索扶养费案件、财产继承案件 、解除收养关系案件等。

③由经济法调整的经济关系中属于民事性质的诉讼。如因污染引起的侵权案件、因不正当竞争行为引起的损害赔偿案件等。

【提示】与人身有关的婚姻、收养、监护、扶养、继承纠纷，不能提请仲裁。（只审不裁）

（2）商事案件。指由商法调整的商事关系引起的诉讼。如票据案件、股东权益纠纷案件、保险合同纠纷案件、海商案件等。

（3）劳动争议案件。指因劳动法调整的社会关系发生的争议，法律规定适用民事诉讼程序的案件，如劳动合同纠纷案件等。

（4）法律规定人民法院适用民事诉讼法审理的非讼案件。

①适用特别程序审理的案件，如选民资格案件，宣告失踪或宣告死亡案件、认定公民无民事行为能力或限制行为能力案件等非诉案件。

②适用督促程序审理的案件。

③适用公示催告程序审理的案件。

【例题：多选题】下列关于民事诉讼的说法中，正确的有（　　）。

A. 李某和杨某发生的经济纠纷可以提起民事诉讼

B. 汤王公司和岁和公司因买卖货物发生的纠纷，可以提起民事诉讼

C. 王某因税收问题向税务局提起民事诉讼

D. 北雄公司股东之间发生股权纠纷可以提起民事诉讼

扫二维码　视频讲解

【答案】ABD

【解析】公民之间、法人之间、其他组织之间以及他们相互之间因财产关系和人身关系发生纠纷，可以提起民事诉讼。

（二）审判制度（两审终审制）

1. 合议制度

合议制度是指由3名以上（单数）审判人员组成审判组织，代表人民法院行使审判权，对案件进行审理并作出裁判的制度。

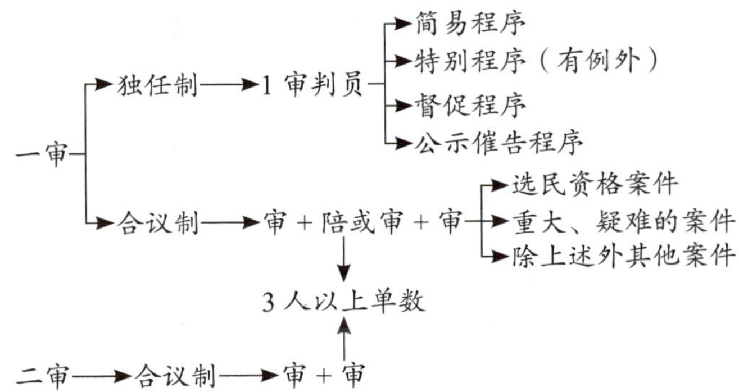

（1）一审：人民法院审理第一审民事案件，适用简易程序、特别程序（选民资格案件及重大、疑难的案件除外）督促程序、公示催告程序审理的民事案件由审判员一人独任审理，其他案件一律由审判员、陪审员共同组成合议庭或者由审判员组成合议庭。

（2）二审：人民法院审理第二审民事案件，由审判员（不包括陪审员）组成合议庭。

2. 回避制度

同仲裁回避制度。近亲属；有利害关系或其他关系；请客送礼。应当依法追究法律责任。

3. 公开审判制度

（1）审判过程公开。

①涉及国家秘密、个人隐私、法律另有规定的不公开。

②离婚案件，涉及商业秘密的案件，当事人申请不公开审理的，可以不公开审理。

（2）审判结果公开。

不论案件是否公开审理，一律公开宣告判决。

【提示】仲裁开庭不公开；当事人协议公开的，可以公开进行，但涉及国家秘密的除外。

4. 两审终审制度

指一个诉讼案件经过两级人民法院审判后即终结的制度。

（1）我国人民法院分为四级：最高人民法院、高级人民法院、中级人民法院、基层人民法院。

（2）一审审判后，当事人如果不服，有权在法定期限内向上一级人民法院提起上诉（15日），由该上一级人民法院进行第二审。

（3）二审人民法院的判决、裁定是终审的判决、裁定。

（4）两审终审制度的例外：

①适用特别程序、督促程序、公示催告程序和简易程序中的小额诉讼程序审理的案件，实行一审终审；

②最高人民法院所作的一审判决、裁定，为终审判决、裁定。

（5）对终审判决、裁定，当事人不得上诉。如发现终审裁判确有错误，可以通过审判监督程序予以纠正。

【提示】仲裁实行一裁终局制度，仲裁庭作出的仲裁裁决为终局裁决，仲裁裁决作出后，当事人就同一纠纷再申请仲裁或向人民法院起诉的，仲裁委员会或者人民法院不予受理。

【例题 1：判断题】离婚案件，涉及商业秘密的案件，不公开审理。（ ）

【答案】×

【解析】离婚案件，涉及商业秘密的案件，当事人申请不公开审理的，可以不公开审理。

【例题 2：单选题】甲、乙公司因技术转让合同的履行产生纠纷，甲公司向某人民法院提起诉讼，法院受理该案件。已知该案件涉及商业秘密，下列关于该案件是否公开审理的表述中，正确的是（ ）。（2020 年真题）

A. 该案件应当公开审理

B. 该案件不应当公开审理

C. 由双方当事人协商后决定是否公开审理

D. 当事人申请不公开审理的，可以不公开审理

扫二维码 视频讲解

【答案】D

【解析】涉及商业秘密的案件，当事人申请不公开审理的，可以不公开审理。

（三）诉讼管辖

1. 级别管辖

级别管辖是根据案件性质、案情繁简、影响范围，来确定上、下级人民法院受理第一审案件的分工和权限。大多数民事案件均归基层人民法院管辖。

2. 地域管辖

各级人民法院的辖区和各级行政区划是一致的。地域管辖又分为一般地域管辖、特殊地域管辖、专属管辖和协议管辖等。

【提示】仲裁无地域管辖和级别管辖。

（1）一般地域管辖，也叫普通管辖。通常实行“原告就被告”原则，即由被告住所地人民法院管辖，原告向被告住所地人民法院起诉。被告住所地与经常居住地不一致的，由经常居住地人民法院管辖。对不在中华人民共和国领域内居住的人、或者对下落不明或者宣告失踪的人提起的有关身份关系的诉讼；对被采取强制性教育措施或者被监禁的人提起的诉讼，由原告住所地人民法院管辖；原告住所地与经常居住地不一致的，由原告经常居住地人民法院管辖。被告住所地＞被告居住地＞原告住所地＞原告居住地。

（2）特殊地域管辖，是以诉讼标的所在地、法律事实所在地为标准确定人民管辖法院，也称特别管辖。《民事诉讼法》规定了 10 种属于特殊地域管辖的诉讼。

<table>
<tr><th colspan="2">纠 纷</th><th colspan="2">管辖法院</th></tr>
<tr><td rowspan="2">合同纠纷</td><td>一般合同纠纷</td><td>合同履行地</td><td rowspan="5">被告住所地</td></tr>
<tr><td>保险合同纠纷</td><td>保险标的物所在地</td></tr>
<tr><td colspan="2">票据纠纷</td><td>票据支付地</td></tr>
<tr><td rowspan="2">侵权行为</td><td colspan="2">侵权行为地（侵权行为实施地、侵权结果发生地）</td></tr>
<tr><td>信息网络侵权</td><td>侵权行为实施地（包括实施被诉侵权行为的计算机设备所在地）
侵权结果发生地（包括被侵权人住所地）</td></tr>
</table>

（续表）

纠纷		管辖法院	
侵权行为	产品、服务质量不合格侵权	产品制造地、产品销售地、服务提供地、侵权行为地	被告住所地
铁路、公路、水上和航空事故请求损害赔偿		事故发生地或者车辆、船舶最先到达地、航空器最先降落地	
铁路、公路、水上、航空运输和联合运输合同纠纷		运输始发地、目的地	
公司设立、确认股东资格、分配利润、解散等纠纷		公司所在地	

【提示】特别管辖不排除一般管辖。

（3）专属管辖，法律强制规定某类案件必须由特定的人民法院管辖，其他人民法院无权管辖，当事人也不得协议变更的管辖。专属管辖的案件主要有三类：

①因不动产纠纷提起的诉讼，由不动产所在地人民法院管辖；

②因港口作业中发生纠纷提起的诉讼，由港口所在地人民法院管辖；

③因继承遗产纠纷提起的诉讼，由被继承人死亡时住所地或者主要遗产所在地人民法院管辖。

（4）协议管辖。

合同或者其他财产权益纠纷的当事人可以书面协议选择被告住所地、合同履行地、合同签订地、原告住所地、标的物所在地等与争议有实际联系的地点的人民法院管辖，但不得违反《民事诉讼法》对级别管辖和专属管辖的规定。

（5）两个以上人民法院都有管辖权时管辖的确定（共同管辖和选择管辖）。

两个以上人民法院都有管辖权（共同管辖）的诉讼，原告可以向其中一个人民法院起诉；原告向两个以上有管辖权的人民法院起诉的，由最先立案（非最先起诉、最先受理）的人民法院管辖。

【例题 1：判断题】因铁路、公路、水上和航空事故请求损害赔偿提起的诉讼，由事故发生地或者车辆、船舶最先到达地、航空器最先降落地的人民法院管辖或者被告住所地人民法院管辖。（　　）

【答案】√

【解析】因铁路、公路、水上和航空事故请求损害赔偿提起的诉讼，由事故发生地或者车辆、船舶最先到达地、航空器最先降落地或者被告住所地人民法院管辖。

扫二维码　视频讲解

【例题 2：单选题】高某和孙某因遗产继承纠纷提起诉讼，下列有管辖权的是（　　）。

A. 高某所在地的人民法院　　B. 孙某所在地的人民法院

C. 主要遗产所在地的人民法院　　D. 被继承人出生医院所在地的人民法院

【答案】C

【解析】因继承遗产纠纷提起的诉讼，由被继承人死亡时住所地或者主要遗产所在地人民法院管辖。

（四）诉讼时效

1. 诉讼时效和诉讼时效期间的概念

诉讼时效是指权利人在法定期间内不行使权利而失去诉讼保护的制度。诉讼时效期间是指权利人请求人民法院或仲裁机关保护其民事权利的法定期间。

【提示】

①诉讼时效期间届满的，义务人可以提出不履行义务的抗辩。

②诉讼时效期间届满后，义务人同意履行的，不得以诉讼时效期间届满为由抗辩；义务人已自愿履行的，不得请求返还。

③人民法院不得主动适用诉讼时效的规定。

2. 诉讼时效期间的具体规定

（1）普通诉讼时效期间。

《民法总则》规定，向人民法院请求保护民事权利的诉讼时效期间为 3 年。法律另有规定的，依照其规定。

（2）最长诉讼时效期间：20 年。

诉讼时效期间自权利人知道或者应当知道权利受到损害以及义务人之日起计算。法律另有规定的，依照其规定。但是自权利受到损害之日起超过 20 年的，人民法院不予保护；有特殊情况的，人民法院可以根据权利人的申请决定延长。

【例题：单选题】民法规定，向人民法院请求保护民事权利的普通诉讼时效为（ ）。（2020 年真题）

扫二维码 视频讲解

A. 20 年　　B. 1 年

C. 3 年　　D. 2 年

【答案】C

【解析】普通诉讼时效期间。根据《民法总则》的规定，向人民法院请求保护民事权利的诉讼时效期间为 3 年。法律另有规定的，依照其规定。

3. 诉讼时效期间的中止

在诉讼时效期间的最后 6 个月内，因下列障碍不能行使请求权的，诉讼时效中止：

（1）不可抗力；

（2）无民事行为能力人或者限制民事行为能力人没有法定代理人，或者法定代理人死亡、丧失民事行为能力、丧失代理权；

（3）继承开始后未确定继承人或者遗产管理人；

（4）权利人被义务人或者其他人控制；

（5）其他导致权利人不能行使请求权的障碍。

从中止时效的原因消除之日起满 6 个月，诉讼时效期间届满。

4. 诉讼时效的中断

有下列情形之一的，诉讼时效中断：

（1）权利人向义务人提出履行请求的；

（2）义务人同意履行义务的；

（3）权利人提起诉讼或者申请仲裁的；

（4）与提起诉讼或者申请仲裁具有同等效力的其他情形。

从中断、有关程序终结时起，诉讼时效期间重新计算。

5. 不适用诉讼时效的情形

（1）请求停止侵害、排除妨碍、消除危险；

（2）不动产物权和登记的动产物权的权利人请求返还财产；

（3）请求支付抚养费、赡养费或者扶养费；

（4）依法不适用诉讼时效的其他请求权。

要 点	内 容
中 止	①不可抗力 ②无民事行为能力人或者限制民事行为能力人没有法定代理人，或者法定代理人死亡、丧失民事行为能力、丧失代理权 ③继承开始后未确定继承人或者遗产管理人 ④权利人被义务人或者其他人控制
中 断	①权利人向义务人提出履行请求的 ②义务人同意履行义务的 ③权利人提起诉讼或者申请仲裁的
不适用	①请求停止侵害、排除妨碍、消除危险 ②不动产物权和登记的动产物权的权利人请求返还财产 ③请求支付抚养费、赡养费或者扶养费

【例题：单选题】根据民事诉讼法律的规定，下列各项中，属于可导致诉讼时效中止的情形是（ ）。

A. 权利人向义务人提出履行请求的

B. 义务人同意履行义务的

C. 权利人提起诉讼或者申请仲裁的

D. 无民事行为能力人或者限制民事行为能力人没有法定代理人，或者法定代理人死亡、丧失民事行为能力、丧失代理权

扫二维码 视频讲解

【答案】D

【解析】ABC是诉讼时效的中断事由。

（五）判决和执行

1. 调解

人民法院审理民事案件，根据当事人自愿的原则，进行调解。当事人一方或者双方坚持不愿调解的，应当及时裁判。

（1）人民法院审理离婚案件，应当进行调解。

（2）适用特别程序、督促程序、公示催告程序的案件，婚姻等身份关系确认案件以及其他根据案件性质不能调解的案件，不得调解。

（3）调解书经双方当事人签收后，即具有法律效力。

【提示】

①独任制：适用简易程序、特别程序（选民资格案件及重大、疑难的案件除外）督促程序、公示催告程序审理的民事案件。

②一审终审：适用特别程序、督促程序、公示催告程序、简易程序中的小额诉讼程序审理的案件，最高人民法院所做的一审判决、裁定。

③不得调解：特别程序、督促程序、公示催告程序的案件，婚姻等身份关系确认案件。

2. 判决

当事人不服地方人民法院第一审判决的，有权在判决书送达之日起15日内向上一级人民法院提起上诉。

（1）如果在上诉期限内当事人不上诉，第一审判决就是发生法律效力的判决。

（2）第二审人民法院的判决是终审的判决，也就是发生法律效力的判决。最高人民法院的一审判决，以及依法不准上诉或者超过上诉期没有上诉的一审判决，是发生法律效力的判决。

【提示】

①仲裁的裁决书自作出之日起发生法律效力；调解书经双方当事人签收后，即发生法律效力。

②开庭公开：涉及国家秘密、个人隐私或者法律另有规定的不公开；离婚案件，涉及商业秘密的案件，当事人申请不公开审理的，可以不公开审理。

【例题：单选题】下列关于民事诉讼判决与执行的说法中，错误的是（ ）。

A. 调解书和其他应当由人民法院执行的法律文书，一方拒绝履行的，可以由审判员移送执行员执行

B. 发生法律效力的民事判决、裁定，一方拒绝履行的，对方当事人可以向人民法院申请执行

扫二维码 视频讲解

C. 人民法院审理民事案件可以根据当事人的意愿进行调解

D. 当事人不服地方人民法院第一审判决的，有权在判决书送达之日起 15 日内向上一级人民法院提起上诉

【答案】A

【解析】选项 A，调解书和其他应当由人民法院执行的法律文书，当事人必须履行。一方拒绝履行的，对方当事人可以向人民法院申请执行。

3. 执行

（1）发生法律效力的民事判决、裁定，当事人必须履行。一方拒绝履行的，对方当事人可以向人民法院申请执行，也可以由审判员移送执行员执行。

（2）对于发生法律效力的民事判决、裁定，以及刑事判决、裁定中的财产部分，由第一审人民法院或与第一审人民法院同级的被执行的财产所在地人民法院执行。

（3）调解书和其他应当由人民法院执行的法律文书，当事人必须履行。一方拒绝履行的，对方当事人可以向人民法院申请执行。

（4）法律规定由人民法院执行的其他法律文书，则由被执行人住所地或者被执行的财产所在地人民法院执行。

【例题：多选题】根据民事诉讼法律制度的规定，下列关于执行启动方式的表述中，正确的有（ ）。

扫二维码 视频讲解

A. 发生法律效力的民事判决、裁定，当事人必须履行。一方拒绝履行的，对方当事人可以向人民法院申请执行，也可以由审判员移送执行员执行

B. 对于发生法律效力的民事判决、裁定，以及刑事判决、裁定中的财产部分，由第一审人民法院或与第一审人民法院同级的被执行的财产所在地人民法院执行

C. 调解书和其他应当由人民法院执行的法律文书，当事人必须履行。一方拒绝履行的，对方当事人可以向人民法院申请执行

D. 法律规定由人民法院执行的其他法律文书，则由被执行人住所地或者被执行的财产所在地人民法院执行

【答案】ABCD

考点四　行政复议

（一）行政复议范围

公民、法人或者其他组织认为行政机关的具体行政行为侵犯其合法权益，符合《行政复议法》规定范围的，可以申请行政复议。

1. 可以申请行政复议的事项

（1）对行政机关作出的警告、罚款、没收违法所得、没收非法财物、责令停产停业、暂扣或者吊销许可证、暂扣或者吊销执照、行政拘留等行政处罚决定不服的。

（2）对行政机关作出的限制人身自由或者查封、扣押、冻结财产等行政强制措施决定不服的。

（3）对行政机关作出的有关许可证、执照、资质证、资格证等证书变更、中止、撤销的决定不服的。

（4）对行政机关作出的关于确认土地、矿藏、水流、森林、山岭、草原、荒地、滩涂、海域等自然资源的所有权或者使用权的决定不服的。

（5）认为行政机关侵犯其合法的经营自主权的。

（6）认为行政机关变更或者废止农业承包合同，侵犯其合法权益的。

（7）认为行政机关违法集资、征收财物、摊派费用或者违法要求履行其他义务的。

（8）认为符合法定条件，申请行政机关颁发许可证、执照、资质证、资格证等证书，或者申请行政机关审批、登记有关事项，行政机关没有依法办理的。

（9）申请行政机关履行保护人身权利、财产权利、受教育权利的法定职责，行政机关没有依法履行的。

（10）申请行政机关依法发放抚恤金、社会保险金或者最低生活保障费，行政机关没有依法发放的。

（11）认为行政机关的其他具体行政行为侵犯其合法权益的，公民、法人或者其他组织在对具体行政行为申请行政复议时，可以一并向行政复议机关提出对该项规定的审查申请：

①国务院部门的规定；

②县级以上地方各级人民政府及其工作部门的规定；

③乡、镇人民政府的规定。

【提示】仅限于各种规定，不包括国务院部、委员会规章和地方人民政府规章。

2. 行政复议的排除事项

（1）不服行政机关作出的行政处分或者其他人事处理决定，可依照有关法律、行政法规的规定提出申诉。

（2）不服行政机关对民事纠纷作出的调解或者其他处理，可依法申请仲裁或者向人民法院提起诉讼。

【例题：多选题】下列纠纷中，当事人可以向行政复议机关申请行政复议的有（　　）。（2020年真题）

A. 李某对公安机关作出的给予其行政拘留决定不服引起的纠纷

B. 甲公司对行政机关作出的查封其财产的行政强制措施决定不服引起的纠纷

C. 杨某对所任职的税务局作出的免除其职务的决定不服引起的纠纷

D. 公司对市场监管管理局作出的吊销其餐饮服务许可证不服引起的纠纷

扫二维码　视频讲解

【答案】ABD

【解析】不服行政机关作出的行政处分或者其他人事处理决定，依照有关法律、行政法规的规定提出的申诉不能申请行政复议。

（二）行政复议申请和受理

（1）时间：公民、法人或者其他组织认为具体行政行为侵犯其合法权益的，可以自知道该具体行政行为之日起60日内提出行政复议申请。

（2）申请方式：申请人申请行政复议，可以书面申请，也可以口头申请。

（3）行政复议机关受理行政复议申请，不得向申请人收取任何费用。

（4）公民、法人或者其他组织向人民法院提起行政诉讼，人民法院已经依法受理的，不得申请行政复议。

（5）行政复议期间，具体行政行为不停止执行，但有下列情形之一的，可以停止执行：

①被申请人认为需要停止执行的；

②行政复议机关认为需要停止执行的；

③申请人申请停止执行，行政复议机关认为其要求合理，决定停止执行的；

④法律规定停止执行的。

【提示】

①当事人申请仲裁必须有书面的仲裁协议，口头无效。

②当事人提起民事诉讼、行政诉讼可以是书面的，也可以是口头的。

③民事诉讼：当事人不服地方人民法院第一审判决的，有权在判决书送达之日起15日内向上一级法院提起上诉。

【例题：多选题】根据行政复议法律制度的规定，下列表述中，不正确的有（ ）。

A. 不服行政机关作出的行政处分，可以申请行政复议

B. 申请人申请行政复议，可以书面申请，也可以口头申请

C. 行政复议机关受理行政复议申请，不得向申请人收取任何费用

扫二维码 视频讲解

D. 公民、法人或者其他组织认为具体行政行为侵犯其合法权益的，可以自知道该具体行政行为之日起15日内提出行政复议申请

【答案】AD

（三）行政复议参加人和行政复议机关

（1）行政复议参加人，是指具体参加行政复议活动全过程，以保护其合法权益不受非法侵害的人。行政复议参加人包括申请人、被申请人和第三人（无行政复议机关）。

申请人：申请行政复议的公民、法人或者其他组织。

被申请人：作出具体行政行为的行政机关。

第三人：同申请行政复议的具体行政行为有利害关系的其他公民、法人或者其他组织。

【例题：单选题】根据行政复议法律制度的规定，下列各项中，不属于行政复议参加人的是（ ）。

A. 申请人　　B. 被申请人

C. 第三人　　D. 行政复议机关

扫二维码 视频讲解

【答案】D

【解析】行政复议参加人包括申请人、被申请人和第三人，但不包括行政复议机关。

（2）行政复议机关是指依照《行政复议法》履行行政复议职责的行政机关。

①对县级以上地方各级人民政府工作部门的具体行政行为不服的，由申请人选择，可以向该部门的本级人民政府申请行政复议，也可以向上一级主管部门申请行政复议。

②对海关、金融、国税、外汇管理等实行垂直领导的行政机关和国家安全机关的具体行政行为不服的，向上一级主管部门申请行政复议。

③对地方各级人民政府的具体行政行为不服的，向上一级人民政府申请行政复议。

④对省、自治区人民政府依法设立的派出机关所属的县级地方人民政府的具体行政行为不服的，向该派出机关申请行政复议。

被申请人	复议机关
县级以上部门	本级政府
县级以上部门	上级主管部门
垂直机关（海、金、税、外）	上级主管部门
各级政府	上级政府
国务院部委省级政府	原来
派出机关所属的县级政府	派出机关

⑤对国务院部门或者省、自治区、直辖市人民政府的具体行政行为不服的，向作出该具体行政行为的国务院部门或者省、自治区、直辖市人民政府申请行政复议。对行政复议决定不服的，可以向人民法院提起行政诉讼，也可以向国务院申请裁决。

【例题：单选题】某企业对甲省乙市国税部门给予其行政处罚的决定不服，申请行政复议。下列各项中，应当受理该企业行政复议申请的机关是（　　）。

A. 乙市国税部门　　B. 乙市人民政府

C. 甲省国税部门　　D. 甲省人民政府

扫二维码　视频讲解

【答案】C

【解析】对海关、金融、国税、外汇管理等实行垂直领导的行政机关和国家安全机关的具体行政行为不服的，向上一级主管部门申请行政复议。

（四）行政复议决定

（1）行政复议决定原则上采取书面审查的方法。

（2）行政复议的举证责任，由被申请人承担。

【提示】在民事诉讼中，一般由原告承担举证的责任。

（3）复议决定的时间：行政复议机关应当自受理申请之日起 60 日内作出行政复议决定；但是法律规定的行政复议期限少于 60 日的除外。情况复杂，不能在规定期限内作出行政复议决定的，经行政复议机关的负责人批准，可以适当延长，但延长期限最多不得超过 30 日。

【提示】复议申请是当事人自知道具体行政行为之日起 60 日内提出。

（4）行政复议决定的类型。

①具体行政行为认定事实清楚、证据确凿、适用依据正确、程序合法、内容适当的，决定维持。

②被申请人不履行法定职责的，决定其在一定期限内履行。

③具体行政行为有下列情形之一的，行政复议机关应决定予以撤销、变更或者确认其具体行政行为违法：主要事实不清、证据不足的；适用依据错误的；违反法定程序的；超越或者滥用职权的；具体行政行为明显不当的。

（5）复议决定书的生效：行政复议决定书一经送达，即发生法律效力。

【提示】

①仲裁的裁决书自作出之日起发生法律效力。

②仲裁调解书一经双方当事人签收即发生法律效力。

③一审判决书自送达之日起 15 日内不上诉，发生法律效力。

④行政复议机关责令被申请人重新作出具体行政行为的，被申请人不得以同一事实和理由作出与原具体行政行为相同或者基本相同的具体行政行为。

（6）申请人逾期不起诉又不履行行政复议决定的，或者不履行最终裁决的行政复议决定的，按照下列规定分别处理：

①维持具体行政行为的行政复议决定，由作出具体行政行为的行政机关依法强制执行，或者申请法院强制执行；

②变更具体行政行为的行政复议决定，由行政复议机关依法强制执行，或者申请法院强制执行。

【提示】如果一方当事人不履行仲裁裁决的，另一方当事人可以按照《民事诉讼法》的有关规定向人民法院申请执行。

不履行
- 被申请人→复议机关责令限期履行
- 申请人
  - 维持→行政机关或法院强制执行
  - 变更→复议机关或法院强制执行

【例题1：多选题】根据行政复议法律制度的规定，被申请人的下列具体行为中，行政复议机关应当予以撤销、变更或者确认违法的有（ ）。

A. 主要事实不清、证据不足的行政行为　　B. 违反法定程序的行政行为

C. 超越或者滥用职权的行政行为　　D. 适用依据错误的行政行为

扫二维码 视频讲解

【答案】ABCD

【解析】①主要事实不清、证据不足；②适用依据错误；③违反法定程序；④超越或者滥用职权；⑤具体行政行为明显不当。

【例题2：判断题】行政复议期间被申请人认为具体行政行为需要停止执行的，具体行政行为可以停止执行。（ ）

【答案】√

考点五 行政诉讼

行政诉讼是指公民、法人或者其他组织认为行政机关或法律、法规授权的组织的行政行为侵犯其合法权益，依法向人民法院请求司法保护，人民法院通过对被诉行政行为的合法性进行审查，在双方当事人和其他诉讼参与人的参与下，对该行政争议进行审理和裁判的司法活动。

（一）行政诉讼的适用范围

法院受理公民、法人和其他组织对下列具体行政行为不服提起的行政诉讼：

（1）对行政拘留、暂扣或者吊销许可证和执照、责令停产停业、没收违法所得、没收非法财物、罚款、警告等行政处罚不服的；

（2）对限制人身自由或者对财产的查封、扣押、冻结等行政强制措施和行政强制执行不服的；

（3）申请行政许可，行政机关拒绝或者在法定期限内不予答复，或者对行政机关作出的有关行政许可的其他决定不服的；

（4）对行政机关作出的关于确认土地、矿藏、水流、森林、山岭、草原、荒地、滩涂、海域等自然资源的所有权或者使用权的决定不服的；

（5）对征收、征用决定及其补偿决定不服的；

（6）申请行政机关履行保护人身权、财产权等合法权益的法定职责，行政机关拒绝履行或者不予答复的；

（7）认为行政机关侵犯其经营自主权或者农村土地承包经营权、农村土地经营权的；

（8）认为行政机关滥用行政权力排除或者限制竞争的；

（9）认为行政机关违法集资、摊派费用或者违法要求履行其他义务的；

（10）认为行政机关没有依法支付抚恤金、最低生活保障待遇或者社会保险待遇的；

（11）认为行政机关不依法履行、未按照约定履行或者违法变更、解除政府特许经营协议、土地房屋征收补偿协议等协议的；

（12）认为行政机关侵犯其他人身权、财产权等合法权益的。

人民法院不受理公民、法人或者其他组织对下列事项提起的诉讼：

（1）国防、外交等国家行为；

（2）行政法规、规章或者行政机关制定、发布的具有普遍约束力的决定、命令；

（3）行政机关对行政机关工作人员的奖惩、任免等决定；

（4）法律规定由行政机关最终裁决的具体行政行为。

【提示】对行政机关内部奖罚决定不服，只能申诉，不能复议或诉讼。

【例题：多选题】行政机关工作人员对行政机关作出的下列决定不服提起的行政诉讼，法院不予受理的有（　　）。

A. 任命决定　　B. 免职决定

C. 记过决定　　D. 奖励决定

扫二维码　视频讲解

【答案】ABCD

【解析】人民法院不受理下列诉讼：①国防、外交等国家行为；②行政法规、规章或者行政机关制定、发布的具有普遍约束力的决定、命令；③行政机关对行政机关工作人员的奖惩、任免等决定；④法律规定由行政机关最终裁决的行政行为。

（二）行政诉讼管辖

管　辖	管辖权
级别管辖	基层人民法院管辖第一审行政案件 【提示】基层人民法院管辖大部分民事案件
	中级人民法院管辖下列第一审行政案件： ①对国务院部门或者县级以上地方人民政府所作的行政行为提起诉讼的案件 ②海关处理的案件 ③本辖区内重大、复杂的案件 ④其他法律规定由中级人民法院管辖的案件
地域管辖	①行政案件由最初作出具体行政行为的行政机关所在地人民法院管辖。经复议的案件，也可以由复议机关所在地人民法院管辖 ②两个以上人民法院都有管辖权的案件，原告可以选择其中一个人民法院提起诉讼。由最先立案的人民法院管辖（同民事诉讼） ③经最高人民法院批准，高级人民法院可以根据审判工作的实际情况，确定若干人民法院跨行政区域管辖行政案件 ④因不动产提起的行政诉讼，由不动产所在地人民法院管辖（同民事诉讼）

【例题：单选题】根据行政诉讼法律制度的规定，对省级人民政府所作的行政行为提起的诉讼，第一审行政案件由（　　）管辖。

A. 基层人民法院　　B. 中级人民法院

C. 高级人民法院　　D. 最高人民法院

扫二维码　视频讲解

【答案】B

【解析】对国务院部门或者县级以上地方人民政府所作的行政行为提起的诉讼，第一审行政案件由中级人民法院管辖。

（三）起诉和受理

（1）对属于人民法院受案范围的行政案件，公民、法人或者其他组织可以先向行政机关申请复议，对复议决定不服的，再向人民法院提起诉讼；也可以直接向人民法院提起诉讼。

法律、法规规定应当先向行政复议机关申请行政复议，对行政复议决定不服再向人民法院提起行政诉讼的，依照法律、法规的规定。

（2）公民、法人或者其他组织不服复议决定的，可以在收到复议决定书之日起 15 日内向人民法院提起诉讼。复议机关逾期不作决定的，申请人可以在复议期满之日起 15 日内向人民法院提起诉讼。

（3）公民、法人或者其他组织直接向人民法院提起诉讼的，应当自知道或者应当知道作出行政行为之日起 6 个月内提出，法律另有规定的除外。

（4）公民、法人或其他组织申请行政机关履行保护其人身权、财产权等合法权益的法定职责，行政机关在接到申请之日起 2 个月内不履行的，可以起诉。

（5）因不动产提起的诉讼的案件自行政行为作出之日起超过 20 年，其他案件自行政行为作出之日起超过 5 年提起诉讼的，人民法院不予受理。

（6）起诉应当向法院递交起诉状，并按照被告人数提出副本。书写起诉状确有困难的，可以口头起诉。

（7）法院接到起诉状，对符合起诉条件的，应当登记立案。对当场不能判定是否符合法律规定的起诉条件的，应当接收起诉状，出具注明收到日期的书面凭证，并在 7 日内决定是否立案。不符合起诉条件的，作出不予立案的裁定，裁定书应当载明不予立案的理由。原告对裁定不服的，可以提起上诉。

【提示】

①公民、法人或者其他组织认为具体行政行为侵犯其合法权益的，可以自知道该具体行政行为之日起 60 日内提出行政复议申请。行政复议机关应当自受理申请之日起 60 日内作出行政复议决定。

②民事诉讼当事人不服地方人民法院第一审判决的，有权在判决书送达之日起 15 日内向上一级法院提起上诉。

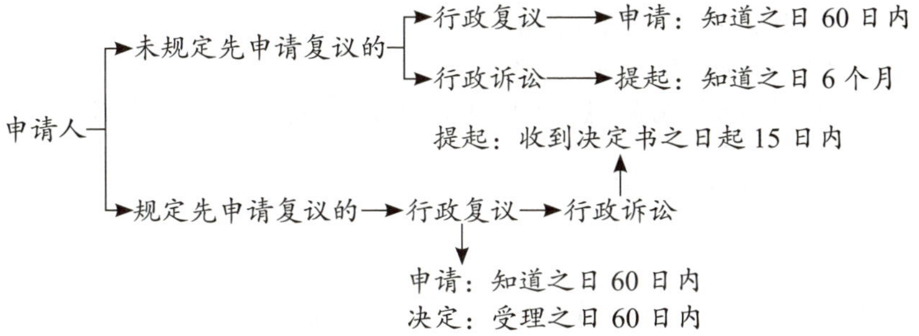

（四）审理和判决

（1）公开审理制度。

人民法院公开审理行政案件，但涉及国家秘密、个人隐私和法律另有规定的除外。

涉及商业秘密的案件，当事人申请不公开审理的，可以不公开审理。（一律公开宣告判决）

【提示】

①人民法院审理民事案件，除涉及国家秘密、个人隐私或者法律另有规定的以外，应当公开进行。离婚案件、涉及商业秘密的案件，当事人申请不公开审理的，可以不公开审理。不论案件是否公开审理，一律公开宣告判决。

②经济仲裁开庭不公开进行；当事人协议公开的，可以公开进行，但涉及国家秘密的除外。

（2）合议庭制。

人民法院审理行政案件，由审判员组成合议庭，或者由审判员、陪审员组成合议庭。合议庭的成员，应当是3人以上的单数。

（3）回避制度。

当事人认为审判人员、书记员、翻译人员、鉴定人、勘验人与本案有利害关系或者有其他关系可能影响公正审判，有权申请上述人员回避。

【提示】经济仲裁、民事诉讼、行政诉讼中均规定了回避制度。

（4）人民法院审理行政案件，不适用调解；但是行政赔偿、补偿以及行政机关行使法律、法规规定的自由裁量权的案件可以调解。

【提示】经济仲裁、民事诉讼可调解。

（5）人民法院审理行政案件，以法律和行政法规、地方性法规为依据。人民法院审理行政案件，参照规章。

（6）人民法院应当在立案之日起6个月内作出一审判决，当事人不服第一审判决的，有权在判决书送达之日起15日内向上一级人民法院提起上诉；当事人不服人民法院第一审裁定的，有权在裁定书送达之日起10日内向上一级人民法院提起上诉。

【例题1：判断题】人民法院审理行政案件，可以对当事人双方进行调解，促其达成调解协议。（　）

【答案】×

【解析】审理行政案件，不适用调解；但是行政赔偿、补偿以及行政机关行使自由裁量权的案件可以调解。

扫二维码　视频讲解

【例题2：多选题】根据行政诉讼法律制度的规定，下列关于人民法院审理行政案件是否适用调解的表述中，正确的有（　）。

A. 人民法院审理行政案件，不适用调解，但存在例外情况

B. 人民法院审理行政赔偿的案件，可以调解

C. 人民法院审理行政补偿的案件，可以调解

D. 人民法院审理行政机关行使法律、法规规定的自由裁量权的案件，可以调解

【答案】ABCD

【总结1】

区　别	仲　裁	民事诉讼	行政复议	行政诉讼
适用主体	平等主体		不平等主体	
原则或制度	4项原则	4项制度		
管辖权	无级别、地域管辖	级别、地域管辖	级别管辖	级别、地域管辖
适用范围	2+2排除	5类案件	2个排除	4个排除

（续表）

区 别	仲 裁	民事诉讼	行政复议	行政诉讼
审理形式	开庭不公开	开庭公开	不开庭	开庭公开
判 决	一裁终局	两审终审	一级复议	二审终审
生效时间	作出之日	一审送达 15 日	送达之日	一审送达 15 日或 10 日
是否可以调解	可以调解		无规定	不可调解，赔偿诉讼除外
申请形式	书面	书面、口头	书面、口头	书面、口头

【总结 2】 适用范围排除事项

类 型	排除事项
仲 裁	①不能提请：婚姻、收养、监护、扶养、继承纠纷；依法应当由行政机关处理的行政争议 ②不适用：劳动争议的仲裁；农业承包合同纠纷的仲裁
民事诉讼	不平等主体
行政复议	①不服行政机关作出的行政处分或者其他人事处理决定 ②不服行政机关对民事纠纷作出的调解或者其他处理
行政诉讼	①国防、外交等国家行为 ②行政法规、规章或者行政机关制定、发布的具有普遍约束力的决定、命令 ③行政机关对行政机关工作人员的奖惩、任免等决定 ④法律规定由行政机关最终裁决的具体行政行为

第三节 法律责任

考点一 法律责任

法律责任有狭义（消极）和广义（积极）之分，积极意义上的法律责任是指所有组织和个人都有遵守法律的义务。现行立法所用的法律责任是一种消极意义上的法律责任，是指法律关系主体由于违反法定的义务而应承受的不利的法律后果。

考点二 法律责任的种类

根据我国法律的有关规定，法律责任可分为民事责任、行政责任和刑事责任三种。

类 型	内 容	
民事责任	停止侵害；排除妨碍；消除危险；返还财产；恢复原状；修理、重作、更换；继续履行；赔偿损失；支付违约金；消除影响、恢复名誉；赔礼道歉 以上承担民事责任的方式，可以单独适用，也可以合并适用	
行政责任	行政处分	警告、记过、记大过、降级、撤职、开除

（续表）

类型	内容	
行政责任	行政处罚	警告；罚款；没收违法所得、没收非法财物；责令停产停业；暂扣或吊销许可证、暂扣或吊销执照；行政拘留
刑事责任	（1）主刑：拘役（1个月～6个月）；管制（3个月～2年）；有期徒刑（6个月～15年）；无期徒刑（终身）；死刑 （2）附加刑 ①罚金；剥夺政治权利；没收财产；驱逐出境 ②政治权利：选举权和被选举权；言论、出版、集会、结社、游行、示威自由权；担任国家机关职务权；担任国有公司、企业、事业单位和人民团体领导职务权 （3）对于应当判处死刑的犯罪分子，如果不是必须立即执行的，可以判处死刑同时宣告缓期2年执行 （4）一人犯数罪的，除判处死刑和无期徒刑的以外，应当在总和刑期以下、数刑中最高刑期以上，酌情决定执行的刑罚，但是管制最高不得超过3年，拘役最高不得超过1年。有期徒刑总和刑期不满35年的，最高不得超过20年；总和刑期在35年以上的，最高不得超过25年。如果数罪中有判处附加刑的，附加刑仍须执行，其中附加刑种类相同的，合并执行，种类不同的，分别执行	

【提示】

①行政拘留、罚款、没收非法财物是行政责任。

②支付违约金是民事责任。

③拘役、罚金、没收财产是刑事责任。

【例题1：多选题】下列各项中，属于行政责任的有（　　）。

A. 罚金　　B. 罚款

C. 没收违法所得　　D. 恢复原状

【答案】BC

【解析】选项A属于刑事责任；选项D属于民事责任。

【例题2：多选题】下列各项中，属于行政处罚的有（　　）。

A. 开除　　B. 行政拘留

C. 撤职　　D. 没收非法财物

【答案】BD

【解析】选项AC属于行政处分。

扫二维码 视频讲解

第二章　会计法律制度

考情分析

本章讲述的是会计的法律法规与会计职业道德的相关规定，是比较简单的一章，预估分值在5分左右。

第一节　会计法律制度概述

考点一　会计的概念与特征

会计法律制度，是指国家权力机关和行政机关制定的关于会计工作的法律、法规、规章和规范性文件的总称。会计法律制度是调整会计关系的法律规范。

考点二　会计法律制度的适用范围

国家机关、社会团体、公司、企业、事业单位和其他组织（以下统称“单位”）办理会计事务必须依照《中华人民共和国会计法》（简称《会计法》）办理。

《会计法》规定，国家实行统一的会计制度。国家统一的会计制度由国务院财政部门根据《会计法》制定并公布。国家统一的会计制度，是指国务院财政部门根据《会计法》制定的关于会计核算、会计监督、会计机构和会计人员以及会计工作管理的制度。

考点三　会计工作管理体制

（一）会计工作的行政管理

我国会计工作行政管理体制实行统一领导、分级管理的原则。

国务院财政部门主管全国的会计工作。县级以上地方各级人民政府财政部门管理本行政区域内的会计工作。

（二）单位内部的会计工作管理

单位负责人对本单位的会计工作和会计资料的真实性、完整性负责；应当保证会计机构、会计人员依法履行职责，不得授意、指使、强令会计机构、会计人员违法办理会计事项。

单位负责人是指单位法定代表人或者法律、行政法规规定代表单位行使职权的主要负责人。

要　点	内　容
单位法定代表人（法人代表）	公司制企业的董事长（执行董事或经理）、国有企业的厂长（经理）、国家机关的最高行政长官等
法律、行政法规规定代表单位行使职权的主要负责人	代表合伙企业执行合伙企业事务的合伙人、个人独资企业的投资人等

【例题：单选题】《会计法》规定，（　　）应当保证会计机构、会计人员依法履行职责，不得授意、指使、强令会计机构、会计人员违法办理会计事项。

A. 单位负责人　　B. 会计机构负责人
C. 分管单位会计工作的副职领导　　D. 监事长

扫二维码　视频讲解

【答案】A

第二节　会计核算与监督

考点一　会计核算

会计核算，是以货币为主要计量单位，运用专门的会计方法，对生产经营活动或预算执行过程及其结果进行连续、系统、全面的记录、计算、分析，定期编制并提供财务会计报告和其他会计资料，为经营决策和宏观经济管理提供依据的一项会计活动。会计核算是会计工作的基本职能之一，是会计工作的重要环节。

（一）会计核算的基本要求

1. 依法建账

（1）各单位都应当按照《会计法》和国家统一的会计制度规定建立会计账册，进行会计核算。

（2）各单位发生的各项经济业务事项应当统一进行会计核算，不得违反规定**私设会计账簿**进行登记、核算。

2. 根据实际发生的经济业务进行会计核算

各单位必须根据实际发生的经济业务事项进行会计核算，填制会计凭证，登记会计账簿，编制财务会计报告。

3. 保证会计资料的真实和完整

提供虚假的会计资料是违法行为，各单位必须保证会计资料的真实性和完整性，不得**伪造、变造**会计资料，不得**提供虚假**的财务会计报告。

（1）伪造会计凭证、会计账簿和其他会计资料，是指以虚假的经济业务为前提编造不真实的会计凭证、会计账簿和其他会计资料，即无中生有。

（2）变造会计凭证、会计账簿和其他会计资料，是指用涂改、挖补等手段来改变会计凭证、会计账簿等的真实内容，歪曲事实真相的行为，即篡改事实。

（3）提供虚假的财务会计报告，是指**通过编造虚假的会计凭证、会计账簿及其他会计资料或直接篡改财务会计报告上的数据**，使财务会计报告不真实、不完整地反映财务状况和经营成果，借以误导、欺骗财务会计报告使用者的行为，即以假乱真。

【例题：多选题】下列各项中，属于变造会计账簿行为的是（　　）。

扫二维码　视频讲解

A. 以虚假的经济业务事项编造不真实的会计账簿

B. 用涂改手段改变会计账簿的真实内容

C. 用挖补手段改变会计账簿的真实内容

D. 以虚假的原始凭证为依据编造不真实的会计账簿

【答案】BC

【解析】变造会计账簿是指用涂改、挖补等手段改变会计账簿的真实内容。

4. 正确采用会计处理方法

各单位采用的会计处理方法，前后各期应当一致，不得随意变更；确有必要变更的，应当按照国家统一的会计制度的规定变更，并将变更的原因、情况及影响在财务会计报告中说明。

5. 正确使用会计记录文字

会计记录的文字应当使用中文。在民族自治地方，会计记录可以同时使用当地通用的一种民族文字。在中华人民共和国境内的外商投资企业、外国企业和其他外国组织的会计记录可以同时使用一种外国文字。

6. 使用电子计算机进行会计核算必须符合法律规定

《会计法》规定，使用电子计算机进行会计核算的，其软件及其生成的会计凭证、会计账簿、财务会计报告和其他会计资料，必须符合国家统一的会计制度的规定。

（二）会计核算的内容

（1）款项和有价证券的收付。

（2）财物的收发、增减和使用。

（3）债权债务的发生和结算。

（4）资本、基金的增减。

（5）收入、支出、费用、成本的计算。

（6）财务成果的计算和处理。

（7）需要办理会计手续、进行会计核算的其他事项。

【例题：多选题】根据《会计法》规定，会计核算的内容主要包括（　　）。

A. 款项和有价证券的收付　　B. 债权债务的发生和结算

C. 合同或者协议的签订　　D. 财务成果的计算和处理

扫二维码　视频讲解

【答案】ABD

【解析】合同或者协议的签订不属于会计对象，故无需会计核算。

（三）会计年度

我国是以公历年度为会计年度，即以每年公历的 1 月 1 日起至 12 月 31 日止为一个会计年度，每一个会计年度还可以按照公历日期具体划分为半年度、季度、月度。

（四）记账本位币

《会计法》规定，会计核算以人民币为记账本位币。业务收支以人民币以外的货币为主的单位，可以选定其中一种货币作为记账本位币，但是编报的财务会计报告应当折算为人民币。

（五）会计凭证和会计账簿

1. 会计凭证

会计凭证是记录经济业务事项发生和完成情况的书面证明，也是登记账簿的依据，填制和审核会计凭证是会计核算的首要环节。每个企业都必须按一定的程序填制和审核会计凭证，根据审核无误的会计凭证进行账簿登记，如实反映企业的经济业务。

（1）原始凭证填制的基本要求。

①原始凭证的内容必须具备：凭证的名称；填制凭证的日期；填制凭证单位名称或者填制人姓名；经办人员的签名或者盖章；接受凭证的单位名称；经济业务内容；数量、单价和金额。

②会计机构、会计人员必须按照国家统一的会计制度的规定对原始凭证进行审核。

③会计机构、会计人员对不真实、不合法的原始凭证，有权不予接受，并向单位负责人报告；对记载不准确、不完整的原始凭证予以退回，并要求按照国家统一的会计制度的规定进行更正、补充。

④原始凭证有错误的，应当由出具单位重开或者更正，更正处应当加盖出具单位印章。原始凭证金额有错误的，应当由出具单位重开，不得在原始凭证上更正。

（2）记账凭证填制的基本要求。

①填制记账凭证时，应当对记账凭证进行连续编号，一笔经济业务需要填制两张以上记账凭证的，可以采用分数编号法编号。

②除结账和更正错误的记账凭证可以不附原始凭证外，其他记账凭证必须附有原始凭证。

③一张原始凭证所列支出需要几个单位共同负担的，应当将其他单位负担的部分，开给对方原始凭证分割单，进行结算。

④如果在填制记账凭证时发生错误，应当重新填制。

（3）会计凭证的保管。

会计凭证登记完毕后，应当按照分类和编号顺序保管，不得散乱丢失。

原始凭证不得外借，其他单位如因特殊原因需要使用原始凭证时，经本单位会计机构负责人、会计主管人员批准，可以复制。

从外单位取得的原始凭证如有遗失，应当取得原开出单位盖有公章的证明，并注明原来凭证的号码、金额和内容等，由经办单位会计机构负责人、会计主管人员和单位领导人批准后，才能代作原始凭证。

2. 会计账簿

（1）会计账簿的种类。

要　点	内　容
总　账	也称总分类账，是根据会计科目开设的账簿，用于分类登记单位的全部经济业务事项，提供资产、负债、所有者权益、费用、成本、收入等总括核算的资料。总账一般有订本账和活页账两种
明细账	也称明细分类账，是根据总账科目所属的明细科目设置的，用于分类登记某一类经济业务事项，提供有关明细核算资料。明细账通常使用活页账
日记账	是一种特殊的序时明细账，它是按照经济业务事项发生的时间先后顺序，逐日逐笔地进行登记的账簿。包括现金日记账和银行存款日记账。现金日记账和银行存款日记账必须采用订本式账簿
其他辅助账簿	也称备查账簿，是为备忘备查而设置的。在会计实务中，主要包括各种租借设备、物资的辅助登记或有关应收、应付款项的备查簿，担保、抵押备查簿等

（2）启用会计账簿的基本要求。

启用会计账簿时，应当在账簿封面上写明单位名称和账簿名称。

启用订本式账簿，应当从第一页到最后一页顺序编定页数，不得跳页、缺号。使用活页式账页，应当按账户顺序编号，并须定期装订成册。

（3）登记会计账簿的基本要求。

①账簿中书写的文字和数字上面要留有适当空格，不要写满格；一般应占格距的二分之一。

②登记账簿要用蓝黑墨水或者碳素墨水书写，不得使用圆珠笔（银行的复写账簿除外）或者铅笔书写。下列情况，可以用红色墨水记账：

按照红字冲账的记账凭证，冲销错误记录；

在不设借贷等栏的多栏式账页中，登记减少数；在三栏式账户的余额栏前，如未印明余额方向的，在余额栏内登记负数余额；根据国家统一会计制度的规定可以用红字登记的其他会计记录。

（4）账簿记录发生错误的更正方法。

账簿记录发生错误，不准涂改、挖补、刮擦或者用药水消除字迹，不准重新抄写，必须按照下列方法进行更正：

①登记账簿时发生错误，应当将错误的文字或者数字划红线注销，但必须使原有字迹仍可辨认；然后在划线上方填写正确的文字或者数字，并由记账人员在更正处盖章。对于错误的数字，应当全部划红线更正，不得只更正其中的错误数字。对于文字错误，可只划去错误的部分；

②由于记账凭证错误而使账簿记录发生错误，应当按更正的记账凭证登记账簿。

（5）结账。

各单位应当按照规定定期结账。结账前，必须将本期内所发生的各项经济业务全部登记入账。结账时，应当结出每个账户的期末余额。年度终了结账时，所有总账账号都应当结出全年发生额和年末余额。

（六）财务会计报告

1. 财务会计报告的构成

财务会计报告由会计报表、会计报表附注和财务情况说明书组成。企业财务会计报告按编制时间分为年度、半年度、季度和月度财务会计报告。会计报表应当包括资产负债表、利润表、现金流量表及相关附表。季度、月度财务会计报告通常仅指会计报表，会计报表至少应当包括资产负债表和利润表。国家统一的会计制度规定季度、月度财务会计报告需要编制会计报表附注的，从其规定。

2. 财务会计报告的对外提供

（1）对外报送的财务会计报告，应当依次编写页码，加具封面，装订成册，加盖公章。并由单位领导人、总会计师、会计机构负责人、会计主管人员签名或者盖章。单位领导人对财务会计报告的合法性、真实性负法律责任。

（2）国有企业、国有控股的或者占主导地位的企业，应当至少每年一次向本企业的职工代表大会公布财务会计报告。

（3）接受企业财务会计报告的组织或者个人，在企业财务会计报告未正式对外披露前，应当对其内容保密。

（七）账务核对及财产清查

1. 账务核对

账务核对，又称对账，是保证会计账簿记录质量的重要程序。

各单位应当定期将会计账簿记录的有关数字与库存实物、货币资金、有价证券、往来单位或者个人等相互核对，保证会计账簿记录与实物及款项的实有数额相符、会计账簿记录与会计凭证的有关内容相符、会计账薄之间相对应的记录相符、会计账簿记录与会计报表的有关内容相符。即账证相符、账账相符、账实相符。对账工作每年至少进行一次。

（1）账证核对。核对会计账簿记录与原始凭证、记账凭证的时间、凭证字号、内容、金额是否一致，记账方向是否相符。

（2）账账核对。核对不同会计账簿之间的账簿记录是否相符。包括：总账有关账户的余额核对等。

（3）账实核对。核对会计账簿记录与财产等实有数额是否相符。包括：现金日记账账面余额与现金实际库存数相核对等。

2. 财产清查

财产清查制度是通过定期或不定期、全面或部分地对各项财产物资进行实地盘点和对库存现金、银行存款、债权债务进行清查核实的一种制度。

考点二　会计档案管理

（一）会计档案的概念

会计档案是指单位在进行会计核算等过程中接收或形成的，记录和反映单位经济业务事项的，具有保存价值的文字、图表等各种形式的会计资料，包括通过计算机等电子设备形成、传输和存储的电子会计档案。

【提示】各单位的预算、计划、制度等文件材料属于文书档案，不属于会计档案。

（二）会计档案的归档

单位的会计机构或会计人员所属机构（以下统称单位会计管理机构），负责会计资料整理、归档、立卷，编制会计档案保管清册。

（1）会计档案的归档范围。

①会计凭证，包括原始凭证、记账凭证。

②会计账簿，包括总账、明细账、日记账、固定资产卡片及其他辅助性账簿。

③财务会计报告，包括月度、季度、半年度、年度财务会计报告。

④其他会计资料，包括银行存款余额调节表、银行对账单、纳税申报表、会计档案移交清册、会计档案保管清册、会计档案销毁清册、会计档案鉴定意见书及其他具有保存价值的会计资料。

（2）会计档案的归档要求。

单位可以利用计算机、网络通信等信息技术手段管理会计档案。同时满足下列条件的，单位内部形成的属于归档范围的电子会计资料可仅以电子形式保存，形成电子会计档案：

①形成的电子会计资料来源真实有效，由计算机等电子设备形成和传输；

②使用的会计核算系统能够准确、完整、有效接收和读取电子会计资料，能够输出符合国家标准归档格式的会计凭证、会计账簿、财务会计报表等会计资料，设定了经办、审核、审批等必要的审签程序；

③使用的电子档案管理系统能够有效接收、管理、利用电子会计档案，符合电子档案的长期保管要求，并建立了电子会计档案与相关联的其他纸质会计档案的检索关系；

④采取有效措施，防止电子会计档案被篡改；

⑤建立电子会计档案备份制度，能够有效防范自然灾害、意外事故和人为破坏的影响；

⑥形成的电子会计资料不属于具有永久保存价值或者其他重要保存价值的会计档案。

（3）单位从外部接收的电子会计资料除了满足上述条件外还附有符合《中华人民共和国电子签名法》规定的电子签名的，可仅以电子形式归档保存，形成电子会计档案。

（4）单位的档案机构或者档案工作人员所属机构（以下统称单位档案管理机构）负责管理本单位的会计档案。单位也可以委托具备档案管理条件的机构代为管理会计档案。

（5）当年形成的会计档案，在会计年度终了后，可由单位会计管理机构临时保管一年，再移交单位档案管理机构保管。因工作需要确需推迟移交的，应当经单位档案管理机构同意。单位会计管理机构临时保管会计档案最长不超过3年，临时保管期间，会计档案的保管应当符合国家档案管理的有关规定，且出纳人员不得兼管会计档案。

（三）会计档案的移交和利用

要 点	内 容
会计档案的移交	①单位会计管理机构在办理会计档案移交时，应当编制会计档案移交清册，并按照国家档案管理的有关规定办理移交手续 ②纸质会计档案移交时应当保持原卷的封装。电子会计档案移交时应当将电子会计档案及其元数据一并移交，特殊格式的电子会计档案应当与其读取平台一并移交
会计档案的利用	①单位应当严格按照相关制度利用会计档案，在进行会计档案查阅、复制、借出时履行登记手续，严禁篡改和损坏 ②单位保存的会计档案一般不得对外借出。确因工作需要且根据国家有关规定必须借出的，应当严格按照规定办理相关手续 ③会计档案借用单位应当妥善保管和利用借入的会计档案，确保借入会计档案的安全完整，并在规定时间内归还

（四）会计档案的保管期限

会计档案的保管期限分为永久和定期两类。定期保管期限一般分为 10 年和 30 年。会计档案的保管期限，从会计年度终了后的第一天算起。

企业会计档案保管期限：

保管期限	档案名称
5 年	固定资产卡片（备注：固定资产报废清理后保管 5 年）
10 年	月度、季度、半年度财务会计报告，银行存款余额调节表，银行对账单，纳税申报表
30 年	原始凭证、记账凭证、总账、明细账、日记账、其他辅助性账簿、会计档案移交清册
永 久	会计档案保管清册、会计档案销毁清册、会计档案鉴定意见书、年度财务会计报告

（五）会计档案的鉴定和销毁

单位应当定期对已到保管期限的会计档案进行鉴定，并形成会计档案鉴定意见书。经鉴定，仍需继续保存的会计档案，应当重新划定保管期限；对保管期满，确无保存价值的会计档案，可以销毁。

会计档案鉴定工作应当由单位档案管理机构牵头，组织单位会计、审计、纪检监察等机构或人员共同进行。

1. 销毁程序

经鉴定可以销毁的会计档案，应当按照以下程序销毁：

（1）编制销毁清册。单位档案管理机构编制会计档案销毁清册，列明拟销毁会计档案的名称、卷号、册数、起止年度、档案编号、应保管期限、已保管期限和销毁时间等内容。

（2）签署意见。单位负责人、档案管理机构负责人、会计管理机构负责人、档案管理机构经办人、会计管理机构经办人在会计档案销毁清册上签署意见。

（3）共同监销。单位档案管理机构负责组织会计档案销毁工作，并与会计管理机构共同派员监销。监销人在会计档案销毁前，应当按照会计档案销毁清册所列内容进行清点核对；在会计档案销毁后，应当在会计档案销毁清册上签名或盖章。

电子会计档案的销毁还应当符合国家有关电子档案的规定，并由单位档案管理机构、会计管理机构和信息系统管理机构共同派员监销。

2. 不得销毁的会计档案

保管期满但未结清的债权债务原始凭证和涉及其他未了事项的会计凭证不得销毁，纸质会计档案应当单独抽出立卷，电子会计档案单独转存，保管到未了事项完结时为止。

单独抽出立卷或转存的会计档案，应当在会计档案鉴定意见书、会计档案销毁清册和会计档案保管清册中列明。

【例题：单选题】会计档案的鉴定工作应由（　　）牵头组织进行。（2019 年真题）

A. 单位档案管理机构　　B. 单位会计管理机构

C. 单位审计机构　　D. 单位纪检监察机构

扫二维码　视频讲解

【答案】A

【解析】单位应当定期对已到保管期限的会计档案进行鉴定，并形成会计档案鉴定意见书。由档案管理机构牵头，组织会计、审计、纪检监察等机构或人员共同进行。

（六）特殊情况下的会计档案处置

1. 单位分立情况下的会计档案处置

（1）分立后原单位存续的，其会计档案应当由分立后的存续方统一保管，其他方可以查阅、复制与其业务相关的会计档案。

（2）单位分立后原单位解散的，其会计档案应当经各方协商后由其中一方代管或按照国家档案管理的有关规定处置，各方可以查阅、复制与其业务相关的会计档案。

（3）单位分立中未结清的会计事项所涉及的会计凭证，应当单独抽出由业务相关方保存，并按照规定办理交接手续。

2. 单位合并情况下的会计档案处置

单位合并后原各单位解散或者一方存续其他方解散的，原各单位的会计档案应当由合并后的单位统一保管。单位合并后原各单位仍存续的，其会计档案仍应当由原各单位保管。

3. 建设单位项目建设会计档案的交接

建设单位在项目建设期间形成的会计档案，需要移交给建设项目接收单位的，应当在办理竣工财务决算后及时移交，并按照规定办理交接手续。

4. 单位之间交接会计档案的手续

（1）单位之间交接会计档案时，交接双方应当办理会计档案交接手续，移交会计档案的单位，应当编制会计档案移交清册。

（2）交接会计档案时，交接双方应当按照会计档案移交清册所列内容逐项交接，并由交接双方的单位有关负责人负责监督。

（3）电子会计档案应当与其元数据一并移交，特殊格式的电子会计档案应当与其读取平台一并移交。

考点三　会计监督

会计监督体系

政府监督 ← 社会监督 ← 内部监督

政府监督	社会监督	内部监督
对单位监督和社会监督的再监督	对内部监督的再监督	层次最低

（一）单位内部会计监督

1. 概念

单位内部会计监督是指各单位的会计机构、会计人员依照法律、法规、国家统一的会计制度及单位内部会计管理制度等的规定，通过会计手段对本单位经济活动的合法性、合理性和有效性进行的监督。

内部会计监督的主体：各单位的会计机构、会计人员。

内部会计监督的对象：单位的经济活动。

2. 单位内部会计监督的要求

会计机构、会计人员对违反《会计法》和国家统一的会计制度规定的会计事项，有权拒绝办理或者按照职权予以纠正。发现会计账簿记录与实物、款项及有关资料不相符的，按照国家统一的会计制度的规定有权自行处理的，应当及时处理；无权处理的，应当立即向单位负责人报告，请求查明原因，作出处理。单位负责人应当保证会计机构、会计人员依法履行职责，不得授意、指使、强令会计机构、会计人员违法办理会计事项。

【例题：多选题】我国单位内部会计监督的主体是（　　）。

A. 会计机构　　B. 会计人员

C. 单位负责人　　D. 审计人员

扫二维码　视频讲解

【答案】AB

【解析】单位内部会计监督的主体是会计机构和会计人员，监督对象是单位的经济活动。

3. 单位内部控制制度

（1）内部控制的概念。

内部控制是指单位为实现控制目标，通过制定制度、实施措施和执行程序，对经济活动的风险进行防范和管控。

（2）内部控制的原则。

一般单位	小企业
①全面性原则 ②重要性原则 ③制衡性原则 ④适应性原则 ⑤成本效益原则	①风险导向原则 ②适应性原则 ③实质重于形式原则 ④成本效益原则

（3）内部控制的措施与方法。

企　业	行政事业单位
①不相容职务分离控制 ②授权审批控制 ③会计系统控制 ④财产保护控制 ⑤预算控制 ⑥运营分析控制 ⑦绩效考评控制	①不相容岗位相互分离 ②内部授权审批控制 ③归口管理 ④预算控制 ⑤财产保护控制 ⑥会计控制 ⑦单据控制 ⑧信息内部公开

【提示】不相容职务主要包括：①授权批准与业务经办；②业务经办与会计记录；③会计记录与财产保管；④业务经办与稽核检查；⑤授权批准与监督检查。

【例题 1：多选题】下列各项中，属于不相容职务的有（　　）。

A. 业务经办与记账　　B. 业务经办与业务审批

C. 业务审批与记账　　D. 业务经办与财物保管

【答案】ABCD

【例题 2：多选题】下列属于小企业建立与实施内部控制应遵循的原则有（　　）。

A. 全面性原则　　B. 风险导向原则

C. 成本效益原则　　D. 适应性原则

【答案】BCD

【解析】选项 A 属于单位建立实施内部控制应遵循的原则。

（二）会计工作的政府监督

1. 会计工作政府监督的概念

会计工作的政府监督，主要是指财政部门代表国家对各单位和单位中相关人员的会计行为实施的监督检查，以及对发现的违法会计行为实施行政处罚。这里所说的财政部门，是指国务院财政部门、省级以上人民政府财政部门派出机构和县级以上人民政府财政部门。

除财政部门外，审计、税务、人民银行、银行监管、证券监管、保险监管等部门依照有关法律、行政法规规定的职责和权限，可以对有关单位的会计资料实施监督检查。

2. 财政部门会计监督的主要内容

财政部门对各单位的下列情况实施监督：

（1）是否依法设置会计账簿。

（2）会计凭证、会计账簿、财务会计报告和其他会计资料是否真实、完整。

（3）会计核算是否符合《会计法》和国家统一的会计制度的规定。

（4）从事会计工作的人员是否具备专业能力、遵守职业道德。

【例题：单选题】无权实行监督的机关是（　　）。

A. 财政部门　　B. 工商部门

C. 税务部门　　D. 审计部门

【答案】B

【解析】政府监督的主体有财政、税务、审计、人民银行、证券监管、保险监管等。

（三）会计工作的社会监督

1. 会计工作社会监督的概念

会计工作的社会监督，主要是指由注册会计师及其所在的会计师事务所等中介机构依法对委托单位的经济活动进行的审计，出具审计报告，发表审计意见的一种监督制度。

此外，任何单位和个人检举违反《会计法》和国家统一的会计制度规定的行为，也属于会计工作社会监督的范畴。

【例题：多选题】会计工作的社会监督主要包括（　　）。

A. 注册会计师及其所在的会计师事务所依法实施的监督

B. 审计、税务和人民银行依法实施的监督
C. 县级以上财政部门依法实施的监督
D. 单位和个人对会计违法行为的检举

扫二维码　视频讲解

【答案】AD
【解析】县级以上财政部门及审计、税务和人民银行依法实施的监督则属于政府监督。

2. 注册会计师审计报告

（1）审计报告的概念和要素。

审计报告的概念：注册会计师根据审计准则的规定，在执行审计工作的基础上，对被审计单位财务报表发表审计意见的书面文件。

注册会计师应当就财务报表是否在所有重大方面按照适用的财务报告编制基础编制并实现公允反映形成审计意见。

审计报告应当包括下列要素：标题；收件人；引言段；管理层对财务报表的责任段；注册会计师的责任段；审计意见段；注册会计师的签名和盖章；会计师事务所的名称、地址和盖章；报告日期。

（2）审计报告的种类。

①标准审计报告。

a. 不含有说明段、强调事项段、其他事项段或其他任何修饰性用语的无保留意见的审计报告。

b. 包含其他报告责任段，但不含有强调事项段或其他事项段的无保留意见的审计报告。

②非标准审计报告。

带强调事项段或其他事项段的无保留意见的审计报告和非无保留意见的审计报告。

（3）审计意见的分类。

分　类	内　容
无保留意见	
非无保留意见	①保留意见 ②否定意见 ③无法表示意见

①无保留意见，是指当注册会计师认为财务报表在所有重大方面按照适用的财务报告编制基础编制并实现公允反映时发表的审计意见。

②当存在下列情形之一时，注册会计师应当在审计报告中发表非无保留意见：

a. 根据获取的审计证据，得出财务报表整体存在重大错报的结论；

b. 无法获取充分、适当的审计证据，不能得出财务报表整体不存在重大错报的结论。

③当存在下列情形之一时，注册会计师应当发表保留意见：

a. 在获取充分、适当的审计证据后，注册会计师认为错报单独或汇总起来对财务报表影响重大，但不具有广泛性；

b. 注册会计师无法获取充分、适当的审计证据以作为形成审计意见的基础，但认为未发现的错报（如存在）对财务报表可能产生的影响重大，但不具有广泛性。

④在获取充分、适当的审计证据以作为形成审计意见的基础，但认为未发现的错报（如存在）对财务报表可能产生的影响重大且具有广泛性，注册会计师应当发表否定意见。

⑤如果无法获取充分、适当的审计证据以作为形成审计意见的基础，但认为未发现的错报（如存在）对财务报表可能产生的影响重大且具有广泛性，注册会计师应当发表无法表示意见。

在极其特殊的情况下，可能存在多个不确定事项。尽管注册会计师对每个单独的不确定事项获取了充分、适当的审计证据，但由于不确定事项之间可能存在相互影响，以及可能对财务报表产生累积影响，注册会计师不可能对财务报表形成审计意见。在这种情况下，注册会计师应当发表无法表示意见。

第三节 会计机构和会计人员

考点一 会计机构

会计机构，是指各单位办理会计事务的职能部门。根据《会计法》的规定，各单位应当根据会计业务的需要，设置会计机构，或者在有关机构中设置会计人员并指定会计主管人员；不具备设置条件的，应当委托经批准从事会计代理记账业务的中介机构代理记账。

【例题：判断题】不单独设置会计机构的单位应设置会计人员，但不需要设置会计主管人员。（　　）

扫二维码 视频讲解

【答案】×

【解析】不单独设置会计机构的单位应配备专门会计人员，并指定会计主管人员。

考点二 代理记账

（一）代理记账机构的审批

除会计师事务所以外的机构从事代理记账业务，应当经县级以上人民政府财政部门（简称“审批机关”）批准，领取由财政部统一规定样式的代理记账许可证书，具体审批机关由省、自治区、直辖市、计划单列市人民政府财政部门确定。

会计师事务所及其分所可以依法从事代理记账业务。

（二）代理记账的业务范围

（1）根据委托人提供的原始凭证和其他相关资料，按照国家统一的会计制度的规定进行会计核算，包括审核原始凭证、填制记账凭证、登记会计账簿、编制财务会计报告等。

（2）对外提供财务会计报告。

（3）向税务机关提供税务资料。

（4）委托人委托的其他会计业务。

（三）委托人、代理记账机构及其从业人员各自的义务

1. 委托人的义务

（1）对本单位发生的经济业务事项，应当填制或者取得符合国家统一的会计制度规定的原始凭证。

（2）应当配备专人负责日常货币收支和保管。

（3）及时向代理记账机构提供真实、完整的原始凭证和其他相关资料。

（4）对于代理记账机构退回的，要求按照国家统一的会计制度的规定进行更正、补充的原始凭证，应当及时予以更正、补充。

2. 代理记账机构及其从业人员的义务

（1）遵守有关法律、法规和国家统一的会计制度的规定，按照委托合同办理代理记账业务。

（2）对在执行业务中知悉的商业秘密予以保密。

（3）对委托人要求其作出不当的会计处理，提供不实的会计资料，以及其他不符合法律、法规和国家统一的会计制度行为的，予以拒绝。

（4）对委托人提出的有关会计处理相关问题予以解释。

代理记账机构为委托人编制的财务会计报告，经代理记账机构负责人和委托人负责人签名并盖章后，按照有关法律、法规和国家统一的会计制度的规定对外提供。

考点三　会计工作岗位设置

（一）会计工作岗位设置要求

（1）会计工作岗位一般可分为：会计机构负责人或者会计主管人员、出纳、财产物资核算、工资核算、成本费用核算、财务成果核算、资金核算、往来结算、总账报表、稽核、档案管理等。开展会计电算化和管理会计的单位，可以根据需要设置相应工作岗位，也可以与其他工作岗位相结合。

（2）会计工作岗位可以一人一岗、一人多岗或一岗多人。但出纳人员不得兼任（兼管）稽核、会计档案保管和收入、支出、费用、债权债务账目的登记工作。

（3）会计人员的工作岗位应该有计划地进行轮换。

（4）档案管理部门的人员管理会计档案，不属于会计岗位，收费员、收银员不属于会计岗位。

【例题：多选题】根据《会计法》的规定，下列各项中，出纳员不得兼任的工作有（　　）。

A. 登记收入、支出账目

B. 登记债权、债务账目

C. 登记现金总账

D. 保管人事档案

扫二维码　视频讲解

【答案】ABC

【解析】出纳人员不得兼任稽核、会计档案保管、收入、费用、支出、债权债务的登记工作。

（二）会计人员回避制度

回避范围：国家机关、国有企业、事业单位任用会计人员。

回避内容：单位领导人的直系亲属不得担任本单位的会计机构负责人、会计主管人员。会计机构负责人、会计主管人员的直系亲属不得在本单位会计机构中担任出纳工作。

需要回避的直系亲属为：夫妻关系、直系血亲关系、三代以内旁系血亲以及配偶亲关系。

考点四　会计人员

（一）会计人员的概念和范围

会计人员，是指根据《会计法》的规定，在国家机关、社会团体、企业、事业单位和其他组织（以下统称“单位”）中从事会计核算、实行会计监督等会计工作的人员。

（二）对会计人员的一般要求

会计机构负责人或会计主管人员，是在一个单位内具体负责会计工作的中层领导人员。担任单位会计机构负责人（会计主管人员）的，应当具备会计师以上专业技术职务资格或者从事会计工作 3 年以上经历。

（三）会计工作的禁入规定

（1）因有提供虚假财务会计报告，做假账，隐匿或者故意销毁会计凭证、会计账簿、财务会计报告，贪污，挪用公款，职务侵占等与会计职务有关的违法行为被依法追究刑事责任的人员，不得再从事会计工作。

（2）因伪造、变造会计凭证、会计账簿，编制虚假财务会计报告，隐匿或者故意销毁依法应当保存的会计凭证、会计账簿、财务会计报告，尚不构成犯罪的，5 年内不得从事会计工作。

（3）会计人员具有违反国家统一的会计制度的一般违法行为，情节严重的，5 年内不得从事会计工作。

（四）会计专业技术职务与会计专业技术资格

1. 会计专业职务（会计职称）

初级、中级、副高级和正高级职称名称依次为助理会计师、会计师、高级会计师和正高级会计师。

2. 会计专业技术资格

会计专业技术资格，是指担任会计专业职务的任职资格。

（1）会计专业技术资格分为初级资格、中级资格和高级资格三个级别。分别对应初级、中级、副高级会计职称（会计专业职务）的任职资格。目前，初级、中级会计资格实行全国统一考试制度，高级会计师资格实行考试与评审相结合制度。

（2）通过全国统一考试取得初级或中级会计专业技术资格的会计人员，表明其已具备担任相应级别会计专业技术职务的任职资格。用人单位可根据工作需要和德才兼备的原则，从获得会计专业技术资格的会计人员中择优聘任。

【提示】会计专业职务与会计专业技术资格关系：取得会计专业技术资格后通过单位聘任或任命后才能担任会计专业职务。

职务 —一定→ 资格；资格 —不一定→ 职务

【例题：多选题】根据《会计专业职务试行条例》的规定，下列各项中属于会计专业职务的有（　　）。

A. 总会计师　　B. 注册会计师

C. 助理会计师　　D. 正高级会计师

扫二维码　视频讲解

【答案】CD

【解析】会计专业职务有正高级会计师、高级会计师、会计师、助理会计师，但不包括总会计师和注册会计师。

（五）会计人员继续教育

（1）国家机关、企业、事业单位以及社会团体等组织具有会计专业技术资格的人员，或不具备会计专业技术资格但从事会计工作的人员享有参加继续教育的权利和接受继续教育的义务。

（2）继续教育内容包括公需科目和专业科目。公需科目包括专业技术人员应当普遍掌握的法律法规、政策理论、职业道德、技术信息等基本知识。专业科目包括会计专业技术人员从事会计工作应当掌握的财务会计、管理会计、财务管理、内部控制与风险管理、会计信息化、会计职业道德、财税金融、会计法律法规等相关专业知识。

（3）具有会计专业技术资格的人员应当自取得会计专业技术资格的次年开始参加继续教育，不具有会计专业技术资格但从事会计工作的人员应当自从事会计工作的次年参加继续教育，并在规定时间内取得规定学分。

（4）会计专业技术人员参加继续教育实行学分制管理，每年参加继续教育取得的学分不少于90学分。其中，专业科目一般不少于总学分的2/3。学分在全国范围当年度有效，不得结转以后年度。对会计专业技术人员参加继续教育情况实行登记管理。

（六）总会计师

（1）总会计师是主管本单位会计工作的行政领导，是单位行政领导成员，协助单位主要行政领导人工作，直接对单位主要行政领导人负责。

（2）总会计师组织领导本单位的财务管理、成本管理、预算管理、会计核算和会计监督等方面的工作，参与本单位重要经济问题的分析和决策。

（3）国有的和国有资产占控股地位或者主导地位的大、中型企业必须设置总会计师，事业单位和业务主管部门根据需要，经批准可以设置总会计师。其他单位可以根据业务需要，自行决定是否设置总会计师。

（4）总会计师由具有会计师以上专业技术资格的人员担任。

考点五 会计工作交接

（一）会计工作交接的概念与责任

（1）会计工作交接，是指会计人员工作调动或因故离职时，与接管人员办理交接手续的一种工作程序。

（2）移交人员对所移交的会计凭证、会计账簿、会计报表和其他有关资料的合法性、真实性承担法律责任。

（3）临时离职或者因病不能工作的会计人员恢复工作的，应当与接替或者代理人员办理交接手续。移交人员因病或者其他特殊原闲不能亲自办理移交的，经单位领导人批准，可由移交人员委托他人代办移交，但委托人应当承担对所移交的会计凭证、会计账簿、会计报表和其他有关资料的合法性、真实性的法律责任。

（二）会计工作移交前的准备工作

会计人员办理移交手续前，必须及时做好以下工作：①已经受理的经济业务尚未填制会计凭证的，应当填制完毕；②尚未登记的账目，应当登记完毕，并在最后一笔余额后加盖经办人员印章；③整理应该移交的各项资料，对未了事项写出书面材料；④编制移交清册。

（三）会计工作交接与监交

（1）一般会计人员办理交接手续，由会计机构负责人（会计主管人员）监交；会计机构负责人（会计主管人员）办理交接手续，由单位负责人监交，必要时主管单位可以派人会同监交。

（2）移交人员在办理移交时，要按移交清册逐项移交；接替人员要逐项核对点收。移交清册一般应当填制一式三份，交接双方各执一份，存档一份。

（3）接替人员应当继续使用移交的会计账簿，不得自行另立新账，以保持会计记录的连续性。

【例题 1：单选题】会计人员调动工作或离职，必须办理交接手续。会计机构负责人办理手续由（ ）监交，必要时主管单位可以派人会同监交。

A. 审计机构负责人
B. 人事部门负责人
C. 行政部门负责人
D. 单位负责人

【答案】D

【解析】一般会计人员交接应由会计机构负责人或会计主管人员监交，会计机构负责人或会计主管人员交接，应由单位负责人监交，必要时主管单位可会同监交。

【例题 2：多选题】下列有关会计工作交接的说法中，正确的有（ ）。

A. 一般会计人员办理交接手续，由会计机构负责人（会计主管人员）负责监交
B. 移交后，接管人员应另立帐簿，以分清责任
C. 移交清册一般应填制一式三份，交接双方各执一份，存档一份
D. 会计机构负责人、会计主管人员办理交接手续，由单位负责人监交，必要时，上级单位可以派人会同监交

【答案】ACD

【解析】选项 B，接管人员应继续使用移交前的账簿，不得擅自另立新账，以保证会计记录前后衔接，内容完整。

第四节 会计职业道德

考点一 会计职业道德的概念

会计职业道德，是指在会计人员在会计工作中应当遵循的、体现会计职业特征、调整会计职业关系的职业行为准则和规范。

会计职业道德与会计法律制度的联系：会计职业道德与会计法律制度在内容上相互渗透、相互吸收；在作用上相互补充、相互协调，会计职业道德是对会计法律制度的重要补充，会计法律制度是对会计职业道德的最低要求。

会计职业道德与会计法律制度的区别：

区 别	会计法律制度	会计职业道德
性 质	很强的他律性	很强的自律性
作用范围	侧重于调整会计人员的外在行为和结果的合法化，具有较强的客观性	不仅调整会计人员的外在行为，还调整内在的精神世界
表现形式	具体的、明确的、正式形成文字的成文规定	既有成文的规范，也有不成文的规范
实施保障机制	国家强制力保证其贯彻执行	主要依靠道德教育、社会舆论、传统习俗和道德评价来实现

考点二 会计职业道德的主要内容

具体内容见下表。

分　类	内　容
爱岗敬业	要求会计人员正确认识会计职业，树立职业荣誉感；热爱会计工作，敬重会计职业；安心工作，任劳任怨；严肃认真，一丝不苟；忠于职守，尽职尽责
诚实守信	要求会计人员做老实人，说老实话，办老实事，不搞虚假；保密守信，不为利益所诱惑；执业谨慎，信誉至上
廉洁自律	要求会计人员树立正确的人生观和价值观；公私分明、不贪不占；遵纪守法，一身正气
客观公正	要求会计人员端正态度，依法办事；实事求是，不偏不倚；如实反映，保持应有的独立性
坚持准则	要求会计人员熟悉国家法律、法规和国家统一的会计制度，始终坚持按法律、法规和国家统一的会计制度的要求进行会计核算，实施会计监督。会计人员在实际工作中，应当以准则作为自己的行动指南，在发生道德冲突时，应坚持准则，维护国家利益、社会公众利益和正常的经济秩序
提高技能	要求会计人员具有不断提高会计专业技能的意识和愿望；具有勤学苦练的精神和科学的学习方法，刻苦钻研，不断进取，提高业务水平
参与管理	要求会计人员在做好本职工作的同时，努力钻研业务，全面熟悉本单位经营活动和业务流程，主动提出合理化建议，积极参与管理，使管理活动更有针对性和实效性
强化服务	要求会计人员树立服务意识，提高服务质量，努力维护和提升会计职业的良好社会形象

第五节　违反会计法律制度的法律责任

考点一　违反国家统一的会计制度行为的法律责任

有下列行为之一的，由县级以上人民政府财政部门责令限期改正，可以对单位并处 3000 元以上 50000 元以下的罚款，对其直接负责的主管人员和其他直接责任人员，处 2000 元以上 20000 元以下的罚款；属于国家工作人员的给予行政处分，情节严重的五年内不得从事会计工作；构成犯罪的依法追究刑事责任：

（1）不依法设置会计账簿的行为；

（2）私设会计账簿的行为；

（3）未按照规定填制、取得原始凭证或者填制、取得的原始凭证不符合规定的行为；

（4）以未经审核的会计凭证为依据登记会计账簿或者登记会计账簿不符合规定的行为；

（5）随意变更会计处理方法的行为；

（6）向不同的会计资料使用者提供的财务会计报告编制依据不一致的行为；

（7）未按照规定使用会计记录文字或者记账本位币的行为；

（8）未按照规定保管会计资料，致使会计资料毁损、灭失的行为；

（9）未按照规定建立并实施单位内部会计监督制度，或者拒绝依法实施的监督或者不如实提供有关会计资料及有关情况的行为；

（10）任用会计人员不符合《会计法》规定的行为。

考点二 伪造、变造会计凭证、会计账簿，编制虚假财务会计报告行为的法律责任

（1）尚不构成犯罪的，由县级以上人民政府财政部门予以通报，可以对单位并处5000元以上10万元以下的罚款；对其直接负责的主管人员和其他直接责任人员，可以处3000元以上5万元以下的罚款。

（2）属于国家工作人员的，还应当由其所在单位或者有关单位依法给予撤职直至开除的行政处分。

（3）其中的会计人员，五年内不得从事会计工作。

（4）构成犯罪的，依法追究刑事责任。

考点三 隐匿或者故意销毁依法应当保存的会计凭证、会计账簿、财务会计报告行为的法律责任

（1）尚不构成犯罪的，由县级以上人民政府财政部门予以通报，可以对单位并处5000元以上10万元以下的罚款；对其直接负责的主管人员和其他直接责任人员，可以处3000元以上5万元以下的罚款。

（2）属于国家工作人员的，还应当由其所在单位或者有关单位依法给予撤职直至开除的行政处分。

（3）其中的会计人员，五年内不得从事会计工作。

（4）构成犯罪的，依法追究刑事责任。

《刑法》规定，隐匿或者故意销毁依法应当保存的会计凭证、会计账簿、财务会计报告，情节严重的，处5年以下有期徒刑或者拘役，并处或者单处2万元以上20万元以下罚金。

考点四 授意、指使、强令会计机构、会计人员及其他人员伪造、变造会计凭证、会计账簿，编制虚假财务会计报告或者隐匿、故意销毁依法应当保存的会计凭证、会计账簿、财务会计报告行为的法律责任

（1）尚不构成犯罪的，可以处5000元以上5万元以下的罚款。

（2）属于国家工作人员的，还应当由其所在单位或者有关单位依法给予降级、撤职、开除的行政处分。

（3）构成犯罪的，依法追究刑事责任。

考点五 单位负责人对依法履行职责、抵制违反《会计法》规定行为的会计人员实行打击报复的法律责任

（1）尚不构成犯罪的，由其所在单位或者有关单位依法给予行政处分。

（2）对受打击报复的会计人员，应当恢复其名誉和原有职务、级别。

（3）构成犯罪的，依法追究刑事责任。

根据《刑法》第255条规定，公司、企业、事业单位、机关、团体的领导人，对依法履行职责、抵制违反《会计法》行为的会计人员实行打击报复，情节恶劣的，处三年以下有期徒刑或者拘役。

【总结】法律责任

<table>
<tr><th>一般违法行为</th><th>其他违法行为</th><th>打击报复会计人员</th></tr>
<tr><td>责令限期改正</td><td>通报</td><td>情节轻微：行政处分</td></tr>
<tr><td>单位：3000 ～ 50000
个人：2000 ～ 20000</td><td>单位：5000 ～ 100000
领导：5000 ～ 50000
个人：3000 ～ 50000</td><td rowspan="2">情节恶劣：构成打击报复会计人员罪，处 3 年以下有期徒刑或者拘役</td></tr>
<tr><td colspan="2">行政处分</td></tr>
<tr><td colspan="2">五年不得从事会计工作</td><td rowspan="2">补救措施：
①恢复其名誉
②恢复原有职务、级别</td></tr>
<tr><td colspan="2">其他违法行为：伪造、变造、提供虚假，隐匿、故意销毁，授意、指使、强令</td></tr>
</table>

考点六 财政部门及有关行政部门工作人员在实施监督管理职务中违法行为的法律责任

财政部门及有关行政部门的工作人员在实施监督管理中滥用职权、玩忽职守、徇私舞弊或者泄露国家秘密、商业秘密，构成犯罪的，依法追究刑事责任。尚不构成犯罪的，依法给予行政处分。

收到对违反《会计法》和国家统一的会计制度行为检举的部门及负责处理检举的部门，将检举人姓名和检举材料转给被检举单位和被检举人个人的，由所在单位或者有关单位依法给予行政处分。

【例题 1：单选题】伪造、变造会计凭证、会计账簿，编制虚假财务会计报告的，尚不构成犯罪的，由县级以上人民政府财政部门予以通报，可以对单位并处（ ）的罚款。

A. 2000 元以上 60000 元以下
B. 5000 元以上 100000 元以下
C. 3000 元以上 50000 以下
D. 5000 元以上 200000 元以下

【答案】B

【例题 2：单选题】公司、企业、事业单位、机关、团体的领导人，对依法履行职责、抵制违反《会计法》行为的会计人员实行打击报复，（ ）。

A. 处 3 年以下有期徒刑或者拘役
B. 处 3 年以上有期徒刑或者拘役
C. 情节恶劣的，处 3 年以下有期徒刑或者拘役
D. 情节恶劣的，处 3 年以上有期徒刑或者拘役

扫二维码 视频讲解

【答案】C

【例题 3：多选题】对受打击报复的会计人员应采取的补救措施通常有（ ）。

A. 要求打击报复者赔礼道歉
B. 赔偿精神损失费
C. 官复原职
D. 给予经济补偿

【答案】AC

【解析】对受打击报复会计人员，应当恢复其名誉和原有职务、级别。

第三章　支付结算法律制度

微信扫二维码
看教材配套课程

考情分析

本章讲述的是各种支付法律规定，学习内容多，记忆难度大，需要考生们在理解的基础上加强记忆，并结合课下的练习题目，把握考试命题方向，把整章的学习框架牢记于心。本章经常以不定项题型的形式出现在历年考试中，预估分值在10分左右。

第一节　支付结算概述

第三章

考点一　支付结算的概念

支付结算是指单位、个人在社会经济活动中使用票据、银行卡和汇兑、托收承付、委托收款等结算方式进行货币给付及其资金清算的行为。

银行是支付结算和资金清算的中介机构。未经中国人民银行批准的非银行金融机构和其他单位不得作为中介机构办理支付结算业务。

考点二　支付结算的工具

我国目前使用的人民币非现金支付工具主要包括“三票一卡”和结算方式。

“三票一卡”是指汇票、本票、支票三种票据和银行卡，结算方式包括汇兑、托收承付和委托收款。（提示：托收承付使用量越来越少，教材不再讲述）

近年来，随着互联网技术的发展，网上银行、第三方支付等电子化支付方式得到快速发展。我国已经形成了以票据和银行卡为主体，以电子支付为发展方向的非现金支付工具体系。

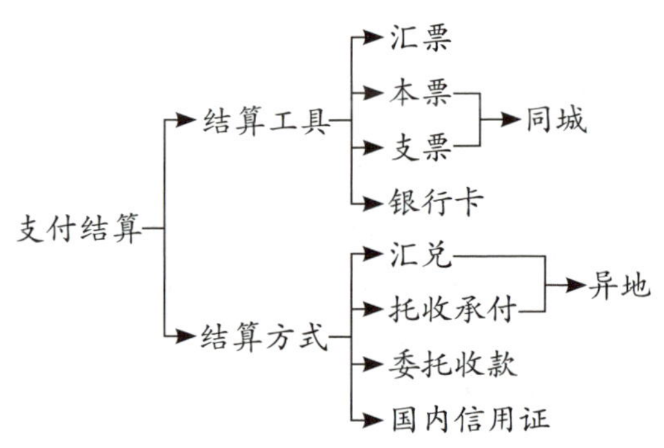

【例题：判断题】我国支付体系是以中国人民银行现代化支付系统为核心，银行业金融机构行内支付系统为基础的支付清算网络体系。（　　）

【答案】√

扫二维码　视频讲解

考点三　支付结算的原则

（1）恪守信用、履约付款原则。

（2）谁的钱进谁的账、由谁支配原则。

（3）银行不垫款原则。

考点四　支付结算的基本要求

（1）单位、个人和银行办理支付结算，必须使用按中国人民银行统一规定印制的票据凭证和结算凭证。未使用按中国人民银行统一规定印制的票据凭证，票据无效；未使用中国人民银行统一规定格式的结算凭证，银行不予受理。

（2）单位、个人和银行应当按照《人民币银行结算账户管理办法》和《企业银行结算账户管理办法》的规定开立、使用账户。除国家法律、行政法规另有规定外，银行不得为任何单位或者个人查询账户情况，不得为任何单位或者个人冻结、扣划款项，不得停止单位、个人存款的正常支付。

（3）票据和结算凭证上的签章和其他记载事项应当真实，不得伪造、变造。

①伪造是指无权限人假冒他人或虚构他人名义签章的行为，例如伪造出票签章、背书签章、承兑签章和保证签章等。

②变造是指无权更改票据内容的人，对票据上签章以外的记载事项加以改变的行为。

③票据和结算凭证上的签章，为签名、盖章或者签名加盖章。单位、银行在票据上的签章和单位在结算凭证上的签章，为该单位、银行的盖章加其法定代表人或其授权的代理人的签名或盖章。个人在票据和结算凭证上的签章，应为该个人本人的签名或盖章。

【注意】票据上的签章为公章或财务专用章，而不是发票专用章。

④出票金额、出票日期、收款人名称不得更改，更改的票据无效；更改的结算凭证，银行不予受理。对票据和结算凭证上的其他记载事项，原记载人可以更改，更改时应当由原记载人在更改处签章证明。

【注意】票据无效的情况：

①更改：票据的出票日期、金额、收款人名称，银行汇票实际结算金额的；

②票据的出票人签章不符合规定；

③票据金额大小写不一致；

④未使用中国人民银行统一印制的票据；

⑤票据金额未同时以中文大写和阿拉伯数码记载；

⑥欠缺绝对记载事项的。

【例题：单选题】根据我国《支付结算办法》的规定，下列属于票据和结算凭证上可以更改的项目是（　　）。

A. 金额　　B. 出票日期

C. 收款人名称　　D. 付款人名称

扫二维码　视频讲解

【答案】D

【解析】出票金额、出票日期和收款人名称不得更改。

（4）填写各种票据和结算凭证应当规范。

①关于收款人名称：单位和银行的名称应当记载全称或规范化简称。例如“中国银行保险监督管理委员会”的规范化简称为“银保监会”。

②关于出票日期：票据的出票日期必须使用中文大写。

③加零、加壹。

月	日	
1、2、10	1～9、10、20、30	前加“零”
—	11～19	前加“壹”

【例题：单选题】某票据的出票日期为“2011 年 3 月 15 日”，其规范写法是（　　）。

A. 贰零壹壹年零叁月壹拾伍日　　B. 贰零壹壹年叁月壹拾伍日

C. 贰零壹壹年零叁月拾伍日　　D. 贰零壹壹年叁月拾伍日

扫二维码　视频讲解

【答案】B

④关于金额：票据和结算凭证金额以中文大写和阿拉伯数码同时记载，二者必须一致，二者不一致的票据无效；二者不一致的结算凭证，银行不予受理。

【注意】阿拉伯小写金额数字前面，均应填写人民币符号“¥”。

【例题：单选题】根据支付结算法律制度的规定，下列关于票据填写要求的表述中，不正确的是（　　）。

扫二维码　视频讲解

A. 单位名称应当记载全称或者规范化简称

B. 银行名称应当记载全称或者规范化简称

C. 出票日期可以选择使用中文大写或阿拉伯数码

D. 金额以中文大写和阿拉伯数码同时记载，二者必须一致

【答案】C

第二节　银行结算账户

考点一　银行结算账户的概念及种类

1. 概念

银行结算账户，是指银行为存款人开立的办理资金收付结算的活期存款账户。

银行是指在中国境内经批准经营支付结算业务的银行业金融机构，存款人包括单位、个体工商户和自然人。

2. 分类

按存款人分	按用途分
单位银行结算账户	基本存款账户、一般存款账户、专用存款账户（含零余额账户）、临时存款账户
个人银行结算账户	—

【提示】个体工商户凭营业执照以字号或经营者姓名开立的银行结算账户纳入单位银行结算账户管理。

考点二　银行结算账户的开立、变更与撤销

（一）银行结算账户的开立

存款人应在注册地或住所地开立银行结算账户。符合异地开户条件的，也可以在异地开立银行结算账户。

符合开立核准类账户条件的，中国人民银行当地分支行应于 2 个工作日内对开户银行报送的核准类账户的开户资料的合规性予以审核，符合开户条件的，予以核准，颁发相应的开户许可证。开户许可证的正本由申请人保管，副本由申请人开户银行留存。

符合开立一般存款账户、其他专用存款账户和个人银行结算账户条件的，银行应办理开户手续，并向中国人民银行当地分支行备案。

【注意】备案类结算账户的变更和撤销也应通过账户管理系统向中国人民银行当地分支行报备。

核准制（央行当地分支行）	非核准制（央行当地分支行）
基本存款账户	一般存款账户
临时存款账户（因注册验资和增资验资开立的除外）	个人银行结算账户
①预算单位专用存款账户 ②合格境外机构投资者在境内从事证券投资开立的人民币特殊账户和人民币结算资金账户（QFII 专用存款账户）	其他专用存款账户

【提示】2019 年 2 月 2 日，中国人民银行发布《企业银行结算账户管理办法》，自 2019 年年底前，完成取消企业银行账户许可，企业开立基本存款账户、临时存款账户取消核准制，实行备案制，不再颁发开户许可证。

存款人开立单位银行结算账户，自正式开立之日起 3 个工作日后，方可使用该账户办理付款业务，但注册验资的临时存款账户转为基本存款账户和因借款转存开立的一般存款账户除外。

对于核准类银行结算账户，“正式开立之日”为中国人民银行当地分支行的核准日期。

对于非核准类银行结算账户，“正式开立之日”是开户银行为存款人办理开户手续的日期。

开立银行结算账户的流程。

（1）签订银行结算账户管理协议。

（2）建立存款人预留签章卡片。

①存款人为单位的，其预留签章为该单位的公章或财务专用章（非合同章）和法定代表人（单位负责人）或其授权的代理人的签名或者盖章。

②存款人为个人的，其预留签章为该个人的签名或者盖章。

③存款人申请开立的银行结算账户的账户名称、出具的开户证明文件上记载的存款人名称以及预留银行签章中公章或财务专用章的名称应保持一致，特殊情况除外。

（二）银行结算账户的变更

（1）存款人更改名称，但不改变开户银行及账号的，应于 5 个工作日内向开户银行提出银行结算账户的变更申请，并出具有关部门的证明文件。

（2）单位的法定代表人或主要负责人、住址以及其他开户资料发生变更时，应于 5 个工作日内书面通知开户银行并提供有关证明。

（3）对因办理变更手续收回的企业开户许可证原件，不再换发新的开户许可证。

对企业名称、法定代表人或者单位负责人变更的，账户管理系统重新生成新的基本存款账户编号，银行应当打印《基本存款账户信息》并交付企业。

企业遗失或损毁取消许可前基本存款账户开户许可证的，企业可出具相关说明，人民银行分支机构不再补发。

（三）银行结算账户的撤销

撤销情形。

（1）被撤并、解散、宣告破产或关闭的。

（2）注销、被吊销营业执照的。

（3）因迁址需要变更开户银行的。

（4）其他原因需要撤销银行结算账户的。

存款人有上述（1）（2）情形的，应于5个工作日内向开户银行提出撤销银行结算账户的申请。存款人超过规定期限未主动办理撤销银行结算账户手续的，银行有权停止其银行结算账户的对外支付。

存款人有上述（3）（4）情形的，撤销基本存款账户后，需要重新开立基本存款账户的，应在撤销其原基本存款账户后10日内申请重新开立基本存款账户。

【提示】

①银行在收到存款人撤销银行结算账户的申请后，对于符合销户条件的，应在2个工作日内办理撤销手续。

②存款人尚未清偿其开户银行债务的，不得申请撤销该银行结算账户。

③撤销银行结算账户时，应先撤销一般存款账户、专用存款账户、临时存款账户，将账户资金转入基本存款账户后，方可办理基本存款账户的撤销。

④存款人撤销银行结算账户，必须与开户银行核对银行结算账户存款余额，交回各种重要空白票据及结算凭证和开户许可证，银行核对无误后方可办理销户手续。

⑤对于按照账户管理规定应撤销而未办理销户手续的单位银行结算账户，银行通知该单位银行结算账户的存款人自发出通知之日起30日内办理销户手续，逾期视同自愿销户，未划转款项列入久悬未取专户管理。

【例题：判断题】撤销银行结算账户时，应先撤销基本存款账户，然后再撤销一般存款账户、专用存款账户和临时存款账户。（　　）

扫二维码　视频讲解

【答案】×

【解析】撤销银行结算账户时，应先撤销一般存款账户、专用存款账户、临时存款账户，将账户资金转入基本存款账户后，方可办理基本存款账户的撤销。

考点三　各类银行结算账户的开立和使用

（一）基本存款账户

基本存款账户，是指存款人因办理日常转账结算和现金收付需要开立的银行结算账户。

可以申请开立基本存款账户的存款人。

要　点	内　容
单位类	企业法人；非法人企业（个人独资企业、合伙企业、个体工商户）；社会团体；民办非企业组织；异地常设机构、单位设立的独立核算的附属机构（食堂、招待所、幼儿园）
党政类	机关、事业单位；团级（含）以上军队、武警部队及分散执勤的支（分）队；外国驻华机构
群众类	居民委员会、村民委员会、社区委员会；其他组织（业主委员会、村民小组）

基本存款账户的开户证明文件。

（1）营业执照正本，如企业法人、非法人企业、个体工商户。

（2）登记证书，如民办非企业组织、外资企业驻华代表处等。

（3）其他证明文件、批文：

①机关和实行预算管理的事业单位因年代久远、批文丢失等原因无法提供政府人事部门或编制委员会的批文或登记证书的，凭上级单位或主管部门出具的证明及财政部门同意其开户的证明开立基本存款账户；

②机关和实行预算管理的事业单位出具的政府人事部门或编制委员会的批文或登记证书上，有两个或两个以上的名称的，可以分别开立基本存款账户；

③对于已经取消对外地常设机构审批的省（市），应出具派出地政府部门的证明文件。

【注意】纳税人应当自开立基本存款账户或者其他存款账户之日起15日内，将其全部账号向主管税务机关报告。

【例题：多选题】根据支付结算法律制度的规定，下列存款人申请开立基本存款账户时，应提交的开户证明文件符合规定的有（　　）。

A. 机关和实行预算管理的事业单位出具的政府人事部门或编制委员会的批文或登记证书上，有两个或两个以上的名称的，也只能开立一个基本存款账户

B. 对于已经取消对外地常设机构审批的省（市），应出具派出地政府部门的证明文件

C. 单位附属独立核算的食堂、招待所、幼儿园，应出具其主管部门的基本存款账户开户许可证和批文

D. 按照现行法律法规规定可以成立的业主委员会、村民小组等组织，应出具政府主管部门的批文或证明

扫二维码　视频讲解

【答案】BCD

【解析】选项A，机关和实行预算管理的事业单位出具的政府人事部门或编制委员会的批文或登记证书上，有两个或两个以上的名称的，可以分别开立基本存款账户。

基本存款账户的使用。

（1）基本存款账户是存款人的主办账户，一个单位只能开立一个基本存款账户。

（2）适用范围：存款人日常经营活动的资金收付、工资、奖金和现金的支取。

【例题：单选题】根据支付结算法律制度的规定，企业支取现金用于工资、奖金发放，只能通过规定的银行账户办理，该银行账户是（　　）。

A. 一般存款账户　　B. 基本存款账户

C. 临时存款账户　　D. 专用存款账户

扫二维码　视频讲解

【答案】B

【解析】基本存款账户的适用范围包括存款人日常经营活动的资金收付，以及存款人的工资、奖金和现金的支取。

（二）一般存款账户

一般存款账户，是指存款人因借款或者其他结算需要，在基本存款账户开户银行以外的银行营业机构开立的银行结算账户。

开户证明文件：开立基本存款账户规定的证明文件、基本存款账户开户许可证和借款合同或者其他有关证明文件。

使用：一般存款账户用于办理存款人借款转存、借款归还和其他结算的资金收付。一般存款账户可以办理现金缴存，但不得办理现金支取。

【例题：判断题】一般存款账户既可办理现金缴存，也可办理现金支取。（　　）

【答案】×

【解析】一般存款账户只能办理现金缴存，不得办理现金支取。

扫二维码　视频讲解

（三）专用存款账户

专用存款账户是存款人对特定用途资金进行专项管理和使用而开立的银行结算账户。

适用范围：

（1）基本建设资金；

（2）更新改造资金；

（3）粮、棉、油收购资金；

（4）证券交易结算资金；

（5）期货交易保证金；

（6）信托基金；

（7）政策性房地产开发资金；

（8）单位银行卡备用金；

（9）住房基金；

（10）社会保障基金；

（11）收入汇缴资金和业务支出资金；

（12）党、团、工会设在单位的组织机构经费；

（13）其他需要专项管理和使用的资金。

开户证明文件：开立基本存款账户规定的证明文件、基本存款账户开户许可证和其他相关证明文件（同一般存款账户）。

专用存款账户的使用。

（1）单位银行卡账户的资金必须由其基本存款账户转账存入。该账户不得办理现金收付业务。

（2）证券交易结算资金、期货交易保证金和信托基金专用存款账户，不得支取现金。

（3）基本建设资金、更新改造资金、政策性房地产开发资金账户需要支取现金的，应在开户时报中国人民银行当地分支行批准。

（4）粮、棉、油收购资金、社会保障基金、住房基金和党、团、工会经费等专用存款账户支取现金应按照国家现金管理的规定办理。

（5）收入汇缴资金和业务支出资金，是指基本存款账户存款人附属的非独立核算单位或者派出机构发生的收入和支出的资金。收入汇缴账户除向其基本存款账户或者预算外资金财政专用存款账户划缴款项外，只收不付，不得支取现金；业务支出账户除从其基本存款账户拨入款项外，只付不收，其现金支取必须按照国家现金管理的规定办理。

【例题：多选题】下列专用存款账户中，可以支取现金的有（　　）。

A. 基本建设资金专用账户

B. 证券交易结算资金专用账户

C. 社会保障基金专用账户

D. 财政预算外资金专用账户

扫二维码　视频讲解

【答案】AC

【解析】财政预算外资金、证券交易结算资金、期货交易保证金和信托基金专用存款账户，不得支取现金。

（四）预算单位零余额账户

（1）预算单位使用财政性资金，应当按照规定的程序和要求，向财政部门提出设立零余额账户的申请，财政部门同意预算单位开设零余额账户后通知代理银行。

（2）使用。

①一个基层预算单位开设一个零余额账户。

②预算单位在当地商业银行开设零余额账户，用于财政授权支付，可以办理转账、提取现金等结算业务，可以向本单位按账户管理规定保留的相应账户划拨工会经费、住房公积金及提租补贴，以及财政部门批准的特殊款项，不得违反规定向本单位其他账户和上级主管单位、所属下级单位账户划拨资金。

【例题：单选题】根据支付结算法律制度的规定，下列关于预算单位零余额账户使用的表述中，正确的是（　　）。

扫二维码　视频讲解

A. 不得支取现金

B. 可以向所属下级单位账户划拨资金

C. 可以向上级主管单位账户划拨资金

D. 可以向本单位按账户管理规定保留的相应账户划拨工会经费

【答案】D

【解析】可以转账、提取现金，不得违反规定向本单位其他账户和上级主管单位、所属下级单位账户划拨资金。

（五）临时存款账户

临时存款账户是指存款人因临时需要并在规定期限内使用而开立的银行结算账户。

适用范围。

（1）设立临时机构（如工程指挥部、摄制组等）。

（2）异地临时经营活动（如建筑施工及安装单位等在异地的临时经营活动）。

（3）注册验资、增资。

（4）军队、武警单位承担基本建设或者异地执行作战、演习、抢险救灾、应对突发事件等临时任务。

临时存款账户的使用。

（1）有效期最长不得超过 2 年。

（2）注册验资的临时存款账户在验资期间只收不付。

（3）临时存款账户支取现金，应按照国家现金管理的规定办理。

开户证明文件。

（1）设立临时机构，应出具其驻在地主管部门同意设立临时机构的批文。

（2）异地建筑施工及安装单位，应出具其营业执照正本或其隶属单位的营业执照正本，以及施工及安装地建设主管部门核发的许可证或建筑施工及安装合同。外国及我国港、澳、台地区建筑施工及安装单位，应出具行业主管部门核发的资质准入证明。

（3）异地从事临时经营活动的单位，应出具其营业执照正本以及临时经营地市场监督管理部门的批文。

（4）境内单位在异地从事临时活动的，应出具政府有关部门批准其从事该项活动的证明文件。

（5）境外（含港、澳、台地区）机构在境内从事经营活动的，应出具政府有关部门批准其从事该项活动的证明文件。

（6）军队、武警单位因执行作战、演习、抢险救灾、应对突发事件等任务需要开立银行账户时，开户银行应当凭军队、武警团级以上单位后勤（联勤）部门出具的批文或证明，先予开户并同时启用，后补办相关手续。

（7）注册验资资金，应出具市场监督管理部门核发的企业名称预先核准通知书或有关部门的批文。

（8）增资验资资金，应出具股东会或董事会决议等证明文件。

上述第（2）、（3）、（4）、（8）项还应出具基本存款账户开户许可证，外国及我国港、澳、台地区建筑施工及安装单位除外。

【例题：单选题】A 公司异地临时机构因需要在农业银行开立了临时存款账户。根据支付结算法律制度的规定，该账户有效期最长不得超过（　　）。

A. 5 年　　B. 1 年

C. 2 年　　D. 6 个月

【答案】C

扫二维码　视频讲解

（六）个人银行结算账户

1. 个人银行结算账户的概念

个人银行结算账户是指存款人因投资、消费、结算等需要而凭个人身份证件以自然人名称开立的银行结算账户。自然人可根据需要申请开立个人银行结算账户，也可以在自己已经开立的储蓄账户中选择，并向开户银行申请确认为个人银行结算账户。储蓄账户仅限于办理现金存取业务，不得办理转账结算。

个人银行结算账户分为Ⅰ类银行账户、Ⅱ类银行账户和Ⅲ类银行账户。

（1）银行可通过Ⅰ类户为存款人提供存款、购买投资理财产品等金融产品、转账、消费和缴费支付、支取现金等服务。

（2）Ⅱ类户可以办理存款、购买投资理财产品等金融产品、限额消费和缴费、限额向非绑定账户转出资金业务，可以配发银行卡实体卡片。

经银行柜面、自助设备加以银行工作人员现场面对面确认身份的，Ⅱ类户还可以办理存取现金、非绑定账户资金转入业务，非绑定账户转入资金、存入现金日累计限额为 1 万元，年累计限额为 20 万元；消费和缴费、向非绑定账户转出资金、取出现金日累计限额为 1 万元，年累计限额为 20 万元。

银行可以向Ⅱ类户发放本银行贷款资金并通过Ⅱ类户还款，发放贷款和贷款资金归还，不受转账限额规定。

（3）Ⅲ类户可以办理限额消费和缴费、限额向非绑定账户转出资金业务。

经银行柜面、自助设备加以银行工作人员现场面对面确认身份的，Ⅲ类户还可以办理非绑定账户资金转入业务，Ⅲ类账户任一时点账户余额不得超过 2000 元。

功　能	Ⅰ　类	Ⅱ　类	Ⅲ　类
存　款	√	√	
购买理财产品	√	√	
转　账	√	非绑定账户转出（限额） 非绑定账户转入（满足条件且限额）	非绑定账户转出（限额） 非绑定账户转入（满足条件且限额）

（续表）

功　能	Ⅰ　类	Ⅱ　类	Ⅲ　类
消费 / 缴费	√	限额	限额
存取现金	√	满足条件且限额	
发放 / 归还贷款	√	√（无限额）	

Ⅱ类户和Ⅲ类户的其他功能。

功　能	Ⅱ　类	Ⅲ　类
存取现金（满足条件）	日 1 万 年 20 万	
消费 / 缴费		余额 2000
向非绑定账户转出资金		
非绑定账户转入资金（满足条件）		

2. 开户方式

（1）柜面开户。

通过柜面受理银行账户开户申请的，银行可为开户申请人开立Ⅰ类户、Ⅱ类户或Ⅲ类户。个人开立Ⅱ、Ⅲ类户，可以绑定Ⅰ类户或者信用卡账户进行身份验证，不得绑定非银行支付机构开立的支付账户进行身份验证。在银行柜面开立的，则无须绑定Ⅰ类账户或者信用卡账户进行身份验证。

（2）自助机具开户。

通过远程视频柜员机和智能柜员机等自助机具受理银行账户开户申请，银行工作人员现场核验开户申请人身份信息的，银行可为其开立Ⅰ类户；银行工作人员未现场核验开户申请人身份信息的，银行可为其开立Ⅱ类户或Ⅲ类户。

（3）电子渠道开户。

通过网上银行和手机银行等电子渠道受理银行账户开户申请的，银行可为开户申请人开立Ⅱ类户或Ⅲ类户。

银行通过电子渠道非面对面为个人开立Ⅱ类户或Ⅲ类户时，应当向绑定账户开户行验证Ⅱ类户或Ⅲ类户与绑定账户为同一人开立，且绑定账户为本人Ⅰ类户或信用卡账户。开户时，银行应当要求开户申请人登记验证的手机号码与绑定账户使用的手机号码保持一致。

3. 开户证明文件

银行为开户申请人开立个人银行账户时，应要求其提供本人有效身份证件，并对身份证件的真实性、有效性和合规性进行认真审查。银行通过有效身份证件仍无法准确判断开户申请人身份的，应要求其出具辅助身份证明材料。

（1）有效身份证件包括：

①在中华人民共和国境内已登记常住户口的中国公民为居民身份证；不满十六周岁的，可以使用居民身份证或户口簿；

②香港、澳门特别行政区居民为港澳居民来往内地通行证、港澳居民居住证；

③台湾地区居民为台湾居民来往大陆通行证、台湾居民居住证；

④定居国外的中国公民为中国护照；

⑤外国公民为护照或者外国人永久居留证；

⑥法律、行政法规规定的其他身份证明文件。

（2）辅助身份证明材料包括但不限于：

①中国公民为户口簿、护照、机动车驾驶证、居住证、社会保障卡、军人和武装警察身份证件、公安机关出具的户籍证明、工作证；

②香港、澳门特别行政区居民为香港、澳门特别行政区居民身份证；

③台湾地区居民为在台湾居住的有效身份证明；

④定居国外的中国公民为定居国外的证明文件；

⑤外国公民为外国居民身份证、使领馆人员身份证件或者机动车驾驶证等其他带有照片的身份证件；

⑥完税证明、水电煤缴费单等税费凭证。

军人、武装警察尚未领取居民身份证的，除出具军人和武装警察身份证件外，还应出具军人保障卡或所在单位开具的尚未领取居民身份证的证明材料。

4. 个人银行结算账户的使用

个人银行结算账户用于办理个人转账收付和现金存取。下列款项可以转入个人银行结算账户：

（1）工资、奖金收入；

（2）稿费、演出费等劳务收入；

（3）债券、期货、信托等投资的本金和收益；

（4）个人债权或产权转让收益；

（5）个人贷款转存；

（6）证券交易结算资金和期货交易保证金；

（7）继承、赠与款项；

（8）保险理赔、保费退还等款项；

（9）纳税退还；

（10）农、副、矿产品销售收入。

【注意】

①从单位银行结算账户向个人银行结算账户支付款项，每笔超过5万元（不包含5万元）人民币时，应向其开户银行提供付款依据。付款单位在付款用途栏或者备注栏注明事由的，可不再另行出具付款依据，但付款单位必须对支付款项事由的真实性、合法性负责。

②个人持出票人为单位的支票向开户银行委托收款，或者个人持申请人为单位的银行汇票和银行本票向开户银行提示付款，将款项转入其个人银行结算账户的，应向其开户银行提供相应的收款依据。

【例题：多选题】根据支付结算法律制度的规定，下列选项中，可以转入个人银行结算账户的有（ ）。

扫二维码 视频讲解

A. 稿费

B. 保险理赔

C. 个人产权转让收益

D. 债券、期货、信托等投资的本金和收益

【答案】ABCD

（七）异地银行结算账户

存款人应在注册地或者住所地开立银行结算账户，符合异地开户条件的，也可以在异地开立银行结算账户。

适用范围：

（1）营业执照注册地与经营地不在同一行政区域（跨省、市、县）需要开立基本存款账户的；

（2）办理异地借款和其他结算需要开立一般存款账户的；

（3）存款人因附属的非独立核算单位或派出机构发生的收入汇缴或业务支出需要开立专用存款账户的；

（4）异地临时经营活动需要开立临时存款账户的；

（5）自然人根据需要在异地开立个人银行结算账户的。

【总结 1】单位银行账户对比：

<table>
<tr><th>种　类</th><th>适用范围</th><th>其他考点</th></tr>
<tr><td>基本账户</td><td>①资金收付
②存款人工资、奖金支取
③现金的支取</td><td>①一个基本账户
②可存可取</td></tr>
<tr><td>一般账户</td><td>①存款人借款转存
②借款归还
③其他结算的资金收付</td><td>可存不可取</td></tr>
<tr><td>临时账户</td><td>①临时机构
②异地临时经营活动
③注册验资、增资
④临时任务</td><td>注册验资期间只收不付</td></tr>
<tr><td>专用账户</td><td colspan="2">①单位银行卡账户资金必须由基本存款账户转入，该账户不得办理现金收付业务
②证券交易结算资金、期货交易保证金和信托基金专用存款账户不得支取现金</td></tr>
</table>

【总结 2】各类账户存取现规定：

<table>
<tr><th>账户名称</th><th>存　现</th><th>取　现</th></tr>
<tr><td>基本存款账户</td><td rowspan="3">√</td><td rowspan="3">√</td></tr>
<tr><td>个人银行结算账户</td></tr>
<tr><td>临时存款账户（验资期间除外）</td></tr>
<tr><td>注册验资临时账户验资期间</td><td rowspan="3">√</td><td rowspan="3">×</td></tr>
<tr><td>一般存款账户</td></tr>
<tr><td>证券交易结算资金、期货交易保证金、信托基金</td></tr>
<tr><td>收入汇缴资金</td><td>√</td><td>×</td></tr>
<tr><td>业务支出资金</td><td rowspan="2">×</td><td rowspan="2">√</td></tr>
<tr><td>预算单位零余额账户</td></tr>
<tr><td>单位银行卡账户</td><td>×</td><td>×</td></tr>
</table>

考点四　银行结算账户的管理

1. 实名制管理

存款人应按照账户管理规定使用银行结算账户办理结算业务，不得出租、出借银行结算账户，不得利用银行结算账户套取银行信用或进行洗钱活动。

2. 账户变更事项的管理

3. 存款人预留银行签章的管理

4. 对账管理

【例题：单选题】关于存款人银行结算账户管理的下列表述中，不符合法律规定的是（　　）。

A. 存款人应以实名开立银行结算账户

B. 存款人不得出租银行结算账户

C. 存款人可以出借银行结算账户

D. 存款人不得利用银行结算账户套取银行信用

扫二维码　视频讲解

【答案】C

【解析】存款人应按照账户管理规定使用银行结算账户办理结算业务，不得出租、出借银行结算账户，不得利用银行结算账户套取银行信用或进行洗钱活动。

第三节　票　据

考点一　票据的概念与特征

（一）票据的含义和种类

（1）概念：票据是由出票人签发的、约定自己或委托付款人在见票时或指定的日期向收款人或持票人无条件支付一定金额的有价证券。

（2）票据种类。

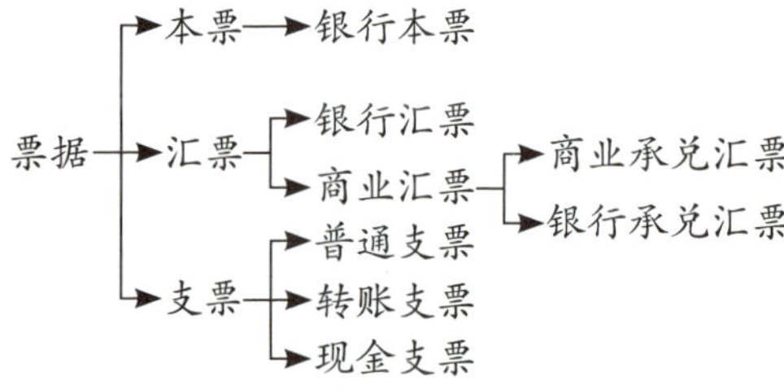

（二）票据当事人

票据当事人是指在票据法律关系中，享有票据权利、承担票据义务的主体。包括基本当事人和非基本当事人。

（1）基本当事人。

基本当事人，是指在票据作成和交付时就已经存在的当事人，包括出票人、付款人和收款人三种。汇票和支票的基本当事人有出票人、付款人与收款人；本票的基本当事人有出票人与收款人。

①出票人：指依法定方式签发票据并将票据交付给收款人的人。

②收款人：指票据正面记载的到期后有权收取票据所记载金额的人。

③付款人：指由出票人委托付款或自行承担付款责任的人。

（2）非基本当事人：包括承兑人、背书人、被背书人、保证人等。

①承兑人是指接受汇票出票人的付款委托，同意承担支付票款义务的人，是汇票主债务人；在商业汇票中使用。

②保证人是指为票据债务提供担保的人，由票据债务人以外的第三人担当。

保证人在被保证人不能履行票据付款责任时，以自己的资金履行票据责任，然后取得持票人的权利，向票据债务人追索。

③背书人与被背书人。

背书人是指在转让票据时，在票据背面或粘单上签字或盖章，并将该票据交付给受让人的票据收款人或持有人。

被背书人是指被记名受让票据或接受票据转让的人。

背书后，被背书人成为票据新的持有人，享有票据的所有权利；背书人对自己的后手承担票据责任。

【例题：不定项选择题】2017 年 3 月 11 日，甲公司签发一张商业汇票，收款人为乙公司，到期日为 2017 年 9 月 11 日，甲公司的开户银行 P 银行为该汇票承兑。

2017 年 6 月 30 日，乙公司从丙公司采购一批货物，将该汇票背书转让给丙公司，丙公司 9 月 30 日持该汇票到其开户银行 Q 银行办理委托收款，Q 银行为丙公司办理了委托收款手续，P 银行收到委托收款凭证后，拒绝付款。回答下列问题：

（1）该汇票的付款人是（　　）。

A. 甲公司　　B. P 银行

C. 乙公司　　D. Q 银行

【答案】B

【解析】根据规定，付款人承兑汇票后，应当承担到期付款的责任，即成为付款人。

（2）在不考虑委托收款背书的情况下，关于确定该汇票非基本当事人的下列表述中，正确的是（　　）。

A. 背书人是乙公司　　B. 被背书人是丙公司

C. 承兑人是 Q 银行　　D. 保证人是 P 银行

【答案】AB

（三）票据的特征和功能

要　点		内　容
票据特征	完全有价证券	票据权利与票据本身不可分离，票据权利的产生、行使、转让和消灭都离不开票据
	文义证券	即使文义记载有错，也不得用票据之外的其他证明方法变更或补充
	无因证券	票据符合法定的条件，票据权利就成立，持票人不必证明取得票据的原因，仅以票据文义请求履行票据权利
	金钱债权证券	票据上体现的权利性质是财产权，财产权的内容是请求支付一定的金钱而不是物品
	要式证券	票据的制作、形式、文义都有规定的格式和要求
	流通证券	票据可以通过背书行为流通（直接）转让
票据功能	支付功能	代替现金使用
	汇兑功能	方便异地支付

（续表）

要　点		内　容
票据功能	信用功能	现在使用未来的金钱
	结算功能	债务抵销
	融资功能	贴现、转贴现、再贴现

考点二 票据权利与责任

（一）票据权利的概念和分类

票据权利是指票据持票人向票据债务人请求支付票据金额的权利，包括付款请求权和追索权。

权　利	含　义	顺　序
付款请求权	①是指持票人向汇票的承兑人、本票的出票人、支票的付款人出示票据要求付款的权利 ②付款请求人可以是票据记载的收款人或最后的被背书人；担负付款义务的主要是主债务人	第一顺序权利
票据追索权	①是指票据当事人行使付款请求权遭到拒绝或有其他法定原因存在时，向其前手请求偿还票据金额及其他法定费用的权利 ②追索人除票据记载的收款人和最后被背书人外，还可能是代为清偿票据债务的保证人、背书人	第二顺序权利

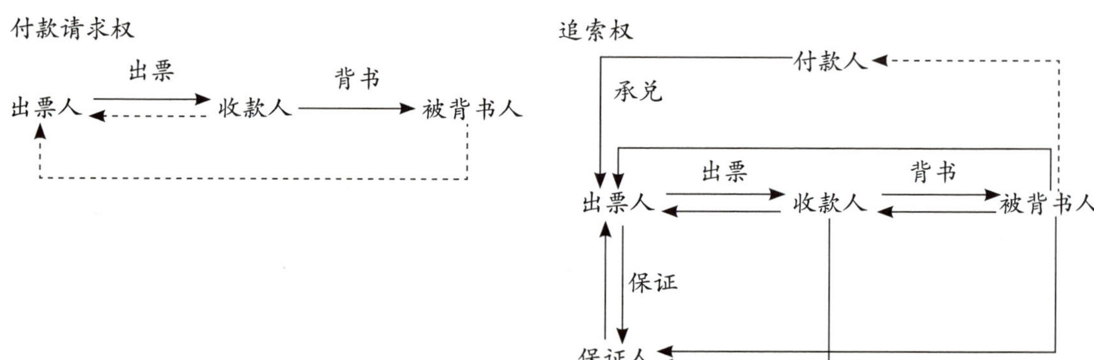

【例题：判断题】代为清偿票据债务的保证人和背书人不是行使票据追索权的当事人。（　　）

【答案】×

【解析】追索人除票据记载的收款人和最后被背书人外，还可能是代为清偿票据债务的保证人、背书人。

扫二维码　视频讲解

（二）票据权利的取得

1. 基本规定

（1）签发、取得和转让票据，应当遵守诚实信用的原则，具有真实的交易关系和债权债务关系。

（2）票据的取得，必须给付对价，即应当给付票据双方当事人认可的相对应的代价。

因税收、继承、赠与可以依法无偿取得票据的，则不受给付对价的限制，但所享有的票据权利不得优于其前手的权利。

不得优于是指不能超过，而且必须受到前手权利状态的影响，具体来说：

①如果前手是善意的、已付对价的当事人，享有完整有效的票据权利，无偿取得之人也享有同样的票据权利；

②如果前手是因欺诈等取得票据的，不享有票据权利，无偿取得之人也不享有票据权利；

③如果前手因善意取得票据但未付对价或对价不相当，该前手的权利应受其再前手权利的影响，无偿取得之人也受前手的影响。

2. 取得票据享有票据权利的情形

（1）依法接受出票人签发的票据。

（2）依法接受背书转让的票据。

（3）因税收、继承、赠与可以依法无偿取得票据。

3. 取得票据不享有票据权利的情形

（1）以欺诈、偷盗或者胁迫等手段取得票据的，或者明知有上述情形，出于恶意取得票据的。

（2）持票人因重大过失取得不符合《中华人民共和国票据法》（简称《票据法》）规定的票据。

（三）票据权利的行使与保全

（1）票据权利的行使是指持票人请求票据的付款人支付票据金额的行为，例如：行使付款请求权以获得票款；行使追索权以请求清偿法定的金额和费用等。

（2）票据权利的保全是指持票人为了防止票据权利的丧失而采取的措施，例如依据《票据法》的规定，按照规定期限提示承兑、要求承兑人或付款人提供拒绝承兑或拒绝付款的证明以保全追索权等。

（3）票据权利行使和保全的方法：按期提示和依法证明。

①按期提示：按照规定的期限向票据债务人提示票据，包括提示承兑和提示付款，以及时保全或行使追索权。

汇票未按规定期限提示承兑的，持票人丧失对前手的追索权，本票的持票人未按规定期限提示见票的，丧失对出票人以外的前手的追索权。

②依法证明：持票人为了证明自己曾经依法行使票据权利而遭拒绝或根本无法行使票据权利而以法律规定的时间和方式取得相关的证据。

持票人不能出示拒绝证明、退票理由书或者未按规定期限提供其他合法证明的，丧失对其前手的追索权。

对于票据权利行使和保全的地点和时间，《票据法》统一规定为：“持票人对票据债务人行使票据权利，或者保全票据权利，应当在票据当事人的营业场所和营业时间内进行，票据当事人无营业场所的，应当在其住所进行。”

（四）票据权利丧失补救

票据丧失是指票据因灭失（如不慎被烧毁）、遗失（如不慎丢失）、被盗等原因而使票据权利人脱离其对票据的占有。票据丧失后，可以采取三种形式进行补救：挂失止付、公示催告、普通诉讼。

1. 挂失止付

（1）挂失止付是指失票人将丧失票据的情况通知付款人或代理付款人，由接受通知的付款人或代理付款人审查后暂停支付的一种方式。

（2）可以挂失止付的范围：已承兑的商业汇票；支票；填明“现金”字样和代理付款人的银行汇票；填明“现金”字样的银行本票。

（3）挂失止付不是票据丧失后采取的必经措施，而只是一种暂时的预防措施，最终要通过申请公示催告或提起普通诉讼来补救票据权利。

（4）受理：

①付款人或代理付款人自收到挂失止付通知书之日起12日内没有收到人民法院的止付通知书的，自第13日起，不再承担止付责任，持票人提示付款即依法向持票人付款；

②付款人或代理付款人在收到挂失止付通知书之前，已经向持票人付款的，不再承担责任。但是，付款人或代理付款人以恶意或者重大过失付款的除外；

③承兑人或者承兑人开户行收到挂失止付通知或者公示催告等司法文书并确认相关票据未付款的，应当于当日依法暂停支付并在中国人民银行指定的票据市场基础设施（上海票据交易所）登记或者委托开户行在票据市场基础设施登记相关信息。

2. 公示催告

（1）公示催告是指失票人请求人民法院以公告方式通知不确定的利害关系人限期申报权利，逾期未申报者，则权利失效，而由法院通过除权判决宣告所丧失的票据无效的制度或程序。

（2）失票人应当在通知挂失止付后的3日内，也可以在票据丧失后，依法向票据支付地人民法院申请公示催告。

（3）申请公示催告的主体必须是可以背书转让的票据的最后持票人。

（4）公告：①人民法院决定受理公示催告申请后发布的公告应当在全国性的报刊上登载；②公示催告的期间，国内票据自公告发布之日起60日，涉外票据可根据具体情况适当延长，但最长不得超过90日；③在公示催告期间，转让票据权利的行为无效。

（5）受理：付款人或代理付款人收到人民法院发出的止付通知，应当立即停止支付，直到公示催告程序终结。非经发出止付通知的人民法院许可，擅自解付的，不得免除票据责任。

（6）判决：利害关系人因正当理由不能在判决前向人民法院申报的，自知道或应当知道判决公告之日起1年内，可以向作出判决的人民法院起诉。

3. 普通诉讼

是指以丧失票据的人为原告，以承兑人或出票人为被告，请求法院判决其向失票人付款的诉讼活动。如果与票据上的权利有利害关系的人是明确的，无须公示催告，可按一般的票据纠纷向法院提起诉讼。

【例题1：多选题】根据支付结算法律制度的规定，下列各项中，丧失后可以挂失止付的有（　）。

A. 未填明“现金”字样的银行汇票　　B. 已承兑的商业汇票

C. 支票　　D. 填明“现金”字样的银行本票

【答案】BCD

【解析】已承兑的商业汇票、支票、填明“现金”字样和代理付款人的银行汇票以及填明“现金”字样的银行本票丧失，可以由失票人通知付款人或者代理付款人挂失止付。

【例题2：判断题】挂失止付不是票据丧失后采取的必经措施，是一种暂时的预防措施，最终要通过申请公示催告或提起普通诉讼来补救票据权利。（　）

【答案】√

扫二维码　视频讲解

（五）票据权利时效

（1）票据权利时效是指票据权利在时效期间内不行使，即引起票据权利丧失。

（2）票据权利时效划分为2年、6个月、3个月，票据权利在期限内不行使而消灭。

（3）如果持票人因超过票据权利时效或因票据记载事项欠缺而丧失票据权利的，持票人仍享有民事权利。

持票人票据权利	时效期间
对出票人和承兑人的权利	自票据到期日起 2 年（商业汇票） 见票即付的汇票、本票自出票日起 2 年
对支票出票人权利	自出票日起 6 个月
对前手的追索权	自被拒绝承兑或被拒绝付款之日起 6 个月
对前手的再追索权	自清偿日或者被提起诉讼之日起 3 个月

【提示】追索权，不包括对出票人、承兑人的追索权，追索出票人、承兑人适用 2 年或 6 个月的规定。

【例题：单选题】下列说法中，正确的是（　　）。

A. 票据权利时效期间是指提示付款期间

B. 持票人对支票出票人的权利，自出票日起 3 个月

C. 持票人对前手的再追索权，自清偿日或者被提起诉讼之日起 3 个月

D. 持票人对前手的追索权，自被拒绝承兑或者被拒绝付款之日起 3 个月

扫二维码　视频讲解

【答案】C

【解析】选项 A，票据权利时效期间不是提示付款期间，选项 B、D 应为 6 个月。

（六）票据责任

票据责任是指票据债务人向持票人支付票据金额的义务。

票据债务人承担票据义务一般有四种情况：

一是汇票承兑人因承兑而应承担付款义务；

二是本票出票人因出票而承担自己付款的义务；

三是支票付款人在与出票人有资金关系时承担付款义务；

四是汇票、本票、支票的背书人，汇票、支票的出票人、保证人，在票据不获承兑或不获付款时的付款清偿义务。

1. 提示付款

（1）票据的提示付款期限。

票据种类	提示付款期限
支　票	自出票日起 10 日
银行汇票	自出票日起 1 个月
银行本票	自出票日起最长不超过 2 个月
商业汇票	自票据到期日起 10 日

（2）持票人未按规定期限提示付款的，在作出说明后，承兑人或付款人仍应当继续对持票人承担付款责任。

（3）通过委托收款银行或者通过票据交换系统向付款人提示付款的，视同持票人提示付款。本票持票人未按照规定提示付款的，丧失对出票人以外的前手的追索权；支票持票人超过提示付款期限提示付款的，付款人可以不予付款，付款人不予付款的，出票人仍应对持票人承担票据责任。

2. 付款人付款

持票人依照规定提示付款的，付款人必须在当日足额付款。

3. 拒绝付款

如果存在背书不连续等合理事由，票据债务人可以对票据债权人拒绝履行义务，这就是所谓的票据“抗辩”。

票据债务人不得以自己与出票人或者持票人的前手之间的抗辩事由对抗持票人，但持票人明知存在抗辩事由而取得票据的除外。

4. 获得付款

持票人获得付款的，应在票据上签收，并将票据交给付款人。

电子商业汇票的持票人可以委托本行（委托收款的受委托银行）代为发出提示付款、逾期提示付款行为申请。

5. 相关银行的责任

（1）持票人委托的收款银行的责任，限于按照票据上记载事项将票据金额转入持票人账户。

（2）付款人委托的付款银行的责任，限于按照票据上记载事项从付款人账户支付票据金额。

6. 票据责任解除

付款人依法足额付款后，全体票据债务人的责任解除。

考点三　票据行为

票据行为是指票据当事人以发生票据债务为目的的、以在票据上签名或盖章为权利义务成立要件的法律行为。票据行为包括：出票、承兑、背书和保证。

（一）出　票

1. 含义

出票是指出票人签发票据并将其交付给收款人的票据行为。出票包括两个行为：一是作成票据；二是交付票据；这两者缺一不可。

2. 出票的基本要求

（1）出票人必须与付款人具有真实的委托付款关系；

（2）可靠的资金来源保证支付；

（3）不得签发无对价的票据用以骗取银行或其他票据当事人的资金。

3. 记载事项

票据记载事项一般分为必须记载事项、相对记载事项、任意记载事项和记载不产生票据法上效力的事项等。

（1）必须记载事项。

是指《票据法》明文规定必须记载的，如不记载，票据行为即为无效的事项。如票据种类、签章等。

（2）相对记载事项。

是指除必须记载事项外，《票据法》规定的其他应记载事项，这些事项如果未记载，由法律另作相应规定予以明确，并不影响票据的效力。

例如：《票据法》规定背书由背书人签章并记载背书日期。背书未记载日期的，视为在票据到期日前背书。

（3）任意记载事项。

是指《票据法》不强制当事人必须记载而允许当事人自行选择，不记载时不影响票据效力，记载时则产生票据效力的事项。

例如：出票人在汇票记载“不得转让”字样的，汇票不得转让，其中的“不得转让”事项即为任意记载事项。

（4）记载不产生《票据法》上的效力的事项。

汇票上可以记载《票据法》规定事项以外的其他出票事项，但该记载事项不具有汇票上的效力。

4. 出票的效力

出票人签发票据后，即承担该票据承兑或付款的责任。

出票人在票据得不到承兑或付款时，应向持票人清偿《票据法》第七十条、第七十一条规定的金额和费用。

【例题：单选题】根据支付结算法律制度的规定，下列票据日期中，属于票据必须记载事项的是（　　）。

A. 承兑日期　　B. 背书日期

C. 保证日期　　D. 出票日期

扫二维码　视频讲解

【答案】D

【解析】选项 ABC 属于相对记载事项。

（二）背　书

1. 概念

背书是在票据背面或者粘单上记载有关事项并签章的行为。

2. 种类

（1）委托收款背书，是指背书人委托被背书人行使票据权利的背书，但被背书人不得再以背书转让票据权利。

（2）质押背书，是指以担保债务而在票据上设定质权为目的的背书。被背书人依法实现其质权时，可以行使票据权利。

背书—→转让背书
　　—→非转让背书—→委托收款背书
　　　　　　　　—→质押背书

3. 背书记载事项

（1）必须记载：背书人签章、被背书人名称。

（2）相对记载：背书日期。

【提示】以背书转让或者以背书将一定的票据权利授予他人行使时，必须记载被背书人名称。背书人未记载被背书人名称即将票据交付他人的，持票人在票据被背书人栏内记载自己的名称与背书人记载具有同等法律效力。

委托收款背书应记载“委托收款”字样、被背书人和背书人签章。

4. 粘单

票据凭证不能满足背书人记载事项的需要，可以加附粘单，粘附于票据凭证上。粘单上的第一记载人，应当在票据和粘单的粘接处签章。

5. 背书连续及其效力

（1）背书人以背书转让票据后，即承担保证其后手所持票据承兑和付款的责任。

（2）背书连续是指票据转让中，转让票据的背书人与受让票据的被背书人在票据上的签章依次前后衔接。

（3）以背书转让的票据，背书应当连续。持票人以背书的连续，证明其票据权利。

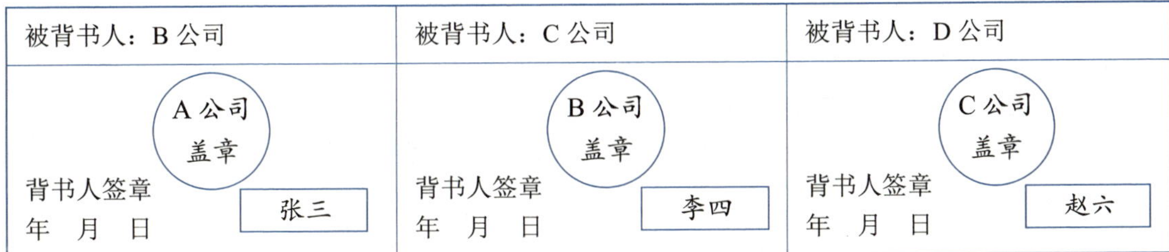

被背书人：B 公司	被背书人：C 公司	被背书人：D 公司
A 公司 盖章 张三 背书人签章 年　月　日	B 公司 盖章 李四 背书人签章 年　月　日	C 公司 盖章 赵六 背书人签章 年　月　日

6. 不得进行的背书

（1）条件背书：背书不得附有条件，背书时附有条件的，所附条件不具有票据上的效力。（背书有效）

（2）部分背书：将票据金额的一部分转让的背书或者将票据金额分别转让给两人以上的背书无效。

（3）限制背书：记载了“不得转让”字样，票据不得转让。

（4）期后背书：指票据被拒绝承兑、被拒绝付款或者超过付款提示期限的，不得背书转让；背书转让的，背书人应承担票据责任。

【总结】背书效力

具体情形	背书的效力
未记载背书日期	背书有效
背书人未记载被背书人名称即将票据交付他人的，持票人在被背书人栏内记载自己的名称	背书有效
附有条件的背书	背书有效
背书人在汇票上记载“不得转让”字样，其后手再背书转让的	背书有效
部分背书、同时背书给多人	背书无效
背书人未签章	背书无效

【例题：多选题】根据票据法律制度的规定，下列各背书情形中，属于背书无效的有（　　）。

A. 将汇票金额全部转让给甲某

B. 将汇票金额的一半转让给甲某

C. 将汇票金额分别转让给甲某和乙某

D. 将汇票金额转让给甲某但要求甲某不得对背书人行使追索权

扫二维码　视频讲解

【答案】BC

（三）承　兑

含义：承兑是指汇票付款人承诺在汇票到期日支付汇票金额并签章的行为，仅适用于商业汇票。

承兑程序：包括提示承兑、受理承兑、记载承兑事项等。

（1）提示承兑。

①定日付款或者出票后定期付款的汇票，持票人应当在汇票到期日前向付款人提示承兑。

②见票后定期付款的汇票，持票人应当自出票日起 1 个月内向付款人提示承兑。

③汇票未按照规定期限提示承兑的，持票人丧失对其前手的追索权。

【提示】提示付款期限：见票即付：出票日起 1 个月；定日付款、出票后定期付款、见票后定期付款：到期日起 10 日。

（2）受理承兑。

付款人对向其提示承兑的汇票，应当自收到提示承兑的汇票之日起 3 日内承兑或拒绝承兑，3 日内不做承兑与否表示的，视为拒绝承兑。

银行承兑汇票的承兑银行，应按票面金额向出票人收取万分之五的手续费。

（3）记载承兑事项。

付款人承兑汇票的，应当在汇票正面记载“承兑”字样和承兑日期并签章。

（4）承兑效力。

付款人承兑汇票，不得附有条件；承兑附有条件的，视为拒绝承兑。付款人承兑汇票后，应当承担到期付款的责任。

【例题 1：多选题】下列关于商业汇票提示承兑期限的表述中，符合法律规定的有（　　）。

A. 商业汇票的提示承兑期限，为自汇票到期日起 10 日内

B. 定日付款的商业汇票，持票人应该在汇票到期日前提示承兑

C. 出票后定期付款的商业汇票，提示承兑期限为自出票日起 1 个月内

扫二维码　视频讲解

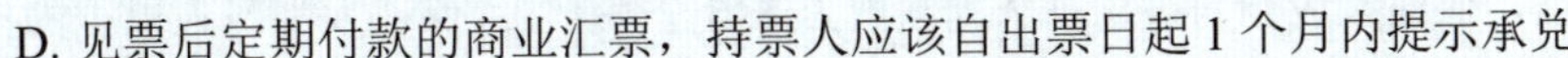

D. 见票后定期付款的商业汇票，持票人应该自出票日起 1 个月内提示承兑

【答案】BD

【例题 2：判断题】商业汇票未按照规定期限提示承兑的，持票人丧失对其前手的追索权。（　　）

【答案】√

【解析】汇票未按照规定期限提示承兑的，持票人丧失对其前手的追索权。

（四）保　证

1. 含义

保证是指票据债务人以外的人，为担保特定债务人履行票据债务而在票据上记载有关事项并签章的行为。

国家机关、以公益为目的的事业单位、社会团体、企业法人的分支机构和职能部门作为票据保证人的，票据保证无效。

2. 保证的记载事项

（1）保证人在票据或粘单上未记载“被保证人名称”的，已承兑的票据，承兑人为被保证人；未承兑的票据，出票人为被保证人。未记载“保证日期”的，出票日期为保证日期。

（2）保证人未在票据或粘单上记载保证字样而另行签订保证合同或保证条款的，不属于票据保证。

【总结 1】票据行为记载事项：

要　点	内　容			
	承　兑	保　证	背　书	委托收款背书
必须记载事项	承兑字样	保证字样		委托收款字样
	承兑人签章	保证人签章	背书人签章	背书人签章
			被背书人名称	被背书人栏记载开户银行名称
相对记载事项	承兑日期	保证日期	背书日期	背书日期
		保证人名称住所		
		被保证人名称		

【总结 2】票据行为未记载日期的法律后果：

票据行为	法律后果
出　票	票据无效
背　书	视为票据到期前背书
保　证	出票日期为保证日期
承　兑	以收到提示承兑的汇票之日起 3 日内的最后 1 日为承兑日期

3. 保证责任的承担

被保证的票据，保证人应当与被保证人对持票人承担连带责任；保证人为两人以上的，保证人之间承担连带责任。票据到期后得不到付款的，持票人有权向保证人请求付款，保证人应当足额付款。

4. 保证效力

（1）保证不得附有条件，附有条件的，不影响对票据的保证责任。

【提示】承兑附有条件，视为拒绝承兑；背书附有条件，所附条件无效；保证附有条件，不影响对票据的保证责任。

（2）保证人清偿票据债务后，可以行使持票人对被保证人及其前手的追索权。

【例题：多选题】关于票据签章当事人的下列表述中，正确的有（　　）。

A. 票据签发时，由出票人签章　　B. 票据转让时，由被背书人签章

C. 票据承兑时，由承兑人签章　　D. 票据保证时，由保证人签章

【答案】ACD

【解析】票据签发时，由出票人签章；转让时，由背书人签章；承兑时，由承兑人签章；保证时，由保证人签章。

扫二维码　视频讲解

考点四　票据追索

（一）票据追索适用的情形

到期前追索：

（1）汇票被拒绝承兑的；

（2）承兑人或者付款人死亡、逃匿的；

（3）承兑人或者付款人被依法宣告破产的或者因违法被责令终止业务活动的。

到期后追索：票据到期后被拒绝付款。

（二）被追索人的确定

票据的出票人、背书人、承兑人和保证人对持票人承担连带责任。

持票人行使追索权，可以不按照票据债务人的先后顺序，对其中任何一人、数人或者全体行使追索权。

持票人对票据债务人中的一人或者数人已经进行追索的，对其他票据债务人仍可以行使追索权。

（三）追索的内容

持票人行使追索权，可请求被追索人支付下列金额和费用：

（1）被拒绝付款的票据金额；

（2）票据金额从到期日或者提示付款日起至清偿日止，按照中国人民银行规定的利率计算的利息；

（3）取得有关拒绝证明和发出通知书的费用。

被追索人依照前条规定清偿后，可以向其他票据债务人行使再追索权，请求其他票据债务人支付下列金额和费用：

（1）已清偿的全部金额；

（2）利息；

（3）发出通知书的费用。

【提示】持票人对前手的追索权，自被拒绝承兑或者被拒绝付款之日起 6 个月；持票人对前手的再追索权，自清偿日或者被提起诉讼之日起 3 个月。

（四）追索权的行使

1. 获得有关证明

持票人应当提供被拒绝承兑或拒绝付款的有关证明。

持票人不能出示拒绝证明、退票理由书或未按规定期限提供其他合法证明的，丧失对其前手的追索权。但承兑人或付款人仍应对持票人承担责任。

2. 行使追索

持票人应当自收到被拒绝承兑或者被拒绝付款的有关证明之日起 3 日内，将被拒绝事由书面通知其前手。

未按照规定期限通知的，持票人仍可以行使追索权。因延期通知给其前手或出票人造成损失的，由该当事人承担对该损失的赔偿责任，但是所赔偿的金额以汇票金额为限。

具体情形	法律后果
未按照规定期限提示承兑	丧失对出票人以外的前手的追索权
未按照规定期限提示付款	丧失对出票人、承兑人以外的前手的追索权
未取得拒绝证明	丧失对出票人、承兑人以外的前手的追索权
未按照规定期限发出追索通知	仍可以行使追索权

【例题：多选题】根据票据法律制度的规定，被追索人在向持票人支付有关金额及费用后，可以向其他汇票债务人行使再追索权。下列各项中，属于被追索人可请求其他汇票债务人清偿的款项有（ ）。

扫二维码 视频讲解

A. 被追索人已清偿的全部金额及利息
B. 被追索人发出追索通知书的费用
C. 持票人取得有关拒绝证明的费用
D. 持票人因票据金额被拒绝支付而导致的利润损失

【答案】AB

考点五 银行汇票

银行汇票是出票银行签发的，由其在见票时按照实际结算金额无条件支付给收款人或者持票人的票据。

（1）银行汇票是出票银行签发的，出票人、付款人（代理付款人）均是银行。

（2）单位和个人、同城异地各种款项结算，均可使用银行汇票。

（3）银行汇票可以用于转账，填明“现金”字样的银行汇票也可以用于支取现金。

【提示】签发现金银行汇票，申请人和收款人必须均为个人。申请人或者收款人为单位的，银行不得为其签发现金银行汇票。

（4）签发银行汇票必须记载下列事项：

①表明“银行汇票”的字样；
②无条件支付的承诺；
③出票金额；
④付款人名称；
⑤收款人名称；
⑥出票日期；
⑦出票人签章。

（5）实际结算金额和出票金额。

①银行汇票的实际结算金额低于出票金额的，银行应按照实际结算金额办理结算，多余金额由出票银行退交申请人。

②未填明实际结算金额和多余金额或者实际结算金额超过出票金额的，银行不予受理。

③实际结算金额一经填写不得更改，更改实际结算金额的银行汇票无效。

④银行汇票的背书转让以不超过出票金额的实际结算金额为准。未填写实际结算金额或者实际结算金额超过出票金额的银行汇票不得背书转让。

（6）提示付款。

①银行汇票的提示付款期限自出票日起1个月，持票人超过付款期限提示付款的，代理付款银行不予受理。

②持票人向银行提示付款时，必须同时提交银行汇票和解讫通知，缺少任何一联，银行不予受理。

③持票人超过期限向代理付款银行提示付款被拒绝付款的，必须在票据权利时效（2年）内向出票银行作出说明，并提供本人身份证件或者单位证明，持银行汇票和解讫通知向出票银行请求付款。

（7）退款。

①申请人因银行汇票超过付款提示期限或者其他原因要求退款的，应将银行汇票和解讫通知同时提交到出票银行。

②申请人缺少解讫通知要求退款的，出票银行应于银行汇票提示付款期满1个月后办理。

【例题：多选题】根据支付结算法律制度的规定，下列关于银行汇票的表述中，正确的有（　　）。

扫二维码　视频讲解

A. 银行汇票的实际结算金额不得更改
B. 持票人向银行提示付款时，必须同时提交银行汇票和解讫通知
C. 申请人缺少解讫通知要求退款的，出票银行应于银行汇票提示付款期满1个月后办理
D. 申请人或者收款人为单位的，可以申请使用现金银行汇票

【答案】ABC

考点六 商业汇票

商业汇票是出票人签发的，委托付款人在指定日期无条件支付确定的金额给收款人或者持票人的票据。

电子商业汇票是指出票人依托上海票据交易所电子商业汇票系统，以数据电文形式制作的，委托付款人在指定日期无条件支付确定的金额给收款人或者持票人的票据。

（一）商业汇票种类及适用范围

种　类		承兑人（付款人）
纸质商业汇票	商业承兑汇票	银行以外的付款人
	银行承兑汇票	银行
电子商业汇票	电子商业承兑汇票	金融机构以外的法人或其他组织
	电子银行承兑汇票	银行业金融机构、财务公司
在银行开立基本存款账户的法人及其他组织之间的结算，才能使用商业汇票		

【提示】汇兑、委托收款、银行汇票、银行本票、支票：单位和个人均可使用；国内信用证、托收承付、商业汇票：个人不能使用。

（二）商业汇票的出票

1. 出票人资格

在银行开立存款账户的法人以及其他组织之间，必须具有真实的交易关系或者债权债务关系，才能使用商业汇票。

单张出票金额在100万元以上的商业汇票原则上应全部通过电子商业汇票办理，单张出票金额在300万元以上的商业汇票应全部通过电子商业汇票办理。

2. 出票人确定

商业承兑汇票可以由付款人签发并承兑，也可以由收款人签发交由付款人承兑；银行承兑汇票应由在承兑银行开立存款账户的存款人签发。

3. 签发商业汇票时必须记载的事项

纸质商业汇票	电子商业汇票
表明“商业承兑汇票”或“银行承兑汇票”的字样	表明“电子商业承兑汇票”或“电子银行承兑汇票”的字样
无条件支付的委托	无条件支付的委托
确定的金额	确定的金额
付款人名称、收款人名称	付款人名称、收款人名称
出票日期	出票日期
出票人签章	出票人签章
	出票人名称、票据到期日

4. 商业汇票的付款期限

纸质商业汇票的付款期限，最长不超过6个月，电子承兑汇票期限自出票日至到期日不超过1年。

（三）商业汇票的承兑

银行承兑汇票的承兑银行，应按票面金额向出票人收取万分之五的手续费。

（四）票据信息登记与电子化

纸质票据贴现前，金融机构办理承兑、质押、保证等业务，应当不晚于业务办理的次一工作日在票据市场基础设施（即上海票据交易所，是中国人民银行指定的提供票据交易、登记托管、清算结算和信息服务的机构）完成相关信息登记工作；纸质商业承兑汇票完成承兑后，承兑人开户行应当根据承兑人委托代其进行承兑信息登记。承兑信息未能及时登记的，持票人有权要求承兑人补充登记承兑信息。

纸质票据票面信息与登记信息不一致的，以纸质票据票面信息为准。

电子商业汇票签发、承兑、质押、保证、贴现等信息应当通过电子商业汇票系统同步传送至票据市场基础设施。

（五）商业汇票的贴现

1. 概念

贴现是指票据持票人在票据未到期前为获得现金向银行贴付一定利息而发生的票据转让行为。按照交易方式，分为买断式和回购式。

2. 贴现的基本规定

（1）贴现条件。

①票据未到期。

②未记载“不得转让”事项。

③持票人是在银行开立存款账户的企业法人以及其他组织。

④持票人与出票人或者直接前手之间具有真实的商品交易关系。

（2）必须记载事项。

①电子商业汇票贴现必须记载：贴出人名称；贴入人名称；贴现日期；贴现类型；贴现利率；实付金额；贴出人签章。

②电子商业汇票回购式贴现赎回时应作成背书，并记载原贴出人名称、原贴入人名称、赎回日期、赎回利率、赎回金额、原贴入人签章。

（3）贴现程序。

①贴现人办理纸质票据贴现时，应当通过票据市场基础设施查询票据承兑信息，并在确认纸质票据必须记载事项与已登记承兑信息一致后，为贴现申请人办理贴现；信息不存在或纸质票据必须记载事项与已登记承兑信息不一致的，不得办理贴现。

②贴现申请人无需提供合同、发票等资料。

③贴现人办理纸质票据贴现后，应当在票据上记载“已电子登记权属”字样，该票据不再以纸质形式进行背书转让、设立质押或其他交易行为。

④保证增信制度。

贴现人可以按市场化原则选择商业银行对纸质票据进行保证增信，保证增信行对纸质票据进行保管并为贴现人的偿付责任进行先行赔付。

⑤付款确认制度。

a. 纸质票据贴现后，其保管人可以向承兑人发起付款确认，付款确认可以采用实物确认或影像确认。

b. 承兑人要求实物确认的，银行承兑汇票保管人应当将票据送达承兑人，实物确认后，纸质票据由其承兑人代票据权利人妥善保管；商业承兑汇票保管人应当将票据通过承兑人开户行送达承兑人进行实物确认，实物确认后，纸质票据由商业承兑汇票开户行代票据权利人妥善保管。

c. 承兑人收到票据影像确认请求或票据实物后，应当在 3 个工作日内作出或委托其开户行作出同意或拒绝到期付款的应答。

d. 电子商业汇票一经承兑即视为承兑人已进行付款确认。

e. 承兑人或承兑人开户行进行付款确认后，除挂失止付、公示催告等合法抗辩情形外，应当在持票人提示付款后付款。

3. 贴现利息的计算

贴现利息 = 面值 × 贴现率 × 贴现天数

贴现金额 = 面值 - 贴现利息

贴现天数：贴现日至汇票到期日前一日

【提示】

①票据贴现、转贴现的计息期限，从贴现、转贴现之日起至票据到期日止，到期日遇法定节假日的顺延至下一工作日。

②实付贴现金额按票面金额扣除贴现日至汇票到期前1日的利息计算。

③承兑人在异地的纸质商业汇票，贴现的期限以及贴现利息的计算应另加3天的划款日期。

【举例】某商业汇票票面金额100万，出票日3月5日，到期日是5月5日，3月28日向银行贴现，日贴现率0.1%。计算贴现金额。

贴现天数＝4＋30＋4＝38（天）

贴现利息＝1000000 × 0.1%×38＝38000（元）

贴现金额＝1000000－38000＝962000（元）

4. 贴现的收款

贴现到期，贴现银行应向付款人收取票款。不获付款的，贴现银行应向其前手追索票款。

贴现银行追索票款时可从贴现申请人的存款账户直接收取票款。

办理电子商业汇票贴现及提示付款业务，可选择票款对付方式或者同城票据交换、通存通兑、汇兑等方式清算票据资金。

【例题：单选题】甲公司向乙企业购买一批原材料，开出一张票面金额为30万元的银行承兑汇票。出票日期为2月10日，到期日为5月10日。4月6日，乙企业持此汇票及有关发票和原材料发运单据复印件向银行办理了贴现。已知同期银行年贴现率为3.6%，一年按360天计算，贴现银行与承兑银行在同一城市。根据票据法律制度的有关规定，银行实付乙企业贴现金额为（　　）元。

A. 301680　　B. 298980

C. 298950　　D. 298320

扫二维码　视频讲解

【答案】B

【解析】贴现天数＝25＋9＝34（天）

贴现利息＝300000×3.6%/360×34＝1020（元）

贴现金额＝300000－1020＝298980（元）

（六）票据交易

内　容	定　义
转贴现	卖出方将未到期的已贴现票据向买入方转让的交易行为
质押式回购	正回购方在将票据出质给逆回购方融入资金的同时，双方约定在未来某一日期，由正回购方按约定金额向逆回购方返还资金、逆回购方向正回购方返还原出质票据的交易行为
买断式回购	正回购方将票据卖给逆回购方的同时，双方约定在未来某一日期，正回购方再以约定价格从逆回购方买回票据的交易行为

（七）商业汇票的到期处理

1. 票据到期后偿付顺序

（1）票据未经承兑人付款确认和保证增信即交易的，若承兑人未付款，应当由贴现人先行偿付。该票据在交易后又经承兑人付款确认的，应当由承兑人付款；若承兑人未付款，应当由贴现人先行偿付。

（2）票据经承兑人付款确认且未保证增信即交易的，应当由承兑人付款；若承兑人未付款，应当由贴现人先行偿付。

（3）票据保证增信后即交易且未经承兑人付款确认的，若承兑人未付款，应当由保证增信行先行偿付；保证增信行未偿付的，应当由贴现人先行偿付。

（4）票据保证增信后且经承兑人付款确认的，应当由承兑人付款；若承兑人未付款，应当由保证增信行先行偿付；保证增信行未偿付的，应当由贴现人先行偿付。

2. 提示付款

商业汇票的提示付款期限，自汇票到期日起10日，持票人应在提示付款期内向付款人提示付款。

（1）持票人在提示付款期内通过票据市场基础设施提示付款的，承兑人应当在提示付款当日进行应答或委托其开户行应答；承兑人存在合法抗辩事由拒绝付款的，应当在提示付款当日出具或委托其开户行出具拒绝付款证明，并通过票据市场基础设施通知持票人。

承兑人或其开户行在提示付款当日未作出应答的，视为拒绝付款，票据市场基础设施提供拒绝付款证明并通知持票人。

（2）商业承兑汇票承兑人在提示付款当日同意付款的，承兑人账户余额足够支付票款的，承兑人开户行应代承兑人作出同意付款应答，并于提示付款日向持票人付款。

承兑人账户余额不足以支付票款的，视同承兑人拒绝付款，承兑人开户行应于提示付款日代承兑人作出拒付应答并说明理由，同时通过票据市场基础设施通知持票人。

银行承兑汇票的承兑人已于到期前进行付款确认的，票据市场基础设施应根据承兑人委托于提示付款日代承兑人发送指令划付资金至持票人资金账户。

（3）超过提示付款期限提示付款的，持票人开户银行不予受理，但在作出说明后，承兑人或付款人仍应当继续对持票人承担付款责任。

（4）付款人收到开户行的付款通知，应在当日通知银行付款，付款人在接到通知次日起3日内（遇法定休假日顺延）未通知银行付款的，视同付款人承诺付款；付款人存在合法抗辩事由拒绝付款的，应自接到通知的次日起3日内，作成拒绝付款证明送交开户行，银行将拒绝付款证明和商业承兑汇票邮寄持票人开户银行转交持票人。

（5）银行承兑汇票的出票人应于汇票到期前将票款足额交存开户行，银行承兑汇票的出票人于汇票到期日未能足额交存票款时，承兑银行付款后，对出票人尚未支付的汇票金额按照每天万分之五计收利息。

（6）保证增信行或贴现人承担偿付责任时，应当委托票据市场基础设施代其发送指令划付资金至持票人资金账户。

考点七 银行本票

银行本票是银行签发的，承诺自己在见票时无条件支付确定的金额给收款人或者持票人的票据。

（1）签发银行本票必须记载下列事项：表明“银行本票”的字样、无条件支付的承诺、确定的金额、收款人名称、出票日期、出票人签章。欠缺记载上列事项之一的，银行本票无效。

（2）银行本票可以用于转账，注明“现金”字样的银行本票可以用于支取现金。

（3）单位和个人在同一票据交换区域需要支付各种款项，均可以使用银行本票。

（4）申请人或收款人为单位的，银行不得为其签发现金银行本票。（同银行汇票）

（5）银行本票可以交付收款人，也可以背书转让。

（6）银行本票的提示付款期限自出票日起最长不得超过2个月。银行汇票的提示付款期限自出票日起1个月。

（7）银行本票限于见票即付，在持票人提示见票时，出票人必须承担付款的责任。

（8）持票人超过提示付款期限不获付款的，可向出票银行请求付款。

【例题：单选题】下列关于银行本票性质的表述中，不正确的是（　　）。

扫二维码　视频讲解

A. 银行本票的付款人见票时必须无条件付款给持票人

B. 持票人超过提示付款期限不获付款的，可向出票银行请求付款

C. 银行本票不可以背书转让

D. 注明“现金”字样的银行本票可以用于支取现金

【答案】C

考点八 支　票

支票，是指出票人签发的、委托办理支票存款业务的银行在见票时无条件支付确定的金额给收款人或者持票人的票据。

1. 适用范围

单位和个人在同一票据交换区域的各种款项结算，均可以使用支票。

2. 记载事项

（1）必须记载下列事项：表明“支票”的字样、无条件支付的委托、确定的金额、付款人名称、出票日期、出票人签章。

（2）授权补记：支票的金额、收款人名称，可以由出票人授权补记。未补记前，不得背书转让和提示付款。

（3）出票人可以在支票上记载自己为收款人。

【总结】票据的必须记载事项：

必须记载事项	商业汇票	电子商业汇票	银行汇票	银行本票	支　票
表明×××的字样	√	√	√	√	√
无条件支付的承诺	×	×	√	√	×
无条件支付的委托	√	√	×	×	√
金　额	√	√	√	√	√
付款人名称	√	√	√	×	√
收款人名称	√	√	√	√	×
出票日期	√	√	√	√	√
出票人签章	√	√	√	√	√
出票人名称、票据到期日		√			

3. 支票种类

分为现金支票、转账支票和普通支票三种。现金支票只能支取现金，不得转账；转账支票只能转账，不得提取现金；普通支票可以用于支取现金，也可以用于转账。

在普通支票左上角划两条平行线的，为划线支票，划线支票只能用于转账，不得支取现金。

4. 支票金额（注意事项及相关法律责任）

（1）支票的出票人签发支票的金额不得超过其付款时在付款人处实有的存款金额。

（2）出票人签发的支票金额超过其付款时在付款人处实有的存款金额的，属于空头支票；禁止签发空头支票。

签发空头支票、签发与预留银行签章不符的支票，使用支付密码但支付密码错误的支票，银行应予退票；签发空头支票或者签发与其预留的签章不符的支票，不以骗取财物为目的的，由中国人民银行处以票面金额 5% 但不低于 1000 元的罚款；持票人有权要求出票人赔偿支票金额 2% 的赔偿金；对屡次签发的，银行应停止为其签发支票。

5. 支票出票人的签章

（1）出票人为单位的，为与该单位在银行预留签章一致的财务专用章或者公章，加其法定代表人或者其授权的代理人的签名或者盖章。

（2）出票人为个人的，为与该个人在银行预留签章一致的签名或者盖章。

（3）支票的出票人预留银行签章是银行审核支票付款的依据。出票人不得签发与其预留银行签章不符的支票。

6. 提示付款期限

支票的提示付款期限自出票日起 10 日。持票人委托开户银行收款时，应作委托收款的背书。持票人未按照规定期限提示付款的，付款人不予付款；但出票人仍应当对持票人承担票据责任。

7. 出票人必须按照签发的支票金额承担保证向该持票人付款的责任。

【总结】

<table>
<tr><th colspan="2">种　类</th><th>提示承兑期限</th><th>提示付款期限</th><th>付款期限</th><th>权利时效</th><th>使用人</th></tr>
<tr><td rowspan="3">商业汇票</td><td>见票后定期付款</td><td>出票日起1个月内</td><td rowspan="3">到期日起10日内</td><td rowspan="2">6个月</td><td rowspan="3">到期日起2年</td><td rowspan="3">个人不得使用</td></tr>
<tr><td>定日付款
出票后定期付款</td><td>到期日前</td></tr>
<tr><td colspan="2">电子商业汇票</td><td>1年</td></tr>
<tr><td colspan="3">支　票（见票即付）</td><td colspan="2">出票日起10日</td><td>出票日起6个月</td><td rowspan="3">单位个人都可使用</td></tr>
<tr><td colspan="3">银行汇票（见票即付）</td><td colspan="2">出票日起1个月</td><td rowspan="2">出票日起2年</td></tr>
<tr><td colspan="3">银行本票（见票即付）</td><td colspan="2">出票日起2个月</td></tr>
<tr><td colspan="5">追索权</td><td>6个月</td><td rowspan="2"></td></tr>
<tr><td colspan="5">再追索权</td><td>3个月</td></tr>
</table>

【例题 1：多选题】根据支付结算法律制度的规定，关于支票的下列表述中，正确的有（　　）。

A. 支票基本当事人包括出票人、付款人、收款人

B. 支票金额和收款人名称可以由出票人授权补记

C. 出票人不得在支票上记载自己为收款人

D. 支票的付款人是出票人的开户银行

扫二维码　视频讲解

【答案】ABD

【解析】出票人可以在支票上记载自己为收款人。

【例题 2：单选题】根据支付结算法律制度的规定，下列关于票据提示付款期限的表述中，不正确的是（　　）。

A. 银行汇票的提示付款期限为自出票日起 1 个月

B. 商业汇票的提示付款期限为自出票日起 10 日

C. 银行本票的提示付款期限为自出票日起最长不得超过 2 个月

D. 支票的提示付款期限为自出票日起 10 日

【答案】B

第四节　银行卡

考点一　银行卡的概念和分类

（一）银行卡的概念

银行卡，是指经批准由商业银行向社会发行的具有消费信用、转账结算、存取现金等全部或部分功能的信用支付工具。

（二）银行卡的分类

<table>
<tr><th>标　准</th><th colspan="2">分　类</th></tr>
<tr><td rowspan="3">是否透支</td><td>借记卡</td><td>按功能：转账卡（含储蓄卡）、专用卡、储值卡</td></tr>
<tr><td>信用卡</td><td>按是否交存备用金：贷记卡（不存可透）、准贷记卡（先存后透）</td></tr>
<tr><td colspan="2">联名（认同）卡是商业银行与营利性 / 非营利性机构合作发行的银行卡附属产品，其所依附的银行卡品种必须是经批准的品种，并应遵守相关品种的业务章程或管理办法，发卡银行和联名单位应当为联名卡持卡人在联名单位用卡提供一定比例的折扣优惠或特殊服务</td></tr>
<tr><td>币　种</td><td colspan="2">人民币卡、外币卡（VISA、MasterCard、American Express、Diners Club 等）</td></tr>
<tr><td>发行对象</td><td colspan="2">单位卡（商务卡）、个人卡</td></tr>
<tr><td>信息载体</td><td colspan="2">磁条卡、芯片卡（IC 卡）</td></tr>
</table>

【例题：单选题】根据支付结算法律制度的规定，下列银行卡分类中，以是否具有透支功能划分的是（　　）。

A. 人民币卡与外币卡　　B. 单位卡与个人卡

C. 信用卡与借记卡　　D. 磁条卡与芯片卡

扫二维码　视频讲解

【答案】C

【解析】银行卡按是否具有透支功能分为信用卡和借记卡，前者可以透支，后者不具备透支功能。

考点二 银行卡账户和交易

（一）银行卡申领、注销和丧失

1. 个人贷记卡申领条件

（1）年满 18 周岁，有固定职业和稳定收入，工作单位和户口在常住地的城乡居民。

（2）填写申请表，并在持卡人处亲笔签字。

（3）向发卡银行提供本人及附属卡持卡人、担保人的身份证复印件；外地、境外人员及现役军官以个人名义领卡应出具当地公安部门签发的临时户口或有关部门开具的证明，并须提供具备担保条件的担保单位或有当地户口、在当地工作的担保人。

2. 银行卡资金来源

（1）单位人民币卡账户的资金一律从其基本存款账户转账存入，不得存取现金，不得将销货收入存入单位卡账户；单位外币卡账户的资金应当从其单位的外汇账户转账存入，不得在境内存取外币现钞。

（2）个人人民币卡资金以其持有的现金存入或以其工资性款项、合法劳务报酬、投资回报等收入转账存入；个人外币卡账户的资金以其个人持有的外币现钞存入或从其外汇账户转账存入。严禁将单位的款项转入个人卡账户存储。

3. 银行卡销户

持卡人在还清全部交易款项，透支本息和有关费用后，可申请办理销户。销户时，单位人民币卡账户的资金应当转入其基本存款账户；单位外币卡账户的资金应当转回相应的外汇账户，不得提取现金。

对于持卡人因死亡等原因而需要办理的注销或清户，发卡行受理注销之日起 45 天后，被注销信用卡账户方能清户。

4. 银行卡丧失

持卡人丧失银行卡，应立即持本人身份证件或其他有效证明，并按规定提供有关情况，向发卡银行或代办银行申请挂失，发卡银行或代办银行审核后办理挂失手续。

（二）银行卡交易的基本规定

（1）单位人民币卡可办理商品交易和劳务供应款项的结算，但不得透支；单位卡不得提取现金。

（2）信用卡预借现金业务。

信用卡预借现金业务包括现金提取、现金转账和现金充值。现金提取是指持卡人通过柜面和自动柜员机（ATM）等自助机具，以现钞形式获得信用卡预借现金额度内资金；现金转账是指持卡人将信用卡预借现金额度内资金划转到本人银行结算账户；现金充值是指持卡人将信用卡预借现金额度内资金划转到本人在非银行支付机构开立的支付账户。

信用卡持卡人通过 ATM 等自助机具办理现金提取业务，每卡每日累计不得超过人民币 1 万元；持卡人通过柜面办理现金提取业务，通过各类渠道办理现金转账业务的每卡每日限额，由发卡机构与持卡人通过协议约定；发卡机构可自主确定是否提供现金充值服务，并与持卡人协议约定每卡每日限额。

发卡机构不得将持卡人信用卡预借现金额度内资金划转至其他信用卡，以及非持卡人的银行结算账户或支付账户。

发卡银行应对借记卡持卡人在自动柜员机（ATM 机）取款设定交易上限，每卡每日累计提款不得超过 2 万元人民币。储值卡的面值或卡内币值不得超过 1000 元人民币。

（3）贷记卡持卡人非现金交易可享受免息还款期和最低还款额待遇，银行记账日到发卡银行规定的到期还款日之间为免息还款期，持卡人在到期还款日前偿还所使用全部银行款项有困难的，可按照发卡银行规定的最低还款额还款。持卡人透支消费享受免息还款期和最低还款额待遇的条件和标准等，由发卡机构自主确定。

（4）发卡银行通过下列途径追偿透支款项和诈骗款项：

①扣减持卡人保证金、依法处理抵押物和质物；

②向保证人追索透支款项；

③通过司法机关的诉讼程序进行追偿。

考点三 银行卡计息和收费

（1）发卡银行对准贷记卡及借记卡（不含储值卡）账户内的存款，按照中国人民银行规定的同期同档次存款利率及计息办法计付利息。对信用卡透支利率实行上限和下限管理，透支利率上限为日利率万分之五，下限为日利率万分之五的 0.7 倍。信用卡透支的计结息方式，以及对信用卡溢缴款是否计付利息及其利率标准，由发卡机构自主确定，即准贷记卡、借记卡（不含储值卡）存款计付利息；储值卡（含 IC 卡的电子钱包）存款不计付利息；贷记卡溢缴款是否计息由发卡机构自主确定。

（2）发卡机构调整信用卡利率的，应至少提前 45 个自然日按照约定方式通知持卡人；持卡人有权在新利率标准生效之日前选择销户，并按照已签订的协议偿还相关款项。

（3）取消信用卡滞纳金，对于持卡人违约逾期未还款的行为，发卡机构应与持卡人通过协议约定是否收取违约金，以及相关收取方式和标准。发卡机构向持卡人提供超过授信额度用卡的，不得收取超限费。

发卡机构对向持卡人收取的违约金和年费、取现手续费、货币兑换费等服务费用不得计收利息。

【例题：多选题】下列各项中，属于持卡人持贷记卡办理刷卡消费等非现金交易所享有的优惠有（　　）。

A. 免息还款期待遇　　B. 免年费待遇

C. 最低还款额待遇　　D. 免收账户维护费待遇

扫二维码　视频讲解

【答案】AC

【解析】《银行卡业务管理办法》规定，贷记卡持卡人非现金交易享受免息还款期和最低还款额待遇。免年费待遇与免收账户维护费待遇是发卡银行为争夺客户所采取的措施，并不是一个普遍性的制度规定。

考点四 银行卡清算市场

（1）自 2015 年 6 月 1 日起，我国放开银行卡清算市场，符合条件的内外资企业，均可申请在中国境内设立银行卡清算机构。在中国境内从事银行卡清算业务，境内支付机构、第三方支付机构、银行等符合条件的机构应当向中国人民银行提出申请，经中国人民银行征求中国银行业监督管理委员会同意后予以批准，依法取得“银行卡清算业务许可证”，申请成为银行卡清算机构的，注册资本不低于 10 亿元人民币。

（2）目前，中国银联股份有限公司是唯一经国务院同意，由中国人民银行批准设立的银行卡清算机构。

考点五 银行卡收单

（一）银行卡收单业务概念

（1）银行卡收单业务是持卡人在银行签约商户处刷卡消费，银行将持卡人刷卡消费的资金在规定周期内结算给商户，并从中扣取一定比例的手续费。

（2）银行卡收单机构：

①从事银行卡收单业务的银行业金融机构；

②获得银行卡收单业务许可、为实体特约商户提供银行卡受理并完成资金结算服务的支付机构；

③获得网络支付业务许可、为网络特约商户提供银行卡受理并完成资金结算服务的支付机构。

（3）特约商户是指与收单机构签订银行卡受理协议、按约定受理银行卡并委托收单机构为其完成交易资金计结算的企事业单位、个体工商户或其他组织；以及按照国家工商行政管理机关有关规定，开展网络商品交易等经营活动的自然人。

特约商户分为实体特约商户和网络特约商户。

（二）银行卡收单业务管理规定

（1）收单机构应对特约商户实行实名制管理。

（2）收单机构应当对实体特约商户收单业务进行本地化经营和管理，不得跨省（自治区、直辖市）域开展收单业务。

（3）特约商户为个体工商户和自然人的，可使用其同名个人银行结算账户作为收单银行结算账户。

（4）收单机构应按协议约定及时将交易资金结算到特约商户的收单银行结算账户，资金结算时限最迟不得超过持卡人确认可直接向特约商户付款的支付指令生效日后 30 个自然日，因涉嫌违法违规等风险交易需延迟结算的除外。

（5）收单机构发现特约商户发生疑似银行卡套现、洗钱、泄漏持卡人账户信息等风险事件的，应当对特约商户采取：延迟资金结算；暂停银行卡交易；收回受理终端（关闭网络支付接口）等措施。

（6）收单机构应当根据交易发生时的原交易信息发起银行卡交易差错处理、退货交易，将资金退至持卡人原银行卡账户。

（三）银行卡 POS 收单业务交易及结算流程

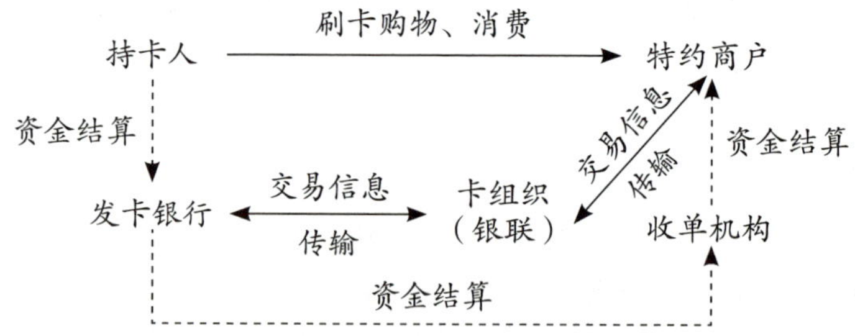

（四）结算收费

（1）收单机构向商户收取的收单服务费由收单机构与商户协商确定具体费率。

（2）发卡机构向收单机构收取的发卡行服务费不区分商户类别，实行政府指导价、上限管理，费率为：借记卡交易不超过交易金额的 0.35%，单笔收费金额不超过 13 元；贷记卡交易不超过 0.45%。

对非营利性的医疗机构、教育机构、社会福利机构、养老机构、慈善机构刷卡交易，实行发卡行服务费、网络服务费全额减免。

【例题：判断题】贷记卡的持卡人的非现金交易可以享受免息还款期待遇或者最低还款额待遇。（　　）

【答案】√

扫二维码　视频讲解

第五节　网上支付

考点一　网上银行

（一）概　念

网上支付是指电子交易的当事人，使用电子支付手段通过网络进行的货币或资金流转。网上支付方式主要有网上银行和第三方支付。

网上银行是银行在互联网上设立虚拟银行柜台，借助于网络与信息技术手段在互联网上实现，因此也称为网络银行；又被称为3A银行（Anytime、Anywhere、Anyway）。

（二）分　类

标　准	分　类
主要服务对象	企业网上银行和个人网上银行
经营组织	分支型网上银行和纯网上银行

（三）功　能

企业网上银行	个人网上银行
①账户信息查询 ②支付指令 ③ B2B（Business to Business）网上支付 ④批量支付	①账户信息查询 ②人民币转账业务 ③银证转账业务 ④外汇买卖业务 ⑤账户管理业务 ⑥ B2C（Business to Customer）网上支付

【例题：多选题】个人网上银行具体业务功能包括（　　）。

A. 账户信息查询　　B. 人民币转账业务

C. 外汇买卖业务　　D. B2B网上支付

扫二维码　视频讲解

【答案】ABC

【解析】个人网上银行具体业务功能包括：①账户信息查询；②人民币转账业务；③银证转账业务；④外汇买卖业务；⑤账户管理业务；⑥ B2C网上支付。

（四）网上银行的主要业务流程

客户开通网上银行有两种方式：一是客户前往银行柜台办理；二是客户先网上自助申请，后到柜台签约。

考点二 第三方支付

（一）第三方支付的概念

狭义：具备一定实力和信誉保障的非银行机构，通过与网联对接而促成交易双方进行交易的网络支付模式。

广义：非金融机构作为收、付款人的支付中介提供的网络支付、预付卡发行与受理、银行卡收单以及中国人民银行确定的其他支付服务。

（二）第三方支付的特点

独立于商户和银行；为客户提供支付结算服务；方便快捷；安全可靠；开放创新。

（三）第三方支付的开户要求

（1）非银行支付机构（以下简称“支付机构”）为个人开立支付账户的，同一个人在同一家支付机构只能开立一个III类账户。

（2）支付机构为单位开立支付账户，要求单位提供相关证明文件，并自主或委托合作机构以面对面的方式核实客户身份，或者以非面对面方式通过至少3个合法安全的外部渠道对单位基本信息进行多重交叉验证。

（3）支付机构在为单位和个人开立支付账户时，应当与单位和个人签订协议，约定支付账户与支付账户、支付账户与银行账户之间的日累计转账限额和笔数，超过限额和笔数的，不得再办理转账业务。

（四）第三方支付的种类

（1）线上支付方式：通过第三方支付平台实现互联网在线支付，包括网上支付和移动支付中的远程支付。

（2）线下支付方式：POS机刷卡支付、拉卡拉等自助终端支付、电话支付、手机近端支付、电视支付。

（五）第三方支付的行业分类及主流品牌

（1）金融型支付企业。

银联商务、快钱、易宝支付、汇付天下、拉卡拉等。

特点：无担保功能，仅为用户提供支付产品和支付系统解决方案，侧重行业需求和开拓行业应用，立足于企业端。

（2）互联网支付企业。

支付宝、财付通等。

特点：依托自有的电子商务网站，提供担保功能，以在线支付为主，立足于个人消费者端。

【注意】第三方平台结算支付模式的资金划拨是在平台内部进行的，此时划拨的是虚拟的资金，真正的实体资金还需要通过实际支付层来完成。

【例题：多选题】能提供担保功能的第三方支付品牌包括（　　）。

A. 支付宝　　B. 财付通

C. 银联商务　　D. 快钱

扫二维码　视频讲解

【答案】AB

【解析】具有担保功能的第三方支付品牌包括支付宝、财付通等。

第六节 结算方式和其他支付工具

考点一 汇兑

（一）汇兑的概念和种类

汇兑是汇款人委托银行将其款项支付给收款人的结算方式。

汇兑一般在异地结算中使用。

汇兑分为信汇和电汇两种，随着网络化进程的推进，目前主要的汇兑方式是电汇，单位和个人各种款项的结算，均可使用汇兑结算方式。

（二）办理汇兑的程序

签发汇兑凭证、银行受理、汇入处理。

1. 汇兑的绝对记载事项

（1）表明“信汇”或“电汇”的字样；

（2）确定的金额；

（3）无条件支付的委托；

（4）汇款人名称；

（5）收款人名称；

（6）汇入地点、汇入行名称；

（7）汇出地点、汇出行名称；

（8）委托日期；

（9）汇款人签章。

2. 汇款回单和收账通知

（1）汇款回单只能作为汇出银行受理汇款的依据，不能作为该笔汇款已转入收款人账户的证明。

（2）收账通知是银行将款项确已收入收款人账户的凭据。

（3）支取现金的，信汇、电汇凭证上必须有按规定填明的“现金”字样，才能办理。

（三）汇兑的撤销和退汇

撤销：汇款人对汇出银行尚未汇出的款项可以申请撤销。

退汇：汇入银行对于收款人拒绝接受的款项，应即办理退汇；汇入银行对于向收款人发出取款通知，经过2个月无法交付的汇款，应主动办理退汇。

【例题：单选题】根据支付结算法律制度的规定，下列以汇兑方式结算的款项中，汇款人可以申请撤销的是（　　）

A. 汇出银行已经汇出的款项

B. 汇入银行已发出收账通知的款项

C. 收款人拒绝接受的款项

D. 汇出银行尚未汇出的款项

扫二维码 视频讲解

【答案】D

考点二 委托收款

（一）委托收款的概念和适用范围

委托收款是收款人委托银行向付款人收取款项的结算方式。

委托收款单位、个人，在同城、异地均可以使用。

（二）办理委托收款的程序

签发托收凭证、委托、付款。

签发委托收款凭证时必须记载的事项：

（1）表明“委托收款”的字样；

（2）确定的金额；

（3）付款人名称；

（4）收款人名称；

（5）委托收款凭据名称及附寄单证张数；

（6）委托日期；

（7）收款人签章。

委托收款以银行以外的单位为付款人的，委托收款凭证必须记载付款人开户银行名称。

委托收款以银行以外的单位或者在银行开立存款账户的个人为收款人的，委托收款凭证必须记载收款人开户银行名称。

未在银行开立存款账户的个人为收款人的，委托收款凭证必须记载被委托银行名称。欠缺记载的，银行不予受理。

付款。

（1）以银行为付款人的，银行应当在当日将款项主动支付给收款人。

（2）以单位为付款人的，银行应及时通知付款人，付款人应当于接到通知的当日书面通知银行付款，如果付款人未在接到通知的次日起 3 日内通知银行付款的，视为同意付款。

第三章

【例题：判断题】委托收款以银行为付款人的，银行应于当日将款项主动支付给收款人。（　　）

【答案】√

扫二维码　视频讲解

汇兑、委托收款办理程序：

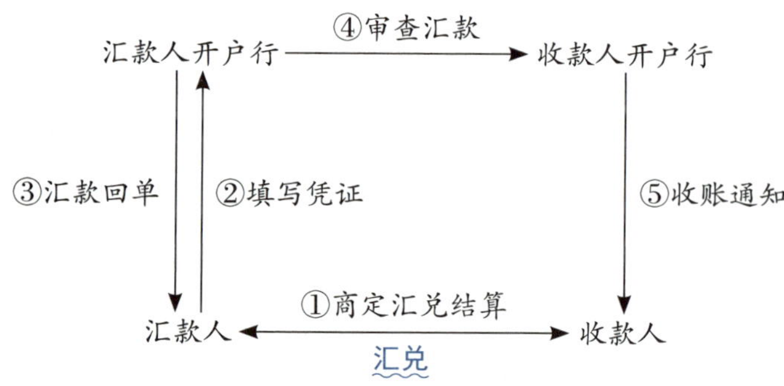

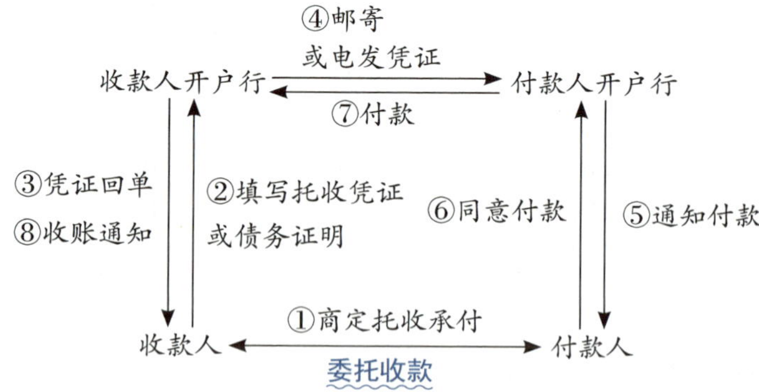

考点三　国内信用证

（一）国内信用证的概念

国内信用证是指开证银行依照申请人（购货方）的申请开立的、对相符交单予以付款的承诺。

我国信用证是以人民币计价、不可撤销的跟单信用证。不可撤销信用证，是指信用证开具后在有效期内，非经信用证各有关当事人（即开证银行、开证申请人和受益人）的同意，开证银行不得修改或者撤销的信用证。

信用证结算适用于银行为国内企事业单位之间货物和服务贸易提供的结算服务。

信用证只限于转账结算，不得支取现金。

信用证按付款期限分为：

要 点	内 容
即期信用证	开证行应在收到相符单据次日起 5 个营业日内付款
远期信用证	开证行应在收到相符单据次日起 5 个营业日内确认到期付款。表现方式包括：单据日后定期付款、见单后定期付款、固定日付款等。信用证付款期限最长不超过 1 年

（二）信用证业务当事人

申请人：申请开立信用证的当事人，一般为货物购买方或服务接受方。

受益人：接受信用证并享有信用证权益的当事人，一般为货物销售方或服务提供方。

开证行：应申请人申请开立信用证的银行。

通知行：应开证行的要求向受益人通知信用证的银行。

交单行：向信用证有效地点提交信用证项下单据的银行。

转让行：开证行指定的办理信用证转让的银行。

保兑行：根据开证行的授权或要求对信用证加具保兑的银行。

议付行：开证行制定的为受益人办理议付的银行，开证行应指定一家或任意银行作为议付信用证的议付行。

（三）办理国内信用证的基本程序

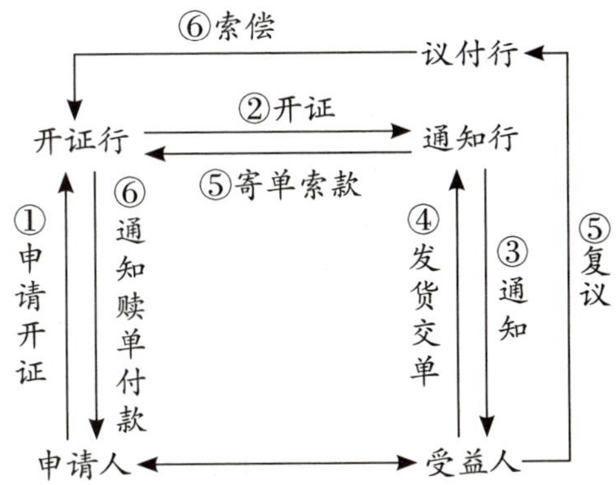

1. 开证

（1）申请开立信用证，开证申请人申请办理开证业务时，应填具开证申请书，提交与受益人签订的贸易合同。

（2）受理开证，银行与申请人在开证前应签订明确双方权利义务的协议；开证行可要求申请人交存一定数额的保证金，并可根据申请人资信情况要求提供抵押、质押、保证等合法有效的担保。

（3）开证。

①信开信用证，开证行加盖业务用章寄送通知行，同时应视情况需要以双方认可的方式证实信用证的真实有效性。

②电开信用证，开证行以数据电文发送通知行。

2. 保兑

指保兑行根据开证行的授权或要求，在开证行承诺之外作出的对相符交单付款、确认到期付款或议付的确定承诺。

3. 修改

开证申请人需要对已开立的信用证内容修改的，应向开证行提出修改申请，明确修改的内容。信用证受益人同意或拒绝接受修改的，应提供接受或拒绝修改的通知。

4. 通知

通知行可由开证申请人指定，如开证申请人没有指定，开证行有权指定通知行；通知行可自行决定是否通知，通知行同意通知的，应于收到信用证次日起 3 个营业日内通知受益人。

5. 转让

转让是指由转让应第一受益人的要求，将可转让信用证的部分或者全部转为可由第二受益人兑用。可转让信用证只能转让一次。

6. 议付

指可议付信用证项下单证相符或在开证行或保兑行已确认到期付款的情况下，议付行在收到开证行或保兑行付款前购买单据、取得信用证项下索款权利，向受益人预付或同意预付资金的行为。

信用证未明示可议付，任何银行不得办理议付；信用证明示可议付，如开证行仅指定一家议付行，未被指定为议付行的银行不得办理议付，被指定的议付行可自行决定是否办理议付。议付行在受理议付申请的次日起5个营业日内审核信用证规定的单据并决定议付的，办理议付。决定拒绝议付的，应及时告知受益人。

7. 索偿

议付行将注明付款提示的交单面函（寄单通知书）及单据寄开证行或保兑行索偿资金。

（1）议付行议付时，必须与受益人书面约定是否有追索权。

（2）若约定有追索权，到期不获付款，议付行可向受益人追索。

（3）若约定无追索权，到期不获付款，议付行不得向受益人追索，议付行与受益人约定的例外情况或受益人存在信用证欺诈的情形除外。

8. 寄单索款

受益人委托交单行交单，应在信用证交单期和有效期内填制信用证交单委托书，并提交相关资料。交单行应在收单次日起5个营业日内对其审核相符的单据寄单并附寄一份交单面函（寄单通知书）。

受益人直接交单时，应提交信用证正本及信用证通知书、信用证修改书正本及信用证修改通知书（如有）、开证行（保兑行、转让行、议付行）认可的身份证明文件。

9. 付款

开证行或保兑行在收到交单行寄交的单据及交单面函（寄单通知书）或受益人直接递交的单据的次日起5个营业日内，及时核对是否为相符交单。单证相符或单证不符但开证行或保兑行接受不符点的，对即期信用证，应于收到单据次日起5个营业日内支付相应款项给交单行或受益人（受益人直接交单时，下同）。

对远期信用证，应于收到单据次日起5个营业日内发出到期付款确认书，并于到期日支付款项给交单行或受益人。若受益人提交了相符单据或开证行已发出付款承诺，即便申请人交存的保证金及其存款账户余额不足支付，开证行仍应在规定的时间内付款。开证行或保兑行审核单据发现不符并决定拒付的，应在收到单据的次日起5个营业日内一次性将全部不符点以电子方式或其他快捷方式通知交单行或受益人。

10. 注销

注销是指开证行对信用证未支用的金额解除付款责任的行为。开证行、保兑行、议付行未在信用证有效期内收到单据的，开证行可在信用证逾有效期1个月后予以注销。其他情况下，须经开证行、已办理过保兑的保兑行、已办理过议付的议付行、已办理过转让的转让行与受益人协商同意，或受益人、上述保兑行（议付行、转让行）声明同意注销信用证，并与开证行就全套正本信用证收回达成一致后，信用证方可注销。

考点四　预付卡

（一）预付卡的概念和分类

（1）预付卡是指发卡机构以特定载体和形式发行的、可在发卡机构之外购买商品或服务的预付价值。

（2）分类。

要　点	内　容
多用途预付卡	专营发卡机构发行，可跨地区、跨行业、跨法人使用
单用途预付卡	商业企业发行，只在本企业或同一品牌连锁商业企业购买商品、服务

（二）预付卡的相关规定

1. 预付卡的限额和期限

超过有效期尚有资金的预付卡，可通过延期、激活、换卡等方式继续使用。

类　别	限　额	有效期限	规　定
记名卡	≤ 5000	不得设置	可挂失、可赎回
不记名卡	≤ 1000	不低于 3 年	不挂失、不赎回（另有规定除外）

2. 预付卡的办理

（1）个人或单位购买记名预付卡或一次性购买不记名预付卡 1 万元以上的，应当使用实名并向发卡机构提供有效身份证件。

（2）单位一次性购买预付卡 5000 元以上，个人一次性购买预付卡 5 万元以上的，应当通过银行转账等非现金结算方式购买，不得使用现金。

（3）购卡人不得使用信用卡购买预付卡。

3. 预付卡的充值

（1）购卡人以现金或银行转账方式进行购买或充值，不得使用信用卡充值预付卡（购买也不得使用信用卡）。

（2）一次性充值金额 5000 元以上的，不得使用现金。单张预付卡充值后的资金余额不得超过规定限额。

（3）预付卡现金充值通过发卡机构网点进行，单张预付卡同日累计现金充值在 200 元以下的，可通过自助充值终端、销售合作机构代理等方式充值。

方　式	组织形式	实名制	非现金	信用卡
购　买	单　位	≥ 10000	≥ 5000	不得使用
	个　人		≥ 50000	
充　值			≥ 5000	

4. 预付卡的使用

（1）不得用于或变相用于提取现金。

（2）不得用于购买、交换非本发卡机构发行的预付卡、单一行业卡及其他商业预付卡或向其充值。

（3）卡内资金不得向银行账户或向非本发卡机构开立的网络支付账户转移。

5. 预付卡的赎回

（1）记名预付卡购卡 3 个月后可办理赎回。

（2）单位购买的记名预付卡，只能由单位办理赎回。

6. 预付卡的发卡机构

（1）预付卡发卡机构必须经中国人民银行核准，取得《支付业务许可证》的支付机构。

（2）预付卡资金，不属于发卡机构的自有财产，发卡机构不得挪用、挤占。

（3）发卡机构对客户备付金需100%集中交存中国人民银行。

【例题1：多选题】根据支付结算法律制度的规定，下列关于预付卡的表述中，正确的有（　　）。

A. 记名预付卡单张限额为5000元　　B. 不记名预付卡单张限额为1000元

C. 预付卡不可以透支　　D. 预付卡可以使用外币

扫二维码　视频讲解

【答案】ABC

【解析】选项D预付卡以人民币计价。

【例题2：多选题】李某使用现金购买了30000元的记名预付卡，现金充值2000元的不记名预付卡，下列说法正确的有（　　）。

A. 可以使用信用卡购买预付卡　　B. 应实名购买

C. 可以现金购买30000元的记名预付卡　　D. 可以现金充值2000元的不记名预付卡

【答案】BCD

【解析】选项A，不得使用信用卡购买预付卡。个人一次性购买预付卡5万元以上，一次性充值金额5000元以上的，不得使用现金。

第七节　结算纪律与法律责任

考点一　结算纪律

结算纪律是银行、单位和个人办理支付结算业务所应遵守的基本规定。

单位和个人办理支付结算，不准签发没有资金保证的票据或远期支票，套取银行信用；不准签发、取得和转让没有真实交易和债权债务的票据，套取银行和他人资金；不准无理拒绝付款，任意占用他人资金；不准违反规定开立和使用账户。

银行办理支付结算，不准以任何理由压票、任意退票、截留挪用客户和他行资金；不准无理拒绝支付应由银行支付的票据款项；不准受理无理拒付、不扣少扣滞纳金；不准违章签发、承兑、贴现票据，套取银行资金；不准签发空头银行汇票、银行本票和办理空头汇款；不准在支付结算制度之外规定附加条件，影响汇路畅通；不准违反规定为单位和个人开立账户；不准拒绝受理、代理他行正常结算业务。

考点二　法律责任

（一）签发空头支票、印章与预留印鉴不符支票，未构成犯罪的行为的法律责任

（1）罚款：票面金额处以5%但不低于1000元；赔偿金：支票金额2%。

（2）中国人民银行是空头支票的处罚主体，银行机构发现空头支票行为的，应积极向中国人民银行分支机构举报，并协助送达相应的行政处罚法律文书。

（二）无理拒付，占用他人资金行为的法律责任

（1）商业承兑汇票的付款人对见票即付或者到期的票据，故意压票、退票、拖延支付的，对其处以压票、拖延支付期间内每日票据金额万分之七的罚款。

（2）银行机构违反票据承兑等结算业务规定，不予兑现，不予收付入账，压单、压票或者违反规定退票的，责令其改正，有违法所得的，没收违法所得，违法所得5万以上的，并处违法所得1倍以上5倍以下罚款；没有违法所得或违法所得不足5万的，处5万以上50万以下罚款。

（三）违反账户规定行为的法律责任

（1）存款人开立、撤销银行结算账户违反规定的，对于非经营性存款人，给予警告并处以1000元的罚款；属于经营性存款人，给予警告并处以1万元以上3万元以下的罚款；构成犯罪的，移交司法机关依法依法追究刑事责任。

（2）伪造、变造、私自印制开户许可证的存款人，属非经营性的处以1000元罚款；属于经营性的处以1万以上3万以下的罚款；构成犯罪的，移交司法机关依法追究刑事责任。

（3）存款人使用银行结算账户违反规定的，对于非经营性存款人，给予警告并处以1000元的罚款；属于经营性存款人，给予警告并处以5000元以上3万元以下的罚款。

（4）法定代表人或主要负责人、存款人地址以及其他开户资料的变更事项未在规定期限内通知银行的行为的，给予警告并处以1000元的罚款。

（四）票据欺诈等行为的法律责任

判处罚金并依法追究刑事责任。

<table>
<tr><th colspan="2">事　项</th><th>经营性</th><th>非经营性</th></tr>
<tr><td rowspan="4">银行账户</td><td>使　用</td><td>警告＋罚5千～3万</td><td rowspan="2">警告＋罚1千</td></tr>
<tr><td>开立、撤销</td><td>警告＋罚1万～3万</td></tr>
<tr><td>伪造、变造、私印开户登记证</td><td>罚1万～3万</td><td>罚1千</td></tr>
<tr><td>账户变更未在规定期限通知银行</td><td colspan="2">警告＋罚1千</td></tr>
<tr><td colspan="2">空头支票、印章不符</td><td colspan="2">罚款：5%但不低于1000元
赔偿金：支票金额2%</td></tr>
<tr><td colspan="2">无理拒付，占用他人资金</td><td colspan="2">商业承兑汇票付款人：每日万分之七
银行：责令改正、没收违法所得、罚款
（所得＞5万，罚1～5倍；所得＜5万，罚5～50万）</td></tr>
</table>

【例题1：不定项选择题】2017年4月6日，甲公司为履行与乙公司的买卖合同，签发一张由本公司承兑的商业汇票交付乙公司，汇票收款人为乙公司。到期日为10月6日，4月14日，乙公司将该汇票背书转让给丙公司，9月8日，丙公司持该汇票向其开户银行Q银行办理贴现，该汇票到期后，Q银行向异地的甲公司开户银行P银行发出委托收款，P银行于收到委托收款的次日通知甲公司付款，甲公司以乙公司一直未发货为由拒绝付款。

要求：根据上述资料，分析回答下列第（1）～（5）小题。

（1）该汇票的付款人是（　　）。

扫二维码　视频讲解

A. 甲公司　　B. 乙公司
C. P 银行　　D. Q 银行

【答案】A

【解析】汇票的付款人是指由出票人委托付款或自行承担付款责任的人。商业承兑汇票的承兑人为付款人，本题承兑人为甲公司，因此付款人为甲公司。

（2）下列各项中，属于转让背书行为的是（　　）。

A. 甲公司将汇票交付乙公司　　B. 乙公司将汇票转让给丙公司
C. 丙公司持汇票向 Q 银行办理贴现　　D. 汇票到期 Q 银行办理委托收款

【答案】BC

【解析】选项 A 是出票行为；选项 D 是委托收款，不属于转让背书行为。

（3）下列当事人中，属于该汇票债务人的是（　　）。

A. 甲公司　　B. 乙公司
C. 丙公司　　D. P 银行

【答案】ABC

【解析】汇票债务人包括出票人、承兑人、背书人。

（4）Q 银行为丙公司办理该汇票贴现时，计算贴现利息的贴现天数是（　　）。

A. 28 天　　B. 29 天
C. 30 天　　D. 31 天

【答案】D

（5）关于该汇票付款责任，下列判断中正确的是（　　）。

A. 乙公司未发货，甲公司可以拒绝付款
B. 乙公司应当对 Q 银行承担第一付款责任
C. Q 银行是善意持票人，甲公司不得拒绝付款
D. Q 银行遭拒付后，可从丙公司的存款账户直接收取票款

【答案】CD

第四章　增值税、消费税法律制度

微信扫二维码
看教材配套课程

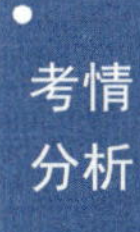

考情分析

本章是经济法基础出题最多的章节之一，考点多，难度大，且增值税的变化也大，请考生们在考试前多花些时间复习。预估分值在 20 分左右。

第一节　税收法律制度概述

考点一　税收与税收法律关系

（一）税收与税法

1. 税收

（1）税收的概念。

税收是指以国家为主体，为实现国家职能，凭借政治权力，按照法定标准，无偿取得财政收入的一种特定分配形式。它体现了国家与纳税人在征税、纳税的利益分配上的一种特定分配关系。

（2）税收的作用。

在社会主义市场经济运行中，税收主要具有资源配置、收入再分配、稳定经济和维护国家政权的作用。

（3）税收的特征。

①强制性。

②无偿性：税收收入既不需偿还，也不需对纳税人付出任何对价，税收的无偿性体现了财政分配的本质，是税收“三性”的核心。

③固定性：包括时间上的连续性和征收比例的固定性。

2. 税法

税法即税收法律制度，是调整税收关系的法律规范的总称，是国家法律的重要组成部分。它是以宪法为依据，调整国家与社会成员在征纳税上的权利与义务关系，维护社会经济秩序和纳税秩序，保障国家利益和纳税人合法权益的法律规范，是国家税务机关及一切纳税单位和个人依法征税、依法纳税的行为规则。

（二）税收法律关系

税收法律关系体现为国家征税与纳税人纳税的利益分配关系。

1. 主体

（1）代表国家行使征税职责的国家税务机关，包括国家各级税务机关和海关。

（2）履行纳税义务的人，包括法人、自然人和其他组织。

税收权利主体的确定，我国采取属地兼属人原则，即在华的外国企业、组织、外籍人、无国籍人等凡在中国境内有所得来源的，都是我国税收法律关系的主体。

2. 客体

客体是指主体的权利、义务所共同指向的对象，也就是征税对象。如企业所得税法律关系客体就是生产经营所得和其他所得。

3. 内容

内容是指主体所享受的权利和所应承担的义务，这是税收法律关系中最实质的东西，也是税法的灵魂。

【例题：多选题】下列各项中，属于税收特征的有（　　）。

A. 强制性　　B. 灵活性

C. 无偿性　　D. 固定性

扫二维码　视频讲解

【答案】ACD

【解析】税收具有强制性、无偿性和固定性的特征。

考点二 税法要素

税法要素是指各单行税法共同具有的基本要素。在税法体系里，既包括实体法，也包括程序法。

税法要素一般包括纳税人、征税对象、税目、税率、计税依据、纳税环节、纳税期限、纳税地点、税收优惠和法律责任等。

纳税人、征税对象、税率是构成税法的三个最基本要素。

（1）纳税人是依法直接负有纳税义务的法人、自然人和其他组织。与纳税人相联系的另一个概念是扣缴义务人。扣缴义务人是税法规定的，在其经营活动中负有**代扣税款并向国库缴纳义务**的单位。扣缴义务人必须按照税法规定代扣税款，并在规定期限缴入国库。

（2）征税对象即课税对象，是指税收法律关系中权利义务所指的对象，即对什么征税，是**区别不同税种的重要标志**。

（3）税目是税法中具体规定应当征税的项目，是征税对象的具体化。规定税目的目的有二：一是为了明确征税的具体范围，二是为了对不同的征税项目加以区分，从而制定高低不同的税率。

（4）税率是应征税额与计税金额（或数量单位）之间的比例，是计算税额的尺度。它**是税收法律制度中的核心要素**。

我国现行的税率主要有：**比例税率、定额税率和累进税率**。

要　点		内　容
比例税率		是指对同一征税对象，不论其数额大小，均按同一比例征税的税率。如企业所得税税率为 25%
定额税率（固定税额）		是指对单位征税对象规定固定的税额，而不采取百分比的形式。如资源税、车船税
累进税率		根据征税对象数额的逐渐增大，按不同等级逐步提高的税率。即征税对象数额越大，税率越高。一般多在收益课税中使用，有**全额累进税率、超额累进税率、超率累进税率三种形式**
	全额累进税率	是按征税对象数额的逐步递增划分若干等级，并按等级规定逐步提高的税率。征税对象的金额达到哪一个等级，全部按相应的税率征税。目前，我国的税收法律制度中已不采用这种税率
	超额累进税率	是将征税对象数额的逐步递增划分为若干等级，按等级规定相应的递增税率，对每个等级分别计算税额。如**个人所得税中的工资薪金所得**
	超率累进税率	是按征税对象的某种递增比例划分若干等级，按等级规定相应的递增税率，对每个等级分别计算税额。我国的土地增值税采用这种税率

第四章

【举例】某纳税人本月应纳税所得额为 5000 元，其适用下表中所列的超额累进税率：

级　数	应纳税所得额	税　率（%）
1	5000（含）以下	10
2	5000 ～ 20000（含）	20
3	20000 以上	30

①全额累进税率：

该纳税人本月应纳税额 = 5000 × 10% = 500（元）；

若该纳税人本月应纳税所得额为 5001 元，则该纳税人本月应纳税额 = 5001 × 20% = 1000.2（元）。

②超额累进税率：

该纳税人本月应纳税额 = 5000 × 10% = 500（元）；

若该纳税人本月应纳税所得额为 5001 元，则：

该纳税人本月应纳税额 = 5000 × 10% + 1 × 20% = 500.2（元）。

（5）计税依据（计税标准）是指计算应纳税额的依据或标准，即根据什么来计算纳税人应缴纳的税额。

①从价计征：以计税金额为计税依据。（应纳税额 = 计税金额 × 适用税率）

②从量计征：是以征税对象的重量、体积、数量等为计税依据。（应纳税额 = 计税数量 × 单位税额）

（6）纳税环节。

纳税环节是指税法规定的征税对象在从生产到消费的流转过程中应当缴纳税款的环节。如流转税在生产和流通环节纳税、所得税在分配环节纳税等。

（7）纳税期限。

纳税期限是指纳税人的纳税义务发生后应依法缴纳税款的期限，包括纳税义务发生时间、纳税期限、缴库期限。

（8）纳税地点。

纳税地点是指根据各税种的纳税环节和有利于对税款的源泉控制而规定的纳税人（包括代征、代扣、代缴义务人）的具体申报缴纳税收的地方。税法规定的纳税地点主要有：机构所在地、经济活动发生地、财产所在地、报关地等。

（9）税收优惠。

税收优惠是指国家对某些纳税人和征税对象给予鼓励和照顾的一种特殊规定。

①减税和免税。

减税是指对应征税款减少征收部分税款。免税是对按规定应征收的税款给予免除。分两种情况：

a. 税法直接规定的长期减免税项目；如民政部门举办的福利生产企业可以减征或免征企业所得税；

b. 依法给予的一定期限内的减免税措施，期满之后仍依规定纳税；如企业利用废水、废气、废渣等废弃物为主要原料进行生产的，可以在 6 年内减征或免征企业所得税。

②起征点。

起征点是指对征税对象开始征税的数额界限。征税对象的数额没有达到规定起征点的不征税；达到或超过起征点的，就其全部数额征税。

③免征额。

免征额是指对征税对象总额中免予征税的数额，只就减除后的剩余部分计征税款。

【注意】区分起征点和免征额，达到起征点是全额征税，超过免征额是只对超过部分征税。

【举例】某类税种起征点为1000元，超过起征点税率为10%，甲、乙两人的征税对象数额分别为甲900元，乙1200元。

甲应纳税＝0（元）

乙应纳税＝1200×10%＝120（元）

假设上例中的1000元为免征额，则：

甲应纳税＝0（元）

乙应纳税＝（1200－1000）×10%＝20（元）

（10）法律责任。

法律责任是指对违反国家税法规定的行为人采取的处罚措施，一般包括违法行为和因违法行为而应承担的法律责任两部分内容。

法律责任包括行政责任和刑事责任，纳税人和税务人员违反税法规定，都将依法承担法律责任。

【例题：多选题】下列各项中，属于税法要素的有（　　）。

A. 税收优惠　　B. 纳税人

C. 征税对象　　D. 计税依据

扫二维码　视频讲解

【答案】ABCD

考点三　现行税种与征收机关

现阶段，我国税收征收管理机关有税务机关和海关。

征税机关	负责税种
税务机关	国内增值税；国内消费税；企业所得税；个人所得税；资源税；城镇土地使用税；城市维护建设税；印花税；土地增值税；房产税；车船税；车辆购置税；烟叶税；耕地占用税；契税；环境保护税；出口产品退税（增值税、消费税）；非税收入和社会保险费的征收也有税务机关负责
海　关	关税；船舶吨税；进口环节的增值税、消费税

第二节　增值税法律制度

增值税是对销售商品或者劳务过程中实现的增值额征收的一种税。增值税是我国现阶段税收收入规模最大的税种。

考点一　增值税纳税人与扣缴义务人

（一）纳税人

在中华人民共和国境内销售货物或者提供加工、修理修配劳务（以下简称劳务），销售服务、无形资产、不动产以及进口货物的单位和个人，为增值税的纳税人。

单位是指企业、行政单位、事业单位、军事单位、社会团体及其他单位。

个人是指个体工商户和其他个人。

（二）纳税人的分类

1. 小规模纳税人的范围

（1）增值税小规模纳税人标准为年应征增值税销售额 500 万元及以下。年应税销售额，是指纳税人在连续不超过 12 个月或四个季度的经营期内累计应征增值税销售额。

（2）已登记为增值税一般纳税人的单位和个人，转登记日前连续 12 个月或者连续 4 个季度累计销售额未超过 500 万元的，在 2019 年 12 月 31 日前，可选择转登记为小规模纳税人，其未抵扣的进项税额作转出处理。

（3）小规模纳税人会计核算健全，能够提供准确税务资料的，可以向税务机关申请登记为一般纳税人，不再作为小规模纳税人。

2. 小规模纳税人的特点

小规模纳税人实行简易征税办法，并且一般不使用增值税专用发票，但基于增值税征收管理中一般纳税人与小规模纳税人之间客观存在的经济往来的实情，小规模纳税人可以到税务机关代开增值税专用发票。

小规模纳税人（其他个人除外）发生增值税应税行为，需要开具增值税专用发票的，可以自愿使用增值税发票管理系统自行开具，但销售其取得的不动产， 需要开具增值税专用发票的，应当按照有关规定向税务机关申请代开。

3. 一般纳税人的范围

（1）一般纳税人是指年应税销售额超过财政部、国家税务总局规定的小规模纳税人标准的企业和企业性单位。

（2）下列纳税人不办理一般纳税人登记：

①按照政策规定，选择按照小规模纳税人纳税的；

②年应税销售额超过规定标准的其他个人。

4. 一般纳税人的特点

（1）一般纳税人实行登记制，除另有规定外，应向税务机关办理登记手续。

（2）纳税人自一般纳税人生效之日起 ，按照增值税一般计税方法计算应纳税额，并可以按照规定领用增值税专用发票，财政部、国家税务总局另有规定的除外 。

（3）除国家税务总局另有规定外，纳税人一经登记为一般纳税人后，不得转为小规模纳税人。

【总结】

类　别	标　准	特　点
一　般	应税行为：＞500 万	①开具专用发票 ②扣税法
小规模	应税行为：≤ 500 万	①一般开具普通发票，可代开 ②简易办法征收
企业、个体工商户	会计核算健全可申请登记为一般纳税人	
非企业性单位、不经常发生应税行为的企业	可选择按小规模纳税人纳税	
个　人	按小规模纳税人纳税	

【例题：单选题】下列纳税人中，不属于增值税一般纳税人的是（ ）。

A. 年销售额为600万元的从事货物生产的个体经营者

B. 年销售额为600万元的从事货物批发的其他个人

C. 年销售额为700万元的从事货物生产的企业

D. 年销售额为700万元的从事货物批发零售的企业

扫二维码 视频讲解

【答案】B

【解析】其他个人不能登记为一般纳税人。

（三）扣缴义务人

中华人民共和国境外的单位或者个人在境内销售劳务，在境内未设有经营机构的，以其境内代理人为扣缴义务人；在境内没有代理人的，以购买方为扣缴义务人。

考点二 增值税征税范围

（一）销售货物

销售货物是指有偿转让货物的所有权。货物，是指有形动产，包括电力、热力、气体在内。在中国境内销售货物，是指销售货物的起运地或者所在地在境内。

（二）销售劳务

销售劳务，是指有偿提供加工、修理修配劳务。单位或者个体工商户聘用的员工为本单位或者雇主提供加工、修理修配劳务不包括在内。

在中国境内销售劳务，是指提供的劳务发生地在境内。

（三）进口货物

进口货物，是指申报进入中国海关境内的货物。除享受免税政策外，在进口环节缴纳增值税。

（四）销售服务

销售服务，是指提供交通运输服务、邮政服务、电信服务、建筑服务、金融服务、现代服务、生活服务。

要 点	种 类
交通运输服务	陆路运输服务、水路运输服务、航空运输服务和管道运输服务
邮政服务	邮政普遍服务、邮政特殊服务和其他邮政服务
电信服务	基础电信服务和增值电信服务
建筑服务	工程服务、安装服务、修缮服务、装饰服务和其他建筑服务
金融服务	贷款服务、直接收费金融服务、保险服务（人身保险和财产保险）和金融商品转让
现代服务	研发和技术服务、信息技术服务、文化创意服务、物流辅助服务、租赁服务、鉴证咨询服务、广播影视服务、商务辅助服务和其他现代服务
生活服务	文化体育服务、教育医疗服务、旅游娱乐服务、餐饮住宿服务、居民日常服务和其他生活服务

1. 交通运输服务

交通运输服务是指利用运输工具将货物或者旅客送达目的地，使其空间位置得到转移的业务活动。

要　点	内　容
陆路运输服务	①包括铁路运输服务、其他陆路运输服务 ②出租车公司向使用本公司自有出租车的出租车司机收取的管理费用，按照陆路运输服务缴纳增值税
水路运输服务	水路运输的程租、期租业务，属于水路运输服务
航空运输服务	①是指通过空中航线运送货物或者旅客的运输业务活动 ②航空运输的湿租业务，属于航空运输服务 ③航天运输服务，按照航空运输服务缴纳增值税
管道运输服务	①是指通过管道设施输送气体、液体、固体物质的运输业务活动 ②无运输工具承运业务，按照交通运输服务缴纳增值税

2. 邮政服务

邮政服务是指中国邮政集团公司及其所属邮政企业提供邮件寄递、邮政汇兑和机要通信等邮政基本服务的业务活动。包括以下几种：

要　点	内　容
邮政普遍服务	是指函件、包裹等邮件寄递，以及邮票发行、报刊发行和邮政汇兑等业务活动
邮政特殊服务	是指义务兵平常信函、机要通信、盲人读物和革命烈士遗物的寄递等业务活动
其他邮政服务	是指邮册等邮品销售、邮政代理等业务活动

3. 电信服务

要　点	内　容
基础电信服务	是指利用固网、移动网、卫星、互联网，提供语音通话服务的业务活动，以及出租或者出售带宽、波长等网络元素的业务活动
增值电信服务	①是指利用固网、移动网、卫星、互联网、有线电视网络，提供短信和彩信服务、电子数据和信息的传输及应用服务、互联网接入服务等业务活动 ②卫星电视信号落地转接服务，按照增值电信服务缴纳增值税

4. 建筑服务

建筑服务包括工程服务、安装服务、修缮服务、装饰服务和其他建筑服务。

固定电话、有线电视、宽带、水、电、燃气、暖气等经营者向用户收取的安装费、初装费、开户费、扩容费以及类似收费，按照安装服务缴纳增值税。

5. 金融服务

要　点	内　容
贷款服务	①各种占用、拆借资金取得的收入，包括金融商品持有期间（含到期）利息（保本收益、报酬、资金占用费、补偿金等）收入、信用卡透支利息收入、买入返售金融商品利息收入、

（续表）

要　点	内　容
贷款服务	融资融券收取的利息收入，以及融资性售后回租、押汇、罚息、票据贴现、转贷等业务取得的利息及利息性质的收入，按照贷款服务缴纳增值税 ②以货币资金投资收取的固定利润或者保底利润，按照贷款服务缴纳增值税
直接收费金融服务	是指为货币资金融通及其他金融业务提供相关服务并且收取费用的业务活动
保险服务	包括人身保险服务和财产保险服务
金融商品转让	是指转让外汇、有价证券、非货物期货和其他金融商品所有权的业务活动

6. 现代服务

要　点	内　容
研发和技术服务	包括研发服务、合同能源管理服务、工程勘察勘探服务、专业技术服务
信息技术服务	包括软件服务、电路设计及测试服务、信息系统服务、业务流程管理服务和信息系统增值服务
文化创意服务	包括设计服务、知识产权服务、广告服务和会议展览服务
物流辅助服务	包括航空服务、港口码头服务、货运客运场站服务、打捞救助服务、装卸搬运服务、仓储服务和收派服务
租赁服务	①包括融资租赁服务和经营租赁服务 ②融资性售后回租按照金融服务——贷款服务缴税 ③将建筑物、构筑物等不动产或者飞机、车辆等有形动产的广告位出租给其他单位或者个人用于发布广告，按照经营租赁服务缴纳增值税 ④水路运输的光租业务、航空运输的干租业务，按经营租赁服务缴纳增值税 ⑤车辆停放服务、道路通行服务（包括过路费、过桥费、过闸费等）等按照不动产经营租赁服务缴纳增值税
鉴证咨询服务	①包括认证服务、鉴证服务和咨询服务 ②翻译服务和市场调查服务按照咨询服务缴纳增值税
广播影视服务	包括广播影视节目（作品）的制作服务、发行服务和播映（含放映）服务
商务辅助服务	包括企业管理服务、经纪代理服务、人力资源服务、安全保护服务
其他现代服务	除上述之外的现代服务

【提示】××租的区别。

水路运输	航空运输	区　别	税　目
光　租	干　租	只租工具、不配备操作人员、不承担运输费用、收取固定租赁费	现代服务－租赁服务－经营租赁
程租期租	湿　租	既租工具又租入按路程或按期限收取租赁费	交通运输业

7. 生活服务

生活服务是指为满足城乡居民日常生活需求提供的各类服务活动。包括文化体育服务、教育医疗服务、旅游娱乐服务、餐饮住宿服务、居民日常服务和其他生活服务。

（五）销售无形资产

销售无形资产是指转让无形资产所有权或者使用权的业务活动。无形资产，是指不具有实物形态，但能带来经济利益的资产，包括技术、商标、著作权、商誉、自然资源使用权和其他权益性无形资产。

（1）技术，包括专利技术和非专利技术。

（2）自然资源使用权，包括土地使用权、海域使用权、探矿权、采矿权、取水权和其他自然资源使用权。

（3）其他权益性无形资产，包括基础设施资产经营权、公共事业特许权、配额、经营权（包括特许经营权、连锁经营权、其他经营权）、经销权、分销权、代理权、会员权、席位权、网络游戏虚拟道具、域名、名称权、肖像权、冠名权、转会费等。

（六）销售不动产

销售不动产是指转让不动产所有权的业务活动。不动产，是指不能移动或者移动后会引起性质、形状改变的财产，包括建筑物、构筑物等。

（1）建筑物包括住宅、商业营业用房、办公楼等可供居住、工作或者进行其他活动的建造物。

（2）构筑物包括道路、桥梁、隧道、水坝等建造物。

（3）转让建筑物有限产权或者永久使用权的，转让在建的建筑物或者构筑物所有权的，以及在转让建筑物或者构筑物时一并转让其所占土地的使用权的，按照销售不动产缴纳增值税。

第四章

【例题：多选题】下列无形资产中，属于自然资源使用权的有（　　）。

扫二维码 视频讲解

A. 土地使用权　　B. 海域使用权

C. 采矿权　　D. 经营权

【答案】ABC

【解析】根据营业税改征增值税试点实施办法及相关的规定，土地使用权、海域使用权和采矿权属于自然资源使用权，经营权属于其他权益性无形资产。

（七）非经营活动的界定

销售服务、无形资产或者不动产，是指有偿提供服务、有偿转让无形资产或者不动产，但属于下列非经营活动的情形除外：

（1）行政单位收取的同时满足以下条件的政府性基金或者行政事业性收费：

①由国务院或者财政部批准设立的政府性基金，由国务院或者省级人民政府及其财政、价格主管部门批准设立的行政事业性收费；

②收取时开具省级以上（含省级）财政部门监（印）制的财政票据；

③所收款项全额上缴财政。

（2）单位或者个体工商户聘用的员工为本单位或者雇主提供取得工资的服务；

（3）单位或者个体工商户为聘用的员工提供服务；

（4）财政部和国家税务总局规定的其他情形。

（八）境内销售服务、无形资产或者不动产的界定

在境内销售服务、无形资产或者不动产，是指：

（1）服务（租赁不动产除外）或者无形资产（自然资源使用权除外）的销售方或者购买方在境内；

（2）所销售或者租赁的不动产在境内；

（3）所销售自然资源使用权的自然资源在境内；

（4）财政部和国家税务总局规定的其他情形。

下列情形不属于在境内销售服务或者无形资产：

（1）境外单位或者个人向境内单位或者个人销售完全在境外发生的服务；

（2）境外单位或者个人向境内单位或者个人销售完全在境外使用的无形资产；

（3）境外单位或者个人向境内单位或者个人出租完全在境外使用的有形动产；

（4）财政部和国家税务总局规定的其他情形。

（九）视同销售货物行为

单位或者个体个体工商户的下列行为，视同销售货物，征收增值税：

（1）将货物交付其他单位或者个人代销；

（2）销售代销货物；

（3）设有两个以上机构并实行统一核算的纳税人，将货物从一个机构移送至其他机构用于销售，但相关机构设在同一县（市）的除外；

代销清单
1000
委托方　受托方　购买方
销项税　进项税　销项税
1000×13%　1000×13%　1000×13%

（4）将自产、委托加工的货物用于集体福利或者个人消费；

（5）将自产、委托加工或者购进的货物作为投资，提供给其他单位或者个体工商户；

（6）将自产、委托加工或者购进的货物分配给股东或者投资者；

（7）将自产、委托加工或者购进的货物无偿赠送其他单位或者个人。

单位或个人的下列情形视同销售服务、无形资产和不动产，征收增值税：

（1）单位或个体工商户向其他单位或个人无偿提供服务，但用于公益事业或以社会公众为对象的除外；

（2）单位或个人向其他单位或个人无偿转让无形资产或不动产，但用于公益事业或以社会公众为对象的除外；

（3）财政部和国家税务总局规定的其他情形。

【总结】

情　形		自产、委托加工收回的货物	外购的货物
对　内	简易计税项目、免税项目	×	×
	集体福利或个人消费	√	×
对　外	投　资	√	√
	分　配	√	√
	捐　赠	√	√
委托他人代销或受托代销		√	√
统一核算机构之间货物移送（不同县市）		√	√

注：“√”代表“视同销售”；×代表“不视同销售”。

【提示】

（1）将货物交付他人代销时，委托方视同销售货物，增值税的纳税义务发生时间为委托方收到代销清单或者收到全部或者部分货款的当天；未收到代销清单及货款的，为发出代销货物满180天的当天。

（2）视同销售行为发生时，应计算销项税额，其销售额按照下列顺序确定：

①按照纳税人最近时期同类货物的平均销售价格确定；

②按照其他纳税人最近时期同类货物的平均销售价格确定；

③按照组成计税价格确定。

【例题：多选题】根据增值税法律制度的规定，一般纳税人购进货物发生的下列情形中，不属于视同销售的有（　　）。

A. 用于免税项目　　B. 用于个人消费

C. 用于集体福利　　D. 用于对外投资

【答案】ABC

（十）混合销售

一项销售行为如果既涉及货物又涉及服务，为混合销售。

从事货物的生产、批发或者零售的单位和个体工商户的混合销售行为，按照销售货物缴纳增值税；其他单位和个体工商户的混合销售行为，按照销售服务缴纳增值税。

上述从事货物的生产、批发或者零售的单位和个体工商户，包括以从事货物的生产、批发或零售为主，并兼营销售服务的单位和个体工商户在内。

自 2017 年 5 月起，纳税人销售活动板房、机器设备、钢结构件等自产货物的同时提供建筑、安装服务，不属于混合销售，应分别核算货物和建筑服务的销售额，分别适用不同的税率或者征收率。

（十一）兼　营

兼营，是指纳税人的经营中包括销售货物、劳务以及销售服务、无形资产和不动产的行为。

纳税人发生兼营行为，应当分别核算适用不同税率或征收率的销售额，未分别核算销售额的，按照以下办法适用税率或征收率：

（1）兼有不同税率的销售货物、劳务、服务、无形资产或者不动产，从高适用税率；

（2）兼有不同征收率的销售货物、劳务、服务、无形资产或者不动产，从高适用征收率；

（3）兼有不同税率和征收率的销售货物、劳务、服务、无形资产或者不动产，从高适用税率。

【提示】混合销售与兼营的关系

①不同点：混合销售是在同一项销售业务中同时涉及货物和应税服务，货物销售款和服务价款同时从同一个客户收取，这两种款项在财务上难以分别核算；兼营是纳税人兼有销售货物和服务两类业务，且这两种经营活动并不发生在同一项（次）业务中，收取的两种款项在财务上可以分别核算。

②相同点：纳税人在生产经营活动中都涉及销售货物和服务两类业务。

（十二）不征收增值税项目

（1）根据国家指令无偿提供的铁路运输服务、航空运输服务，属于《营业税改征增值税试点实施办法》规定的用于公益事业的服务。

（2）存款利息。

（3）被保险人获得的保险赔付。

（4）房地产主管部门或者其指定机构、公积金管理中心、开发企业以及物业管理单位代收的住宅专项维修资金。

（5）在资产重组过程中，通过合并、分立、出售、置换等方式，将全部或者部分实物资产以及与其相关联的债权、负债和劳动力一并转让给其他单位和个人，其中涉及的不动产、土地使用权转让行为。

（6）纳税人在资产重组过程中，通过合并、分立、出售、置换等方式，将全部或者部分实物资产以及与其相关联的债权、负债和劳动力一并转让给其他单位和个人，不属于增值税的征税范围，其中涉及的货物转让，不征收增值税。

【例题：多选题】下列各项中，属于增值税征税范围的有（　　）。

A. 汽车维修　　B. 手机维修

C. 金银首饰加工　　D. 电力销售

【答案】ABCD

扫二维码　视频讲解

考点三 增值税税率和征收率

（一）税　率

我国增值税采用比例税率，分为基本税率、低税率和零税率三档，适用于一般纳税人；小规模纳税人采取征收率。

税　率		范　围
基本税率：13%		除低税率适用范围外
低税率	9%	很多
	6%	很多
征收率	5%	小规模纳税人和实行简易办法征收的一般纳税人
	3%	
零税率		一般纳税人出口货物，国务院另有规定除外

1. 基本税率

增值税基本税率为13%，适用范围包括：一般纳税人销售货物、劳务、有形动产租赁服务或进口货物，除9%税率、6%税率及零税率情况外。

2. 低税率

税　率	内　容	
9%	农业类	农产品（初级）；饲料、化肥、农药、农机、农膜、二甲醚
	生活类	食用植物油、食用盐、自来水、暖气、冷气、热水、煤气、石油液化气、天然气、沼气、居民用煤炭制品
	文化类	音像制品、图书、报纸、杂志、电子出版物
	交通运输、邮政、基础电信、建筑、不动产租赁服务、销售不动产、转让土地使用权	
6%	增值电信、金融、现代服务（除有形动产租赁服务和不动产租赁服务外）、生活服务，销售无形资产（除转让土地使用权外）	
零税率	（1）纳税人出口货物，适用零税率，国务院另有规定的除外	

（续表）

税　率	内　容
零税率	（2）境内的单位和个人跨境销售国务院规定范围内的服务、无形资产，税率为零。包括： ①国际运输服务 ②航天运输服务 ③向境外单位提供的完全在境外消费的下列服务：研发；合同能源管理；设计；广播影视节目（作品）的制作和发行；软件；电路设计及测试；信息系统；业务流程管理；离岸服务外包；转让技术 ④国务院规定的其他服务

【提示】

①低税率中的农产品是指一般纳税人销售或进口农产品。

②执行低税率粮食及农产品为初级农产品（包括面粉），不包括再加工的产品，如淀粉、方便面、速冻水饺。

③食用盐（非工业用盐）、居民用煤炭制品（非煤炭）、农机（非农机配件）。

④零税率是指对出口货物在出口环节不征税，且对出口前已缴纳的增值税进行退税，使该产品在出口后完全不含增值税。

免税是指销售环节不征收增值税，同时不能抵扣进项税额。

（二）征收率

1. 征收率的一般规定

（1）一般纳税人销售自己使用过的物品：

①销售不得抵扣且未抵扣进项税额的固定资产，依照3%的征收率减按2%征税；

②销售自己使用过的2009年1月1日以后购进或自制的固定资产，按适用税率（13%）征税；

③销售自己使用过的2008年12月31日以前购进或自制的固定资产，依照3%的征收率减按2%征收增值税；

④销售自己使用过的除固定资产以外的物品，按适用税率征税。

（2）建筑企业一般纳税人提供建筑服务属于老项目的，可以选择简易办法依照3%的征收率征税。

（3）一般纳税人销售自产的下列货物，可选择按照简易办法依照3%征收率计算缴纳增值税，选择简易办法纳税后，36个月内不得变更：

①县级及县级以下小型水力发电单位生产的电力；

②建筑用和生产建筑材料所用的砂、土、石料；

③以自己采掘的砂、土、石料或其他矿物连续生产的砖、瓦、石灰（不含黏土实心砖、瓦）；

④用微生物、微生物代谢产物、动物毒素、人或动物的血液或组织制成的生物制品；

⑤自来水（一般纳税人的自来水公司销售自来水）；

⑥商品混凝土（仅限于以水泥为原料生产的水泥混凝土）。

（4）一般纳税人销售货物属于下列情形之一的，暂按简易办法依照3%征收率计算缴纳增值税：

①寄售商店代销寄售物品（包括居民个人寄售物品在内）；

②典当业销售死当物品。

（5）小规模纳税人销售自己使用过的物品：

①小规模纳税人（其他个人除外，下同）销售自己使用过的固定资产，依照3%的征收率减按2%征税；

②小规模纳税人销售自己使用过的除固定资产以外的物品，按3%的征收率征税。

（6）纳税人（含一般和小规模）销售旧货，依照 3% 的征收率减按 2% 征税。

（7）小规模纳税人采用简易办法征收增值税，征收率为 3%。

【提示】关于销售旧货和销售自己使用过的物品：

<table>
<tr><th>纳税人</th><th>销售旧货</th><th>销售 08-12-31 之前自用固定资产</th><th>销售 09-1-1 之后自用固定资产</th><th>销售自用非固定资产</th></tr>
<tr><td rowspan="2">一般纳税人</td><td colspan="2">3% 征收率减按 2% 征收</td><td colspan="2">13%</td></tr>
<tr><td colspan="2">售价 ÷（1+3%）×2%</td><td colspan="2">售价 ÷（1+13%）×13%</td></tr>
<tr><td rowspan="2">小规模纳税人</td><td colspan="3">3% 的征收率减按 2% 征收</td><td>按 3% 的征收率征收</td></tr>
<tr><td colspan="3">售价 ÷（1+3%）×2%</td><td>售价 ÷（1+3%）×3%</td></tr>
</table>

【例题：单选题】某企业为增值税小规模纳税人，2019 年 8 月购入原材料取得的增值税专用发票注明价款为 10000 元，增值税税额为 1300 元。当月销售产品开具的增值税普通发票注明含税价款为 123600 元，适用的征收率为 3%。不考虑其他因素，该企业 2019 年 8 月应交纳的增值税税额为（　　）元。

A. 3600　　B. 3708

C. 2000　　D. 2108

扫二维码 视频讲解

【答案】A

【解析】应交纳的增值税 =123600÷（1+3%）×3%=3600 元。

【提示】小规模纳税人取得增值税专用发票不得抵扣进项税。

2. 征收率的特殊规定

（1）转让不动产。

①小规模纳税人转让其取得的不动产按照 5% 的征收率征税。

②一般纳税人转让其 2016 年 4 月 30 日之前取得的不动产，选择简易计税方法计税的，按照 5% 的征收率征税。

（2）出租不动产。

①小规模纳税人出租其取得的不动产（不含个人出租住房），按照 5% 的征收率征税。

②一般纳税人出租其 2016 年 4 月 30 日前取得的不动产，选择简易计税方法计税的，按照 5% 的征收率征税。

【提示】个人转让住房有税收优惠，分北上广深和其他城市；个人出租住房征收率为 5% 减按 1.5% 征收。

（3）房地产开发企业销售自行开发的房地产老项目。

①房地产开发企业（一般纳税人）销售自行开发的房地产老项目，选择简易计税的，按照 5% 的征收率征税。

②房地产开发企业（小规模纳税人）销售自行开发的房地产项目，按照 5% 的征收率征税。

【提示】 房地产老项目，是指《建筑工程施工许可证》注明的合同开工日期在 2016 年 4 月 30 日前的房地产项目。

（4）纳税人提供劳务派遣服务，选择差额纳税的，按照 5% 的征收率征税。

【提示】1. 征收率 5% 的情形

纳税人	内　容
小规模纳税人	①转让不动产 ②出租不动产（不含个人出租住房） ③销售自行开发的房地产项目
一般纳税人	①转让 2016 年 4 月 30 日前取得的不动产，选择简易计税的 ②出租 2016 年 4 月 30 日前取得的不动产，选择简易计税的 ③销售自行开发的房地产老项目，选择简易计税的 ④提供劳务派遣服务，选择差额纳税的

2. 征收率 3% 的情形

纳税人	内　容
小规模纳税人	①销售自己自己使用过的除固定资产以外的物品 ②销售自己使用过的固定资产，减按 2% ③销售旧货，减按 2%
一般纳税人	①销售自己使用过的不得抵扣且未抵扣进项税额的固定资产，减按 2% ②销售旧货，减按 2% ③销售自产的特殊货物（电力、砂、土、自来水等） ④寄售商店代销寄售物品 ⑤典当业销售死当物品 ⑥提供建筑服务属于老项目

考点四　增值税应纳税额的计算

（一）一般计税方法应纳税额的计算

当期应纳增值税额 = 当期销项税额 - 当期进项税额

1. 当期销项税额的确定

销项税额 = 不含税销售额 × 税率

或当期销项税额 = 组成计税价格 × 税率

（1）销售额。

销售额是指纳税人发生应税销售行为向购买方收取的全部价款和价外费用；但不包括收取的销项税额。

价外费用，包括价外向购买方收取的手续费、补贴、基金、集资费、返还利润、奖励费、违约金、滞纳金、延期付款利息、赔偿金、代收款项、代垫款项、包装费、包装物租金、储备费、优质费、运输装卸费以及其他各种性质的价外收费。

价外费用无论在会计制度上如何核算，均应计入销售额。

【提示】价外费用不包括下列项目：

①受托加工应征消费税的消费品所代收代缴的消费税；

②销售货物的同时代办保险等而向购买方收取的保险费，以及向购买方收取的代购买方缴纳的车辆购置税、车辆牌照费；

③以委托方名义开具发票代委托方收取的款项；

④同时符合以下条件代为收取的政府性基金或者行政事业性收费：

a. 由国务院或者财政部批准设立的政府性基金；由国务院或者省级人民政府及其财政、价格主管部门批准设立的行政事业性收费；

b. 收取时开具省级以上财政部门印制的财政票据；

c. 所收款项全额上缴财政。

【例题：单选题】根据增值税法律制度的规定，一般纳税人收取的下列款项中，应作为价外费用并入销售额计算增值税销项税额的是（　　）。

A. 受托加工应征消费税的消费品所代收代缴的消费税

B. 销售货物时收取的包装费

C. 销售货物的同时代办保险而向购买方收取的保险费

D. 向购买方收取的代购买方缴纳的车辆牌照费

扫二维码　视频讲解

【答案】B

（2）含税销售额的换算。

计入销售额中的价款和价外费用均为不含增值税的金额。

不含税销售额＝含税销售额÷（1+增值税税率）

【提示】

①增值税专用发票注明的销售额不含税；

②商业企业的零售价含税；

③价外费用和逾期包装物押金含税（包装物租金属于价外费用含税）。

（3）视同销售货物销售额的确定。

①纳税人销售货物或者劳务的价格明显偏低并无正当理由的，或视同销售行为无销售额的，税务机关依下列顺序确定销售额：

a. 按纳税人最近时期同类货物的平均销售价格确定；

b. 按其他纳税人最近时期同类货物的平均销售价格确定；

c. 按组成计税价格确定。其计算公式如下：

非消费税应税货物＝成本＋利润

＝成本＋成本×成本利润率

＝成本×（1+成本利润率）

应纳消费税货物＝成本＋利润＋消费税

＝（成本＋利润）÷（1-消费税率）

＝成本×（1+成本利润率）÷（1-消费税率）

②纳税人发生应税行为价格明显偏低或偏高且不具有合理商业目的的，或发生无销售额的，主管税务机关有权按照下列顺序确定销售额：

a. 按照纳税人最近时期销售同类服务、无形资产或不动产的平均价格确定；

b. 按照其他纳税人最近时期销售同类服务、无形资产或不动产的平均价格确定；

c. 按照组成计税价格确定。

【提示】

①销售额确定顺序：先纳税人同类平均价格，再其他纳税人同类平均价格，最后计算组成计税价格。

②无消费税：组价＝成本＋利润；有消费税：组价＝成本＋利润＋消费税。

第四章

（4）混合销售的销售额的确定。

混合销售的销售额为货物的销售额与服务销售额的合计。

（5）兼营的销售额的确定。

①纳税人兼营不同税率的货物、劳务、服务、无形资产或不动产，应当分别核算不同税率或征收率的销售额；未分别核算销售额的，从高适用税率。

②纳税人兼营免税、减税项目的，应当分别核算免税、减税项目的销售额；未分别核算的，不得免税、减税。

（6）特殊销售方式下销售额的确定。

①折扣方式销售。

销售额和折扣额在同一张发票上分别注明的，可以按折扣后的销售额征收增值税。如果将折扣额另开发票，不论其在财务上如何处理，均不得从销售额中减除折扣额。

【例题：单选题】甲厂为增值税一般纳税人，2019 年 10 月将 500 件衬衣销售给乙商场，含税单价为 113 元 / 件；由于乙商场购进的数量较多，甲厂决定给予 7 折优惠，开票时将销售额和折扣额在同一张发票上的“金额”栏分别注明，已知增值税税率为 13%。根据增值税法律制度的规定，甲厂该笔业务的增值税销项税额的下列计算中，正确的是（　　）。

A. 500×113×13%=7345（元）

B. 500×113 ÷（1+13%）×13%=6500（元）

C. 500×113×70%×13%=5141.5（元）

D. 500×113×70% ÷（1+13%）×13%=4550（元）

扫二维码　视频讲解

【答案】D

②以旧换新方式销售。

a. 纳税人采取以旧换新方式销售货物（金银首饰除外），应按新货物的同期销售价格确定销售额。

b. 金银首饰以旧换新的，应按销售方实际收取的不含增值税的全部价款征收增值税。

③还本销售方式销售。

还本销售，是指纳税人在销售货物后，到一定期限将货款一次或分次退还给购货方全部或部分价款的一种销售方式。

销售额就是货物的销售价格，不得从销售额中减除还本支出。

④以物易物方式销售。

以物易物双方都应作购销处理，以各自发出的货物核算销售额并计算销项税额，以各自收到的货物按规定核算购货额并计算进项税额。

【提示】双方应分别开具合法的票据；如果收到的货物不能取得相应的增值税专用发票或其他合法票据的，不能抵扣进项税额。

⑤直销方式销售。

a. 直销企业先将货物销售给直销员，直销员再将货物销售给消费者的，直销企业的销售额为其向直销员收取的全部价款和价外费用。直销员将货物销售给消费者时，应按照现行规定缴纳增值税。

b. 直销企业通过直销员向消费者销售货物，直接向消费者收取货款，直销企业的销售额为其向消费者收取的全部价款和价外费用。

（7）包装物押金。

①收取的一年以内的押金并且未超过合同规定期限（未逾期），不并入销售额征税；逾期时并入销售额征税。

②收取的一年以上的押金，无论是否退还均并入销售额征税。

③对销售除啤酒、黄酒外的其他酒类产品而收取的包装物押金，无论是否返还以及会计上如何核算，均应并入当期销售额中征收增值税。

即：啤酒、黄酒，收取时不并入销售额，逾期时并入销售额。其他酒，收取时并入销售额征税。

【提示】包装物租金是价外费用，并入销售额征税时需要换算为不含税价。而包装物押金是含税收入，需换算成不含税收入，再计算应纳增值税额。

包装物押金	取得时	逾期时
一　般	不征税	征　税
收取一年以上的押金	征　税	
啤酒、黄酒	不征税	征　税
其他酒	征　税	

【例题：多选题】下列各项中，属于增值税价外费用的有（　　）。

A. 销项税额　　B. 违约金

C. 包装物租金　　D. 受托加工代收代缴的消费税

【答案】BC

扫二维码　视频讲解

（8）营改增行业销售额的规定。

①贷款服务，以提供贷款服务取得的全部利息及利息性质的收入为销售额。

②直接收费金融服务，以提供直接收费金融服务收取的手续费、佣金、酬金、管理费、服务费、经手费、开户费、过户费、结算费、转托管费等各类费用为销售额。

③金融商品转让，按照卖出价扣除买入价后的余额为销售额。

转让金融商品出现的正负差，按盈亏相抵后的余额为销售额。若相抵后出现负差，可结转下一纳税期与下期转让金融商品销售额相抵，但年末时仍出现负差的，不得转入下一个会计年度。

金融商品的买入价，可以选择按照加权平均法或者移动加权平均法进行核算，选择后36个月内不得变更。

金融商品转让，不得开具增值税专用发票。

④经纪代理服务，以取得的全部价款和价外费用，扣除向委托方收取并代为支付的政府性基金或者行政事业性收费后的余额为销售额。向委托方收取的政府性基金或者行政事业性收费，不得开具增值税专用发票。

⑤航空运输企业的销售额，不包括代收的机场建设费和代售其他航空运输企业客票而代收转付的价款。

⑥试点纳税人中的一般纳税人提供客运场站服务，以其取得的全部价款和价外费用，扣除支付给承运方运费后的余额为销售额。

⑦试点纳税人提供旅游服务，可以选择以取得的全部价款和价外费用，扣除向旅游服务购买方收取并支付给其他单位或者个人的住宿费、餐饮费、交通费、签证费、门票费和支付给其他接团旅游企业的旅游费用后的余额为销售额。

选择上述办法计算销售额的试点纳税人，向旅游服务购买方收取并支付的上述费用，不得开具增值税专用发票，可以开具普通发票。

⑧试点纳税人提供建筑服务适用简易计税方法的，以取得的全部价款和价外费用扣除支付的分包款后的余额为销售额。

⑨房地产开发企业中的一般纳税人销售其开发的房地产项目（选择简易计税方法的房地产老项目除外），以取得的全部价款和价外费用，扣除受让土地时向政府部门支付的土地价款后的余额为销售额。房地产老项目，是指《建筑工程施工许可证》注明的合同开工日期在2016年4月30日前的房地产项目。

（9）销售折让、中止、退回。

①纳税人销售货物、提供应税劳务或者发生应税行为，开具增值税专用发票后，发生开票有误或者销售折让、中止、退回等情形的，应当按照国家税务总局的规定开具红字增值税专用发票；

②未按照规定开具红字增值税专用发票的，不得扣减销项税额或者销售额。

（10）外币销售额的折算。

纳税人按人民币以外的货币结算销售额的，其销售额的人民币折合率可以选择销售额发生的当天或者当月1日的人民币外汇中间价。纳税人应在事先确定采用何种折合率，确定后在1年内不得变更。

2. 进项税额的确定

进项税额是指纳税人购进货物、劳务、服务、无形资产者不动产，支付或者负担的增值税额。

（1）准予从销项税额中抵扣的进项税额（凭票抵扣和计算抵扣）。

①从销售方取得的增值税专用发票（含税控机动车销售统一发票，下同）上注明的增值税额。

②从海关取得的海关进口增值税专用缴款书上注明的增值税额。

③购进农产品，取得一般纳税人开具的增值税专用发票或者海关进口增值税专用缴款书的，以增值税专用发票或海关进口增值税专用缴款书上注明的增值税额为进项税额；从按照简易计税方法依照3%征收率计算缴纳增值税的小规模纳税人取得增值税专用发票的，以增值税专用发票上注明的金额和9%的扣除率计算进项税额；取得（开具）农产品销售发票或收购发票的，以农产品收购发票或销售发票上注明的农产品买价和9%的扣除率计算进项税额；纳税人购进用于生产或者委托加工13%税率货物的农产品，按照10%的扣除率计算进项税额。

进项税额计算公式为：

进项税额＝买价×扣除率

④纳税人购进国内旅客运输服务未取得增值税专用发票的，暂按照以下规定确定进项税额：

a. 取得增值税电子普通发票的，为发票上注明的税额；

b. 取得注明旅客身份信息的航空运输电子客票行程单的，按照下列公式计算进项税额：

航空旅客运输进项税额＝（票价＋燃油附加费）÷（1＋9%）×9%

c. 取得注明旅客身份信息的铁路车票的，按照下列公式计算进项税额：

铁路旅客运输进项税额＝票面金额÷（1＋9%）×9%

d. 取得注明旅客身份信息的公路、水路等其他客票的，按照下列公式计算进项税额：

公路、水路等其他旅客运输进项税额＝票面金额÷（1＋3%）×3%

⑤自境外单位或个人购进劳务、服务、无形资产或境内的不动产，从税务机关或扣缴义务人取得的代扣代缴税款的完税凭证上注明的增值税额。

⑥原增值税一般纳税人购进服务、无形资产或不动产，取得的增值税专用发票上注明的增值税额为进项税额，准予从销项税额中抵扣。

⑦原增值税一般纳税人自用的应征消费税的汽车、摩托车、游艇，其进项税额准予从销项税额中抵扣。

⑧原增值税一般纳税人购进货物或接受劳务，用于《销售服务、无形资产或者不动产注释》所列项目的，不属于《中华人民共和国增值税暂行条例》（简称《增值税暂行条例》）第10条规定不得抵扣进项税额的项目，其进项税额准予从销项税额中抵扣。

【提示】增值税扣税凭证包括：

a. 增值税专用发票（含税控机动车销售统一发票）；

b. 海关进口增值税专用缴款书；

c. 农产品收购发票、农产品销售发票；

d. 完税凭证；

e. 符合规定的国内旅客运输发票。

纳税人凭完税凭证抵扣进项税额的，应当具备书面合同、付款证明和境外单位的对账单或者发票。资料不全的，其进项税额不得从销项税额中抵扣。

（2）不得从销项税额中抵扣的进项税额。

①用于简易计税方法计税项目、免征增值税项目、集体福利或者个人消费的购进货物、加工修理修配劳务、服务、无形资产（不包括其他权益性无形资产）和不动产。

纳税人的交际应酬消费属于个人消费。

自2018年1月1日起，纳税人租入固定资产、不动产，既用于一般计税方法计税项目，又用于简易计税方法计税项目、免征增值税项目、集体福利或者个人消费的，其进项税额准予从销项税额中全额抵扣。

【提示】

涉及的固定资产、无形资产和不动产是指专用于上述项目的固定资产、无形资产和不动产；兼用于上述项目的固定资产、无形资产可以抵扣。

纳税人购进其他权益性无形资产无论是专用于简易计税方法计税项目、免征增值税项目、集体福利或者个人消费，还是兼用于上述不允许抵扣项目，均可以抵扣进项税额。

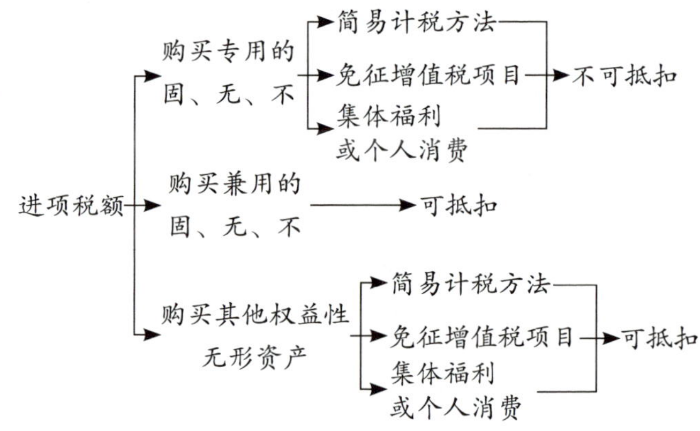

②非正常损失的购进货物，以及相关的加工修理修配劳务和交通运输服务。

③非正常损失的在产品、产成品所耗用的购进货物（固定资产除外）、加工修理修配劳务和交通运输服务。

④非正常损失的不动产，以及该不动产或不动产在建工程（新建、改建、扩建、修缮、装饰不动产）耗用的购进货物、设计服务和建筑服务。

非正常损失是指因管理不善造成被盗、丢失、霉烂变质，以及因违反法律法规造成货物或不动产被依法没收、销毁、拆除的情形。

【提示】因管理不善造成的非正常损失，其进项税额不得抵扣；因不可抗力造成的损失，其进项税额可以抵扣。

⑤购进的贷款服务、餐饮服务、居民日常服务和娱乐服务。

⑥纳税人接受贷款服务向贷款方支付的与该笔贷款直接相关的投融资顾问费、手续费、咨询费等费用。

（3）适用一般计税方法的纳税人，兼营简易计税方法计税项目、免征增值税项目而无法划分不得抵扣的进项税额，按照下列公式计算不得抵扣的进项税额：

不得抵扣的进项税额＝当期无法划分的全部进项税额 ×（当期简易计税方法计税项目销售额＋免征增值税项目销售额）÷ 当期全部销售额。

（4）已抵扣进项税额的购进货物（不含固定资产），发生不得从销项税额中抵扣情形（简易计税方法计税项目、免征增值税项目除外）的，应当将该进项税额从当期进项税额中扣减；无法确定该进项税额的，按照当期实际成本计算应扣减的进项税额。

（5）已抵扣进项税额的固定资产，发生不得从销项税额中抵扣情形的，应在当月按下列公式计算不得抵扣的进项税额：

不得抵扣的进项税额＝固定资产净值 × 适用税率

（6）已抵扣进项税额的固定资产、无形资产，发生不得从销项税额中抵扣情形的，按照下列公式计算不得抵扣的进项税额：不得抵扣的进项税额＝固定资产、无形资产净值 × 适用税率。

无形资产或者不动产净值，是指纳税人根据财务会计制度计提折旧或摊销后的余额。

（7）纳税人适用一般计税方法计税的，因销售折让、中止或者退回而退还给购买方的增值税额，应当从当期的销项税额中扣减；因销售折让、中止或者退回而收回的增值税额，应当从当期的进项税额中扣减。

（8）已抵扣进项税额的不动产，发生非正常损失，或者改变用途，专用于简易计税方法计税项目、免征增值税项目、集体福利或者个人消费的，按照下列公式计算不得抵扣的进项税额，并从当期进项税额中扣减：

不得抵扣的进项税额＝已抵扣进项税额 × 不动产净值率

不动产净值率＝（不动产净值 ÷ 不动产原值）× 100%

（9）有下列情形之一者，应当按照销售额和增值税税率计算应纳税额，不得抵扣进项税额，也不得使用增值税专用发票：

①一般纳税人会计核算不健全，或者不能够提供准确税务资料的；

②应当办理一般纳税人资格登记而未办理的。

（10）自 2019 年起，增值税一般纳税人取得不动产或者不动产在建工程的进项税额不再分 2 年抵扣。此前按照规定尚未抵扣完毕的待抵扣进项税额，可自 2019 年 4 月税款所属期起从销项税额中抵扣。

（11）不得抵扣且未抵扣进项税额的固定资产、无形资产，发生用途改变，用于允许抵扣进项税额的应税项目，可在用途改变的次月按照下列公式，计算可以抵扣的进项税额：

可以抵扣的进项税额＝固定资产、无形资产净值 ÷（1+ 适用税率）× 适用税率

上述可以抵扣的进项税额应取得合法有效的增值税扣税凭证。

（12）按照规定不得抵扣进项税额的不动产，发生改变用途，用于允许抵扣进项税额项目的，按照下列公式在改变用途的次月计算可抵扣进项税额：

可抵扣进项税额＝增值税扣税凭证注明或计算的进项税额 × 不动产净值率

（13）一般纳税人发生下列应税行为可以选择适用简易计税方法计税，不允许抵扣进项税额。

①公共交通运输服务，包括轮客渡、公交客运、地铁、城市轻轨、出租车、长途客运、班车。

②经认定的动漫企业为开发动漫产品提供的动漫脚本编撰、形象设计、背景设计、动画设计、分镜、动画制作、摄制、描线、上色、画面合成、配音、配乐、音效合成、剪辑、字幕制作、压缩转码（面向网络动漫、手机动漫格式适配）服务，以及在境内转让动漫版权（包括动漫品牌、形象或者内容的授权及再授权）。

③电影放映服务、仓储服务、装卸搬运服务、收派服务和文化体育服务。

④以纳入营改增试点之日前取得的有形动产为标的物提供的经营租赁服务。

⑤在纳入营改增试点之日前签订的尚未执行完毕的有形动产租赁合同。

不得抵扣进项税额：

情　形	自产、委托加工收回	外　购
简易方法、免税项目	不得抵扣	不得抵扣
集体福利、个人消费	视同销售	不得抵扣
非正常损失	购进货物、在产品、产品、不动产、在建工程及相关的服务	
无法区分单位和个人	购进的贷款服务、餐饮服务、居民日常服务和娱乐服务	

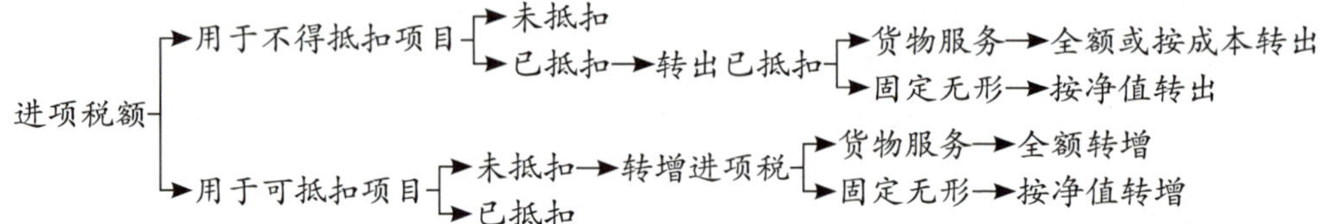

3. 进项税额抵扣期限的规定

（1）自 2017 年 7 月 1 日起，增值税一般纳税人取得的 2017 年 7 月 1 日及以后开具的增值税专用发票和机动车销售统一发票，应自开具之日起 360 日内认证或登录增值税发票选择确认平台进行确认，并在规定的纳税申报期内，向税务机关申报抵扣进项税额。

（2）增值税一般纳税人取得的 2017 年 7 月 1 日及以后开具的海关进口增值税专用缴款书，应自开具之日起 360 日内向税务机关报送《海关完税凭证抵扣清单》，申请稽核比对。

【提示】 增值税期末留抵税额，上期未抵扣完的进项税额可在下一期继续抵扣。

【例题：单选题】 某食品加工企业为小规模纳税人，适用增值税征收率为 3%。2 月份取得的销售收入为 16960 元；直接从农户购入农产品价值 6400 元，支付运输费 600 元，当月支付人员工资 3460 元，该企业当月应缴纳的增值税税额为（　　）元。

A. 240　　B. 298

C. 435　　D. 494

扫二维码　视频讲解

【答案】 D

【解析】 增值税 = 16960 ÷（1 + 3%）×3% = 494（元）。

（二）简易计税方法应纳税额的计算

小规模纳税人销售货物、提供应税劳务或者发生应税行为采用简易计税方法计税；应按照销售额和征收率计算应纳增值税税额，不得抵扣进项税额。

应纳税额 = 不含税销售额 × 征收率

或应纳税额 = 含税销售额 ÷（1+ 征收率）× 征收率

【提示】

①小规模纳税人销售货物收取的销售额（含价外费用），为价税合计金额，必须换算为不含税销售额。

②小规模纳税人外购货物即使取得专用发票，也不作进项税额处理。

（三）进口货物应纳税额的计算

应纳税额 = 组成计税价格 × 税率

组成计税价格（销售额）：非消费税应税货物 = 关税完税价格 + 关税

= 关税完税价格 ×（1+ 关税税率）

应纳消费税货物 = 关税完税价格 + 关税 + 消费税

= 关税完税价格 ×（1+ 关税税率）÷（1- 消费税率）

（四）扣缴计税方法

境外单位或个人在境内发生应税销售行为，在境内未设有经营机构的，扣缴义务人按照下列公式计算应扣缴税额：应扣缴税额 = 购买方支付的价款 ÷（1+ 税率）× 税率。

考点五　增值税税收优惠

（一）《增值税暂行条例》及其实施细则规定的免税项目

（1）农业生产者销售的自产农产品。

（2）避孕药品和用具。

（3）古旧图书（图书 9%）。古旧图书，是指向社会收购的古书和旧书。

（4）直接用于科学研究、科学试验和教学的进口仪器、设备。

（5）外国政府、国际组织（非外国企业）无偿援助的进口物资和设备。

（6）由残疾人组织直接进口供残疾人专用的物品。

（7）销售自己使用过的物品。自己使用过的物品，是指其他个人自己使用过的物品。

【提示】

①企业销售自己使用过的（非固定资产）物品，按照适用税率征收增值税。

②纳税人兼营免税、减税项目的，应当分别核算免税、减税项目的销售额；未分别核算销售额的，不得免税、减税。

③纳税人销售货物或者应税劳务适用免税规定的，可以放弃免税，依照《增值税暂行条例》的规定缴纳增值税。放弃免税后，36 个月内不得再申请免税。

（二）营改增试点过渡政策的规定

下列项目免征增值税。

（1）托儿所、幼儿园提供的保育和教育服务；超过规定收费标准的收费，以开办实验班、特色班和兴趣班等为由另外收取的费用以及与幼儿入园挂钩的赞助费、支教费等超过规定范围的收入，不属于免征增值税的收入。

（2）养老机构提供的养老服务。

（3）残疾人福利机构提供的育养服务。

（4）婚姻介绍服务。

（5）殡葬服务。

（6）残疾人员本人为社会提供的服务。

（7）医疗机构提供的医疗服务。

（8）从事学历教育的学校提供的教育服务；包括符合规定的从事学历教育的民办学校，但不包括职业培训机构等国家不承认学历的教育机构。

（9）学生勤工俭学提供的服务。

（10）农业机耕、排灌、病虫害防治、植物保护、农牧保险以及相关技术培训业务，家禽、牲畜、水生动物的配种和疾病防治。

（11）纪念馆、博物馆、文化馆、文物保护单位管理机构、美术馆、展览馆、书画院、图书馆在自己的场所提供文化体育服务取得的第一道门票收入。

（12）寺院、宫观、清真寺和教堂举办文化、宗教活动的门票收入。

（13）行政单位之外的其他单位收取的符合《营业税改征增值税试点实施办法》第十条规定条件的政府性基金和行政事业性收费。

（14）个人转让著作权。

（15）个人销售自建自用住房。

（16）2018 年 12 月 31 日前，公共租赁住房经营管理单位出租公共租赁住房。

（17）台湾航运公司、航空公司从事海峡两岸海上直航、空中直航业务在大陆取得的运输收入。

（18）纳税人提供的直接或者间接国际货物运输代理服务。

（19）符合规定条件的贷款、债券利息收入。

（20）被撤销金融机构以货物、不动产、无形资产、有价证券、票据等财产清偿债务。

（21）保险公司开办的一年期以上人身保险产品取得的保费收入。

（22）符合规定条件的金融商品转让收入。

（23）金融同业往来利息收入。

（24）同时符合规定条件的担保机构从事中小企业信用担保或者再担保业务取得的收入 3 年内免征增值税。

（25）国家商品储备管理单位及其直属企业承担商品储备任务，从中央或者地方财政取得的利息补贴收入和价差补贴收入。

（26）纳税人提供技术转让、技术开发和与之相关的技术咨询、技术服务。

（27）同时符合规定条件的合同能源管理服务。

（28）2017 年 12 月 31 日前，科普单位的门票收入，以及县级及以上党政部门和科协开展科普活动的门票收入。

（29）政府举办的从事学历教育的高等、中等和初等学校（不含下属单位），举办进修班、培训班取得的全部归该学校所有的收入。

（30）政府举办的职业学校设立的主要为在校学生提供实习场所并由学校出资自办、由学校负责经营管理、经营收入归学校所有的企业，从事《销售服务、无形资产或者不动产注释》中“现代服务”（不含融资租赁服务、广告服务和其他现代服务）、“生活服务”（不含文化体育服务、其他生活服务和桑拿、氧吧）业务活动取得的收入。

（31）家政服务企业由员工制家政服务员提供家政服务取得的收入。

（32）福利彩票、体育彩票的发行收入。

（33）军队空余房产租赁收入。

（34）为了配合国家住房制度改革，企业、行政事业单位按房改成本价、标准价出售住房取得的收入。

（35）将土地使用权转让给农业生产者用于农业生产。

（36）涉及家庭财产分割的个人无偿转让不动产、土地使用权。

（37）土地所有者出让土地使用权和土地使用者将土地使用权归还给土地所有者。

（38）县级以上地方人民政府或自然资源行政主管部门出让、转让或收回自然资源使用权（不含土地使用权）。

（39）随军家属就业。

（40）军队转业干部就业。

（41）提供社区养老、抚育、家政等服务取得的收入。

增值税即征即退。

（1）一般纳税人提供管道运输服务，对其增值税实际税负超过 3% 的部分实行增值税即征即退政策。

（2）经人民银行、银监会或者商务部批准从事融资租赁业务的试点纳税人中的一般纳税人，提供有形动产融资租赁服务和有形动产融资性售后回租服务，对其增值税实际税负超过3%的部分实行增值税即征即退政策。

（3）商务部授权的省级商务主管部门和国家经济技术开发区批准的从事融资租赁业务和融资性售后回租业务的试点纳税人中的一般纳税人，2016年5月1日后实收资本达到1.7亿元的，从达到标准的当月起按照上述规定执行；2016年5月1日后实收资本未达到1.7亿元但注册资本达到1.7亿元的，在2016年7月31日前仍可按照上述规定执行，2016年8月1日后开展的有形动产融资租赁业务和有形动产融资性售后回租业务不得按照上述规定执行。

（4）增值税实际税负，是指纳税人当期提供应税服务实际缴纳的增值税额占纳税人当期提供应税服务取得的全部价款和价外费用的比例。

扣减增值税规定。

退役士兵创业就业、重点群体创业就业。

金融企业发放贷款后，自结息日起90天内发生的应收未收利息按现行规定缴纳增值税，自结息日起90天后发生的应收未收利息暂不缴纳增值税，待实际收到利息时按规定缴纳增值税。

个人将购买不足2年的住房对外销售的，按照5%的征收率全额缴纳增值税；个人将购买2年以上（含2年）的住房对外销售的，免征增值税。上述政策适用于北京市、上海市、广州市和深圳市之外的地区。

个人将购买不足2年的住房对外销售的，按照5%的征收率全额缴纳增值税；个人将购买2年以上（含2年）的非普通住房对外销售的，以销售收入减去购买住房价款后的差额按照5%的征收率缴纳增值税；个人将购买2年以上（含2年）的普通住房对外销售的，免征增值税。上述政策仅适用于北京市、上海市、广州市和深圳市。

个人销售住房：

<table>
<tr><th>购买至销售时间</th><th colspan="2">北上广深</th><th>北上广深外</th></tr>
<tr><td>＜2年</td><td colspan="3">5%全额缴纳</td></tr>
<tr><td rowspan="2">≥2年</td><td>普通住房</td><td>免征增值税</td><td rowspan="2">免征增值税</td></tr>
<tr><td>非普通住房</td><td>销售收入－购房价款差额按5%征收增值税</td></tr>
</table>

上述增值税优惠政策除已规定期限的项目和个人出售住房优惠政策外，其他均在营改增试点期间执行。如果试点纳税人在纳入营改增试点之日前已经按照有关政策规定享受了营业税税收优惠，在剩余税收优惠政策期限内，按照本规定享受有关增值税优惠。

（三）跨境行为免征增值税的政策规定

境内的单位和个人销售的下列服务和无形资产免征增值税，但财政部和国家税务总局规定适用增值税零税率的除外。

服务：

（1）工程项目在境外的建筑服务；

（2）工程项目在境外的工程监理服务；

（3）工程、矿产资源在境外的工程勘察勘探服务；

（4）会议展览地点在境外的会议展览服务；

（5）存储地点在境外的仓储服务；

（6）标的物在境外使用的有形动产租赁服务；

（7）在境外提供的广播影视节目（作品）的播映服务；

（8）在境外提供的文化体育服务、教育医疗服务、旅游服务。

为出口货物提供的邮政服务、收派服务、保险服务（包括出口货物保险和出口信用保险）。

向境外单位提供的完全在境外消费的下列服务和无形资产：

（1）电信服务；

（2）知识产权服务；

（3）物流辅助服务（仓储服务、收派服务除外）；

（4）鉴证咨询服务；

（5）专业技术服务；

（6）商务辅助服务；

（7）广告投放地在境外的广告服务；

（8）无形资产。

以无运输工具承运方式提供的国际运输服务。

为境外单位之间的货币资金融通及其他金融业务提供的直接收费金融服务，且该服务与境内的货物、无形资产和不动产无关。

财政部和国家税务总局规定的其他服务。

【提示】零税率：

（1）纳税人出口货物，适用零税率，国务院另有规定的除外。

（2）中华人民共和国境内的单位和个人销售的下列服务和无形资产：

①国际运输服务；

②航天运输服务；

③向境外单位提供的完全在境外消费的下列服务：

a. 研发；b. 合同能源管理；c. 设计；d. 广播影视节目（作品）的制作和发行；e. 软件；f. 电路设计及测试；g. 信息系统；h. 业务流程管理；i. 离岸服务外包；j. 转让技术。

④国务院规定的其他服务。

第四章

（四）起征点

纳税人销售货物、提供应税劳务或者发生应税行为的销售额未达到增值税起征点的，免征增值税；达到起征点的，全额计算缴纳增值税。

增值税起征点的适用范围限于个人，且不适用于登记为一般纳税人的个体工商户，起征点的幅度规定如下：

（1）按期纳税的，为月销售额 5000 ～ 20000 元（含本数）；

（2）按次纳税的，为每次（日）销售额 300 ～ 500 元（含本数）。

起征点的调整由财政部和国家税务总局规定。省、自治区、直辖市财政厅（局）和税务局应当在规定的幅度内，根据实际情况确定本地区适用的起征点，并报财政部和国家税务总局备案。

（五）小微企业免税规定

（1）自 2019 年 1 月 1 日至 2021 年 12 月 31 日，增值税小规模纳税人发生增值税应税销售行为，合计月销售额未超过 10 万元的，免征增值税。其中，以 1 个季度为纳税期限的增值税小规模纳税人，季度销售额未超过 30 万元的，免征增值税。

小规模纳税人发生增值税应税销售行为，合计月销售额超过 10 万元，但扣除本期发生的销售不动产的销售额后未超过 10 万元的，其销售货物、劳务、服务、无形资产取得的销售额免征增值税。

（2）增值税小规模纳税人月销售额未超过 10 万元的，当期因开具增值税专用发票已经缴纳的税款，在专用发票全部联次追回或者按规定开具红字专用发票后，可以向税务机关申请退还。

（3）其他个人采取一次性收取租金形式出租不动产，取得的租金收入，可在租金对应的租赁期内平均分摊，分摊后的月租金收入不超过 3 万元的，可享受小微企业免征增值税的优惠政策。

（六）其他减免税规定

（1）纳税人兼营免税、减税项目的，应当分别核算免税、减税项目的销售额；未分别核算销售额的，不得免税、减税。

（2）纳税人销售货物或者应税劳务适用免税规定的，可以放弃免税，依照《增值税暂行条例》的规定缴纳增值税。放弃免税后，36 个月内不得再申请免税。

（3）纳税人发生应税销售行为同时适用免税和零税率规定的，纳税人可以选择适用免税或者零税率。

考点六 增值税征收管理

（一）纳税义务发生时间

纳税人销售货物或者应税劳务，其纳税义务发生时间为收讫销售款项或者取得索取销售款项凭据的当天；先开具发票的，为开具发票的当天。

纳税人销售货物或提供应税劳务的纳税业务发生时间（按销售方式的不同，分为以下几点）。

（1）采取直接收款方式销售货物，不论货物是否发出，均为收到销售款或者取得索取销售款凭据的当天。

（2）采取托收承付和委托银行收款方式销售货物，为发出货物并办妥托收手续的当天。

（3）采取赊销和分期收款方式销售货物，为书面合同约定的收款日期的当天，无书面合同的或者书面合同没有约定收款日期的，为货物发出的当天。

（4）采取预收货款方式销售货物，为货物发出的当天，但生产销售生产工期超过 12 个月的大型机械设备、船舶、飞机等货物，为收到预收款或者书面合同约定的收款日期的当天。

（5）委托其他纳税人代销货物，为收到代销单位的代销清单或者收到全部或者部分货款的当天。未收到代销清单及货款的，为发出代销货物满 180 天的当天。

（6）纳税人提供租赁服务采取预收款方式的，其纳税义务发生时间为收到预收款的当天。

（7）纳税人从事金融商品转让的，为金融商品所有权转移的当天。

销售应税劳务，为提供劳务同时收讫销售款或者取得索取销售款的凭据的当天。

（8）纳税人发生视同销售货物行为，为货物移送的当天。

（9）纳税人发生视同销售劳务、服务、无形资产、不动产情形的，其纳税义务发生时间为服务、无形资产转让完成的当天或者不动产权属变更的当天。

进口货物，为报关进口的当天。

增值税扣缴义务发生时间为纳税人增值税纳税义务发生的当天。

（二）纳税地点

（1）固定业户应当向其机构所在地的税务机关申报纳税。

总机构和分支机构不在同一县（市）的，应当分别向各自所在地的税务机关申报纳税；经国务院财政、税务部门或者其授权的财政、税务机关批准，可以由总机构汇总向总机构所在地的税务机关申报纳税。

（2）固定业户到外县（市）销售货物或者劳务，应当向其机构所在地的税务机关报告外出经营事项，并向其机构所在地的税务机关申报纳税；未报告的，应当向销售地或者劳务发生地的税务机关申报纳税；未向销售地或者劳务发生地的税务机关申报纳税的，由其机构所在地的税务机关补征税款。

（3）非固定业户销售货物、应税劳务或发生应税行为，应当向销售地或者劳务发生地或者应税行为发生地的税务机关申报纳税；未向销售地、劳务发生地或者应税行为发生地的主管税务机关申报纳税的，由其机构所在地或者居住地的税务机关补征税款。

（4）进口货物，应当向报关地海关申报纳税。

（5）扣缴义务人应当向其机构所在地或居住地的税务机关申报缴纳其扣缴的税款。

（6）其他个人提供建筑服务，销售或租赁不动产，转让自然资源使用权，应向建筑服务发生地，不动产所在地，自然资源所在地税务机关申报纳税。

<table>
<tr><th>要　点</th><th colspan="3">内　容</th></tr>
<tr><td rowspan="4">固定业户</td><td colspan="2">一般</td><td>机构所在地</td></tr>
<tr><td colspan="2">总、分机构不在同一县市</td><td>分别申报或总机构汇总申报</td></tr>
<tr><td rowspan="2">到外县（市）销售</td><td>向机构所在地税务机关报告</td><td>机构所在地申报纳税</td></tr>
<tr><td>未向机构所在地税务机关报告</td><td>①销售地或劳务发生地税务机关申报
②未申报，由机构所在地税务机关补征税款</td></tr>
<tr><td>非固定业户</td><td colspan="3">销售地或劳务发生地</td></tr>
<tr><td>进口货物</td><td colspan="3">报关地海关</td></tr>
<tr><td>扣缴义务人</td><td colspan="3">机构所在地或居住地</td></tr>
<tr><td>其他个人提供建筑服务、销售或租赁不动产、转让自然资源使用权</td><td colspan="3">建筑服务发生地、不动产所在地、自然资源所在地</td></tr>
</table>

（三）纳税期限

（1）纳税人的具体纳税期限，由税务机关根据纳税人应纳税额的大小分别核定；不能按照固定期限纳税的，可以按次纳税。以 1 个季度为纳税期限的规定适用于小规模纳税人、银行、财务公司、信托投资公司、信用社，以及财政部和国家税务总局规定的其他纳税人。

（2）纳税人以 1 个月或者 1 个季度为 1 个纳税期的，自期满之日起 15 日内申报纳税；以 1 日、3 日、5 日、10 日或者 15 日为 1 个纳税期的，自期满之日起 5 日内预缴税款，于次月 1 日起 15 日内申报纳税并结清上月应纳税款。

（3）进口货物，应当自海关填发海关进口增值税专用缴款书之日起 15 日内缴纳税款。

考点七 增值税专用发票使用规定

增值税专用发票，是增值税一般纳税人发生应税销售行为开具的发票，是购买方支付增值税额并可按照增值税有关规定据以抵扣增值税进项税额的凭证。

（一）专用发票的联次及用途

基本联次为三联，分别为发票联、抵扣联和记账联，其他联次用途，由一般纳税人自行确定。

（二）专用发票的领购

一般纳税人有下列情形之一的，不得领购开具专用发票：

（1）会计核算不健全，不能向税务机关准确提供增值税销项税额、进项税额、应纳税额数据及其他有关增值税税务资料的；

（2）有《税收征管法》规定的税收违法行为，拒不接受税务机关处理的；

（3）有下列行为之一，经税务机关责令限期改正而仍未改正的：

①虚开增值税专用发票；

②私自印制专用发票；

③向税务机关以外的单位和个人买取专用发票；

④借用他人专用发票；

⑤未按规定开具专用发票；

⑥未按规定保管专用发票和专用设备；

⑦未按规定申请办理防伪税控系统变更发行；

⑧未按规定接受税务机关检查。

（三）专用发票的使用管理

属于下列情形之一的，不得开具增值税专用发票：

（1）商业企业一般纳税人零售烟、酒、食品、服装、鞋帽（不包括劳保专用部分）、化妆品等消费品的；

（2）应税销售行为的购买方为消费者个人的；

（3）发生应税销售行为适用免税规定的；

（4）小规模纳税人发生应税销售行为的。

【例题 1：单选题】一般纳税人的下列销售行为中，应开具增值税专用发票的是（　　）。

A. 向消费者个人提供修理、修配服务　　B. 向个体经营者零售烟酒

C. 向一般纳税人销售货物　　D. 向个人销售房屋

扫二维码　视频讲解

【答案】C

【例题 2：判断题】商业企业一般纳税人零售的烟、酒、食品、服装、鞋帽（不含劳保用品）、化妆品等消费品可以开具增值税专用发票。（　　）

【答案】×

第三节　消费税法律制度

消费税是国际上普遍采用的对特定的某些消费品和消费行为征收的一种间接税。

消费税的征税项目由税法明确列举；消费税税收负担转嫁性；消费税是价内税，是价格的组成部分；征税环节单一性。

生产 → 批发 → 销售 → 零售
进口 → 移送

考点一　消费税纳税人

消费税的纳税人，是在中国境内生产、委托加工和进口应税消费品的单位和个人（含个体工商户和其他个人），以及国务院确定的销售应税消费品的其他单位和个人。

由于消费税是在对所有货物普遍征收增值税的基础上选择少量消费品征收的，因此，消费税纳税人同时也是增值税纳税人。

考点二 消费税征税范围

（一）生产应税消费品

（1）纳税人生产的应税消费品，于纳税人销售时纳税。

（2）纳税人自产自用的应税消费品：

①用于连续生产应税消费品：不纳税；

②用于其他方面视同销售：于移送使用时纳税（如用于生产非应税消费品、在建工程、管理部门、馈赠、赞助、集资、广告、样品、职工福利、奖励等）。

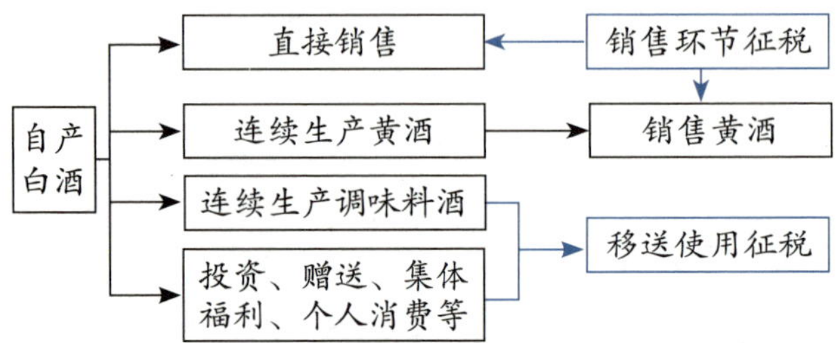

（3）工业企业以外的单位和个人的下列行为视为应税消费品的生产行为，按规定征收消费税：

①将外购的消费税非应税产品以消费税应税产品对外销售的；

②将外购的消费税低税率应税产品以高税率应税产品对外销售的。

（二）委托加工应税消费品

委托加工的应税消费品，是指由委托方提供原料和主要材料；受托方只收取加工费和代垫部分辅助材料加工的应税消费品。

【提示】对于由受托方提供原材料生产的应税消费品，或者受托方先将原材料卖给委托方，然后再接受加工的应税消费品，以及由受托方以委托方名义购进原材料生产的应税消费品，不论在财务上是否作销售处理，都不得作为委托加工应税消费品，而应当按照销售自制应税消费品缴纳消费税。

委托加工的应税消费品的，由受托方在向委托方交货时代收代缴税款；委托方为消费税的纳税义务人。

【提示】

（1）委托个人加工的应税消费品，由委托方收回后缴纳消费税。

（2）委托加工的应税消费品，委托方用于连续生产应税消费品的，所纳税款准予按规定抵扣。

（3）委托方将收回的应税消费品出售：

①以不高于受托方的计税价格出售的，为直接出售，不再缴纳消费税；

②委托方以高于受托方的计税价格出售的，不属于直接出售，需按照规定申报缴纳消费税，在计税时准予扣除受托方已代收代缴的消费税。

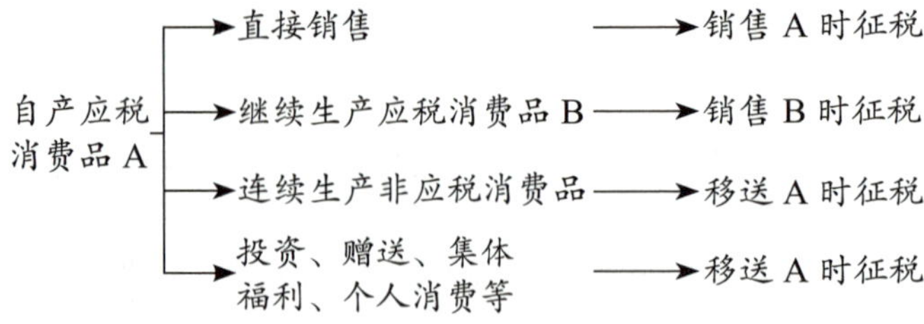

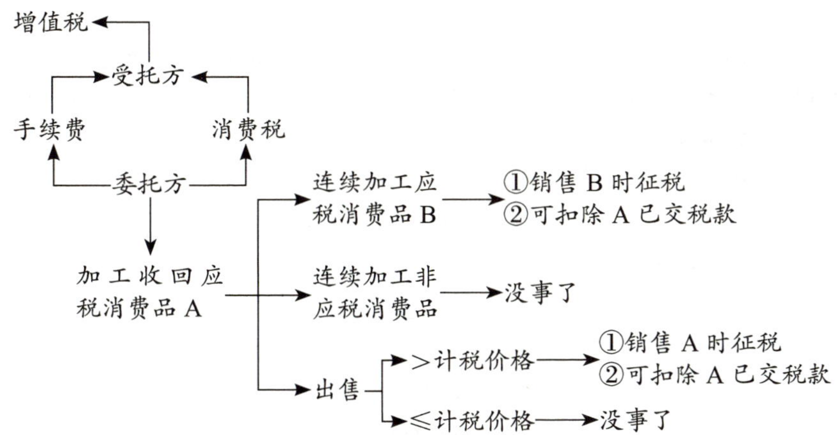

（三）进口应税消费品

进口的应税消费品，报关进口时缴纳消费税，由海关代征。

（四）零售应税消费品

金银首饰、铂金首饰、钻石及钻石饰品，在零售环节纳税，生产环节不纳税。

【提示】仅限于金、银以及金基、银基合金首饰和金基、银基合金的镶嵌首饰；不包括镀金首饰和包金首饰；其他珠宝首饰或珠宝玉石仍在生产环节（进口环节、加工收回环节）征税。如商场销售珠宝玉石，不缴纳消费税；商场销售金银首饰，缴纳消费税。

零售超豪华小汽车。自2016年12月1日起，对超豪华小汽车，在生产（进口）环节按现行税率征收消费税基础上，在零售环节加征消费税，税率为10%，将超豪华小汽车销售给消费者的单位和个人为超豪华小汽车零售环节纳税人。

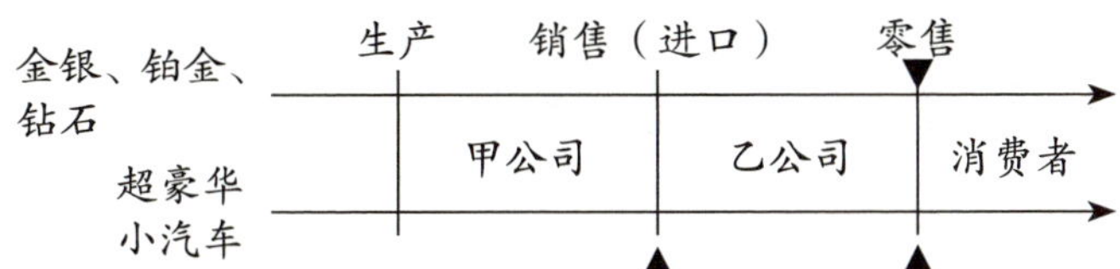

视同零售业在零售环节纳税。

（1）为经营单位以外的单位和个人加工金银首饰（包括带料加工、翻新改制、以旧换新等业务，不包括修理和清洗）；

（2）经营单位将金银首饰用于馈赠、赞助、集资、广告样品、职工福利、奖励等方面；

（3）未经中国人民银行总行批准，经营金银首饰批发业务的单位将金银首饰销售给经营单位。

（五）批发销售卷烟（复合计征）

自2015年5月10日起，将卷烟批发环节（批发企业销售给零售企业）从价税税率由5%提高到11%，并按0.005元/支加征从量税。

烟草批发企业将卷烟销售给其他烟草批发企业的，不缴纳消费税。

卷烟消费税改为在生产和批发两个环节征收后，批发企业在计算应纳税额时不得扣除已含的生产环节的消费税税款。

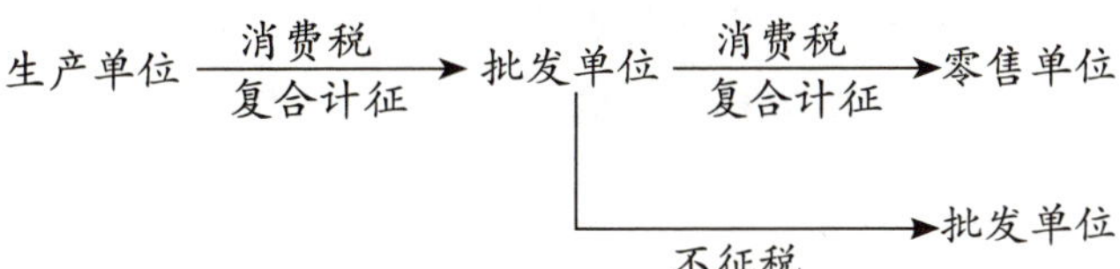

【提示】

①只有卷烟在生产环节、批发环节征收两次消费税。其他应税消费品只征一次消费税，如金银、钻石首饰在零售环节征税，生产加工环节不征税，珠宝玉石在生产环节征税，零售环节不征税。

②纳税人兼营卷烟批发和零售业务的，应当分别核算批发和零售环节的销售额和销售数量，未分别核算的，按照全部销售额、销售数量计征批发环节消费税。

考点三 消费税税目（15 个）

税　目	子　目	要　点
烟	卷烟、雪茄烟、烟丝	①卷烟实行复合计征 ②在卷烟批发环节加征
酒	粮食白酒、薯类白酒、黄酒、啤酒、其他酒（药酒、葡萄酒等）	①白酒实行复合计征 ②对饮食业、商业、娱乐业举办的啤酒屋（啤酒坊）利用啤酒生产设备生产的啤酒，应当征收消费税 ③调味料酒不征税
高档化妆品	高档美容、修饰类化妆品、成套化妆品、高档护肤类化妆品	不包括舞台、戏剧、影视演员化妆用的上妆油、卸装油、油彩，护肤护发用品
贵重首饰及珠宝玉石	金银珠宝首饰、珠宝玉石	金银首饰、铂金首饰、钻石及钻石饰品在零售环节征税
鞭炮、焰火	不包括体育上用的发令纸、鞭炮药引线	
成品油	汽油、柴油、石脑油、溶剂油、航空煤油、润滑油、燃料油	从量征收消费税
摩托车	①仅包括气缸容量≥ 250mL 的摩托车，＜ 250mL 的摩托车不征收消费税 ②最大设计时速不超过 50 公里 / 小时，气缸容量不超过 50mL 的三轮摩托车不征收消费税	
小汽车	乘用车、中轻型商用客车和超豪华小汽车（每辆不含增值税零售价≥ 130 万元）	不包括： ①电动汽车 ②沙滩车、雪地车、卡丁车、高尔夫车 ③企业购进货车或箱式货车改装生产的商务车、卫星通信车等专用汽车
高尔夫球及球具	高尔夫球、高尔夫球杆及高尔夫球包（袋）、高尔夫球杆的杆头、杆身和握把	
高档手表	每只销售价格（不含增值税）在 10000 元（含）以上的各类手表	
电　池	①对无汞原电池、金属氢化物镍蓄电池、锂原电池、锂离子蓄电池、太阳能电池、燃料电池和全钒液流电池免征消费税 ②自 2016 年 1 月 1 日起，对铅蓄电池按 4% 税率征收消费税	
涂　料	对施工状态下挥发性有机物（VOC）含量低于 420 克 / 升（含）的涂料免征消费税	
实木地板	独板（块）实木地板、实木指接地板、实木复合地板	
游艇、木制一次性筷子		

考点四　消费税税率

基本形式：比例税率和定额税率两类。

比例税率：多数应税消费品。

定额税率：成品油、啤酒、黄酒。

同时适用比例税率和定额税率：卷烟和白酒。

【提示】

①纳税人兼营不同税率的应税消费品，应当分别核算不同税率应税消费品的销售额、销售数量。未分别核算销售额、销售数量，或者将不同税率的应税消费品组成成套消费品销售的，从高适用税率。

②下列卷烟不分征税类别一律按照56%卷烟税率征税，并按照定额每标准箱150元计算征税：白包卷烟；手工卷烟；未经国务院批准纳入计划的企业和个人生产的卷烟。

考点五　消费税应纳税额的计算

（一）从价计征

应纳税额＝销售额×税率

销售额是指纳税人销售应税消费品向购买方收取的全部价款和价外费用，不包括应向购买方收取的增值税税款。

【提示】

①与增值税销售额的确定相同。

②大多数应税消费品采用从价计征。

③如销售额中包括增值税额，应换算为不含增值税的销售额。

应税消费品的销售额＝含增值税的销售额÷（1+增值税税率或征收率）

④如果消费税的纳税人同时又是增值税一般纳税人的，应适用13%的增值税税率。

（二）从量计征

应纳税额＝销售数量×单位税额

销售数量的确定：

（1）销售应税消费品的，为应税消费品的销售数量；

（2）自产自用应税消费品，为应税消费品的移送使用数量；

（3）委托加工应税消费品，为纳税人收回的应税消费品数量；

（4）进口应税消费品，为海关核定的应税消费品进口征税数量。

【提示】成品油、啤酒、黄酒采用从量计征。

（三）复合计征

应纳税额＝应税销售数量×定额税率＋应税销售额×比例税率

【提示】卷烟、白酒采用复合计征；卷烟在生产和批发环节征税。

（四）特殊情形下的销售额与销售数量的确定

纳税人的应税消费品计税价格明显偏低并无正当理由的，税务机关核定计税价格，其核定权限规定如下：

（1）卷烟、白酒和小汽车的计税价格由国家税务总局核定，送财政部备案；

（2）其他应税消费品的计税价格由省、自治区和直辖市税务局核定；

（3）进口的应税消费品的计税价格由海关核定。

【提示】增值税计税依据明显偏低且无正当理由时，税务机关核定的方法。

纳税人通过自设非独立核算门市部销售的自产应税消费品，应当按照门市部对外销售额或者销售数量征收消费税。

纳税人将用于换取生产资料和消费资料、投资入股和抵偿债务等方面的应税消费品，应当以纳税人同类应税消费品的最高销售价格作为计税依据计算消费税。

【提示】只有将自产产品用于换取、投资、抵债的应税消费品按照同类最高销售价格计算消费税；用于其他方面的如无偿赠送等，按同类平均销售价格计算消费税。

白酒生产企业向商业销售单位收取的“品牌使用费”，并入白酒的销售额中缴纳消费税。

包装物。

（1）应税消费品连同包装销售：无论包装物是否单独计价以及在会计上如何核算，均应并入应税消费品的销售额中缴纳消费税。

（2）包装物不作价随同产品销售的，而是收取押金，此项押金则不应并入应税消费品的销售额中征税。但对因逾期未收回的包装物不再退还的或者已收取的时间超过 12 个月的押金，应并入应税消费品的销售额，缴纳消费税。

（3）对包装物既作价随同应税消费品销售，又另外收取押金的包装物的押金，凡纳税人在规定的期限内没有退还的，均应并入应税消费品的销售额，按照应税消费品的适用税率缴纳消费税。

（4）酒类生产企业销售酒类产品（啤酒、黄酒除外）而收取的包装物押金，无论押金是否返还及会计上如何核算，均应并入酒类产品销售额，征收消费税。

包装物押金	消费税		增值税	
	收取时	逾期时	收取时	逾期时
一　般	不征税	征　税	不征税	征　税
啤酒、黄酒	不征税	不征税	不征税	征　税
其他酒	征　税		征　税	
①连同销售的包装物，均应计入销售额缴纳消费税 ②逾期时指按照合同约定逾期或者 1 年以上 ③包装物租金属于价外费用，逾期押金属于含税收入				

纳税人采用以旧换新（含翻新改制）方式销售的金银首饰，应按实际收取的不含增值税的全部价款确定计税依据征收消费税。

【提示】增值税：

①纳税人采取以旧换新方式销售货物（金银首饰除外），应当按新货物的同期销售价格确定销售额征收增值税；

②金银首饰以旧换新的，应按照销售方实际收取的不含增值税的全部价款征收增值税。

（五）自产自用应纳消费税的计算

纳税人自产自用的应税消费品，用于连续生产应税消费品的，不纳税；凡用于其他方面的，于移送使用时按照纳税人生产的同类消费品的销售价格计算纳税，没有同类消费品销售价格的按照组成计税价格计算纳税。

【提示】自产自用应税消费品同时涉及增值税。其计税依据相同。

1. 从价定率

组成计税价格 =（成本 + 利润）÷（1- 比例税率）

应纳税额 = 组成计税价格 × 比例税率

【提示】

组价 = 成本 + 利润 + 消费税

消费税 = 组价 × 消费税比例税率

↓

组价 = 成本 + 利润 + 组价 × 消费税比例税率

组价 ×（1- 消费税比例税率）= 成本 + 利润

组价 =（成本 + 利润）÷（1- 比例税率）

2. 复合计税

组成计税价格 =（成本 + 利润 + 自产自用数量 × 定额税率）÷（1- 比例税率）

应纳税额 = 组成计税价格 × 比例税率 + 自产自用数量 × 定额税率

【提示】

组成计税价格 = 成本 + 利润 + 消费税

（成本 + 利润）÷（1 - 比例税率）

应纳税额 = 组成计税价格 × 比例税率

= 成本 + 利润 + 定额消费税 + 比例消费税

（成本 + 利润 + 自产自用数量 × 定额税率）÷（1 - 比例税率）

应纳税额 = 组成计税价格 × 比例税率 + 自产自用数量 × 定额税率

（六）委托加工应纳消费税的计算

委托加工的应税消费品，按照受托方的同类消费品的销售价格计算纳税，没有同类消费品销售价格的，按照组成计税价格计算纳税。

1. 从价定率

组成计税价格 =（材料成本 + 加工费）÷（1- 比例税率）

应纳税额 = 组成计税价格 × 比例税率

2. 复合计税

组成计税价格 =（材料成本 + 加工费 + 委托加工数量 × 定额税率）÷（1- 比例税率）

应纳税额 = 组成计税价格 × 比例税率 + 委托加工数量 × 定额税率

（七）进口环节应纳消费税的计算

纳税人进口应税消费品，按照组成计税价格和规定的税率计算应纳税额。

进口环节还需缴纳增值税，其计税依据与消费税相同。

1. 从价定率

组成计税价格 =（关税完税价格 + 关税）÷（1- 消费税比例税率）

应纳税额 = 组成计税价格 × 消费税比例税率

2. 复合计税

组成计税价格 =（关税完税价格 + 关税 + 进口数量 × 定额税率）÷（1- 消费税比例税率）

应纳税额 = 组成计税价格 × 消费税比例税率 + 进口数量 × 定额税率

【提示】

①进口环节关税、增值税、消费税由海关代征。

②海关对进口产品代征的增值税、消费税，不征收城市维护建设税和教育费附加。

③进出口货物的收发货人或者其代理人应当在海关签发税款缴款凭证之日起 15 日内，向指定银行缴纳税款。逾期不缴的，除依法追缴外，由海关自到期次日起至缴清税款之日止，按日征收欠缴税额 0.5‰ 的滞纳金。

【总结】1. 消费税销售额的确定

自产自用→①本企业同类产品售价；②组成计税价格→从价计征、复合计征

委托加工→①受托方同类产品售价；②组成计税价格→从价计征、复合计征

进口→组成计税价格→从价计征、复合计征

2. 增值税销售额的确定

（1）纳税人最近时期同类货物的平均销售价格。

（2）其他纳税人最近时期同类货物的平均销售价格。

（3）组成计税价格。

3. 消费税组成计税价格

要　点	从价计征	复合计征
自产自用	(成本＋利润) / (1－比例税率)	(成本＋利润＋自产自用数量×定额税率) / (1－比例税率)
委托加工	(材料成本＋加工费) / (1－比例税率)	(材料成本＋加工费＋委托加工数量×定额税率) / (1－比例税率)
进　口	(关税完税价格＋关税) / (1－比例税率)	(关税完税价格＋关税＋进口数量×定额税率) / (1－比例税率)

4. 增值税组成计税价格

要　点	非消费税应税产品	消费税应税产品
一般销售	成本×（1+成本利润率）	成本×（1+成本利润率） / （1－消费税率）
进口货物	关税完税价格×（1+关税税率）	关税完税价格×（1+关税税率） / （1－消费税率）

（八）已纳消费税的扣除

用外购和委托加工收回应税消费品，连续生产应税消费品，在计征消费税时，可以按当期生产领用数量计算准予扣除外购和委托加工的应税消费品已纳消费税税款。

【提示】增值税的抵扣是指本期已认证的进项税额，和本期领用数量无关。

扣除范围包括：

（1）以外购或委托加工收回的已税烟丝生产的卷烟；

（2）以外购或委托加工收回的已税高档化妆品原料生产的高档化妆品；

（3）以外购或委托加工收回的已税珠宝、玉石原料生产的贵重首饰及珠宝、玉石；

（4）以外购或委托加工收回的已税鞭炮、焰火原料生产的鞭炮、焰火；

（5）以外购或委托加工收回的已税杆头、杆身和握把为原料生产的高尔夫球杆；

（6）以外购或委托加工收回的已税木制一次性筷子原料生产的木制一次性筷子；

（7）以外购或委托加工收回的已税实木地板原料生产的实木地板；

（8）以外购或委托加工收回的已税石脑油、润滑油、燃料油为原料生产的成品油；

（9）以外购或委托加工收回的已税汽油、柴油为原料生产的汽油、柴油。

【提示】

①不包括酒、小汽车、游艇、高档手表、摩托车、电池、涂料。

②卷烟批发企业在计算缴纳消费税时，不得扣除该批卷烟在生产环节已纳的消费税税款。

③纳税人用外购或者委托加工收回的已税珠宝、玉石为原料生产的改在零售环节征收消费税的金银首饰（镶嵌首饰），在计税时一律不得扣除外购或者委托加工收回的珠宝、玉石的已纳税款。如：用外购已税玉石生产销售珠宝首饰，可以扣除；用外购已税玉石生产销售金银首饰，不得扣除。

④用于连续生产非应税消费品不得扣除。

⑤允许扣除已纳税款的应税消费品只限于从工业企业购进和进口环节已缴消费税的应税消费品，对从境内商业企业购进的应税消费品已纳税款一律不得扣除。

考点六　消费税征收管理

（一）纳税义务的发生时间

1. 纳税人销售应税消费品的：

（1）采取赊销和分期收款结算方式的，为书面合同约定的收款日期的当天，书面合同没有约定收款日期或者无书面合同的，为发出应税消费品的当天；

（2）采取预收货款结算方式的，为发出应税消费品的当天；

（3）采取托收承付和委托银行收款方式的，为发出应税消费品并办妥托收手续的当天；

（4）采取其他结算方式的，为收讫销售款或者取得索取销售款凭据的当天。

2. 纳税人自产自用应税消费品的，为移送使用的当天。

3. 纳税人委托加工应税消费品的，为纳税人提货当天。

【提示】增值税：委托其他纳税人代销货物，为收到代销单位的代销清单或者收到全部或者部分货款的当天。未收到代销清单及货款的，为发出代销货物满 180 天的当天。

4. 纳税人进口应税消费品的，为报关进口的当天。

其中 1、2、4 项纳税义务的发生时间与增值税相同。

（二）纳税地点

（1）纳税人销售的应税消费品，以及自产自用的应税消费品，除国务院财政、税务主管部门另有规定外，应当向纳税人机构所在地或者居住地的税务机关申报纳税。

（2）委托个人加工的应税消费品，由委托方向其机构所在地或者居住地的税务机关申报纳税。委托单位加工的应由受托方向其机构所在地或居住地主管税务机关申报。

（3）进口的应税消费品，由进口人或者其代理人向报关地海关申报纳税。

（4）纳税人到外县（市）销售或者委托外县（市）代销自产应税消费品的，于应税消费品销售后，向机构所在地或者居住地税务机关申报纳税。

（5）纳税人的总机构与分支机构不在同一县（市）的，应当分别向各自机构所在地的税务机关申报纳税；纳税人的总机构与分支机构不在同一县（市），但在同一省（自治区、直辖市）范围内，经省（自治区、直辖市）财政厅（局）、税务局审批同意，可以由总机构汇总后向总机构所在地的税务机关申报纳税。

【总结】

要 点	内 容	
销售和自产自用	纳税人机构所在地或者居住地	
委托加工	委托个人	委托方机构所在地
	委托单位	受托方机构所在地或居住地
进 口	报关地	
外地销售／代销	机构所在地或者居住地	
总、分机构不在同一县（市）	分别申报或总机构汇总申报	

【例题：单选题】下列关于消费税纳税地点的表述中，正确的是（ ）。

A. 纳税人销售应税消费品应向生产地的主管税务机关纳税

B. 纳税人销售应税消费品应向核算地的主管税务机关纳税

C. 纳税人销售应税消费品应向销售地的主管税务机关纳税

D. 纳税人销售应税消费品应向机构所在地或居住地的主管税务机关纳税

扫二维码 视频讲解

【答案】D

第五章　企业所得税、个人所得税法律制度

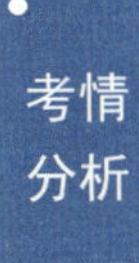

考情分析

本章是考试出题最多的章节之一，且个税变动大，在学习时要重点注意理解并记忆，预估分值在 20 分左右。

第一节　企业所得税法律制度

考点一　企业所得税的纳税人

企业所得税是对企业生产经营所得和其他所得征收的一种所得税。

企业所得税的纳税人是在中华人民共和国境内，企业和其他取得收入的组织（包括各类企业、事业单位、社会团体、民办非企业单位和从事经营活动的其他组织）。

【提示】个人独资企业、合伙企业、个体工商户属于自然人性质的企业，不属于企业所得税的纳税人。

我国企业所得税采取收入来源地管辖权和居民管辖权相结合的双重管辖权标准，把企业分为居民企业和非居民企业。

（一）居民企业

（1）依法在中国境内成立。

（2）依照外国（地区）法律成立但实际管理机构在中国境内的企业。

（二）非居民企业

（1）依照外国（地区）法律成立且实际管理机构不在中国境内，但在中国境内设立机构、场所的。

（2）在中国境内未设立机构、场所，但有来源于中国境内所得的企业。

考点二　企业所得税的纳税对象

（一）企业所得税的纳税对象

企业所得税的纳税对象是纳税人取得的生产经营所得、其他所得和清算所得。

要　点	内　容	
居民企业	境内、境外的所得	
非居民企业	境内设立机构、场所	①机构、场所取得中国境内的所得 ②境外所得与机构、场所有实际联系的所得
	境内未设立机构、场所	中国境内的所得

【例题：判断题】居民企业应当仅就其来源于中国境内的所得缴纳企业所得税。（　　）

【答案】×

【解析】居民企业应当就其来源于中国境内、境外的所得缴纳企业所得税。

第五章

（二）所得来源的确定

来源于中国境内、境外的所得，按照以下原则确定：

（1）销售货物所得，按照交易活动发生地确定。

（2）提供劳务所得，按照劳务发生地确定。

（3）转让财产所得：

①不动产转让所得按照不动产所在地确定；

②动产转让所得按照转让动产的企业或者机构、场所所在地确定；

③权益性投资资产转让所得按照被投资企业所在地确定。

权益性投资资产是指进行权益性投资投入的资产。

（4）股息、红利等权益性投资所得，按照分配所得的企业所在地确定。

（5）利息所得、租金所得、特许权使用费所得，按照负担、支付所得的企业或者机构、场所所在地确定，或者按照负担、支付所得的个人的住所地确定。

考点三 企业所得税税率

税　率		适用对象
25%		居民企业，在中国境内设立机构、场所的非居民企业
20% （减按 10%）		①非居民企业在中国境内未设立机构、场所的 ②设立机构、场所，但取得的所得与其所设机构、场所没有实际联系的非居民企业
优惠税率	20%	小型微利企业
	15%	高新技术企业、西部地区符合条件的企业

第五章

【例题：单选题】根据《中华人民共和国企业所得税法》（简称《企业所得税法》）的规定，对国家需要重点扶持的高新技术企业，给予企业所得税税率优惠。优惠税率为（　　）。

A. 10%　　B. 15%

C. 20%　　D. 25%

扫二维码　视频讲解

【答案】B

【解析】国家需要重点扶持的高新技术企业，减按 15% 的税率征收企业所得税。

考点四 应纳税所得额的计算

（1）应纳税所得额 = 收入总额 - 不征税收入 - 免税收入 - 各项扣除 - 允许弥补的以前年度亏损。

（2）应纳税额所得额 = 税前会计利润 + 纳税调整增加额 - 纳税调整减少额。

要　点	内　容
收入总额	销售货物收入；提供劳务收入；其他收入等 9 项
不征税收入	财政拨款，行政事业性收费、政府性基金，其他
免税收入	国债利息收入、权益性投资收益等 3 项

（续表）

要 点	内 容
扣除项目	基本：成本、费用、税金、损失、其他
	特殊：公益捐赠、招待费、广告费、三项经费等 17 项
不得扣除项目	税收滞纳金等、罚款、罚金等 9 项
亏损弥补	最长不超过 5 年

（一）收入总额

企业的收入总额是指以货币形式和非货币形式从各种来源取得的收入。包括：销售货物收入、提供劳务收入、转让财产收入、股息、红利等权益性投资收益，以及利息收入、租金收入、特许权使用费收入、接受捐赠收入、其他收入。

非货币性收入应当按照公允价值确定收入额。

1. 销售货物收入

（1）收入确认时间。

①销售商品采用托收承付方式的，在办妥托收手续时确认收入。

【提示】增值税、消费税：销售商品采用托收承付和委托银行收款方式的，为发出货物并办妥托收手续的当天。

②销售商品采取预收款方式的，在发出商品时确认收入。

【提示】

a. 纳税人提供租赁服务采取预收款方式的，其纳税义务发生时间为收到预收款的当天。

b. 纳税人销售货物采取预收货款方式的，其增值税纳税义务发生时间为货物发出的当天。

③销售商品需要安装和检验的，在购买方接受商品以及安装和检验完毕时确认收入。安装程序比较简单的，可以在发出商品时确认收入。

④销售商品采用支付手续费方式委托代销的，在收到代销清单时确认收入。

【提示】委托其他纳税人代销货物，增值税的纳税义务发生时间为收到代销单位的代销清单或者收到全部或者部分货款的当天；未收到代销清单及货款的，为发出代销货物满 180 天的当天。

（2）采用售后回购方式销售商品的，销售的商品按售价确认收入，回购的商品作为购进商品处理。

（3）销售商品以旧换新的，销售的商品应当按照销售商品收入确认条件确认收入，回收的商品作为购进商品处理。

【提示】

a. 纳税人采取以旧换新方式销售货物（金银首饰除外），增值税应当按新货物的同期销售价格确定销售额。

b. 金银首饰以旧换新的，应按照销售方实际收取的不含增值税的全部价款征收增值税和消费税。

（4）折扣、折让和退回。

①商品销售涉及商业折扣的，应当按照扣除商业折扣后的金额确定销售商品收入金额。

【提示】增值税：价款和折扣额在同一张发票上的金额栏分别注明的，可按折扣后的价款征收增值税；未在同一张发票上的金额栏注明折扣额，而仅在发票的备注栏注明折扣额的，折扣额不得从价款中减除。

②销售商品涉及现金折扣的，应当按扣除现金折扣前的金额确定销售商品收入金额，现金折扣在实际发生时作为财务费用扣除。

③企业已经确认销售收入的售出商品发生销售折让和销售退回，应当在发生当期冲减当期销售商品收入。

【提示】增值税不光要冲减收入，还需扣减销项税额。

2. 劳务收入

企业在各个纳税期末，提供劳务交易的结果能够可靠估计的，应采用完工进度（百分比）确认劳务收入。

3. 转让财产收入

转让财产收入是指企业转让固定资产、生物资产、无形资产、股权、债权等财产取得的收入。转让财产收入按照从财产受让方已收或应收的合同或协议价款确认收入。

4. 股息、红利等权益性投资收益

企业因权益性投资从被投资方取得的收入，除国务院财政、税务主管部门另有规定外，按照被投资方作出利润分配决定的日期确认收入的实现。

5. 利息收入

包括存款利息、贷款利息、债券利息、欠款利息等收入。

利息收入，按照合同约定的债务人应付利息的日期确认收入的实现。

6. 租金收入

是指提供有形资产的使用权取得的收入。按照合同约定的承租人应付租金的日期确认收入的实现。

如果交易合同或协议中规定租赁期限跨年度，且租金提前一次性支付的，出租人可对上述已确认的收入，在租赁期内，分期均匀计入相关年度收入。

7. 特许权使用费收入

是指企业提供专利权、非专利技术等无形资产的使用权取得的收入。按照合同约定的特许权使用人应付特许权使用费的日期确认收入的实现。

【提示】转让专利属于转让财产收入；专利许可属于特许权使用费收入。如：

① A 公司将一项专利权转让给 B 公司，转让价格 20 万，A 公司此项收入属于转让财产收入，会计上应确认为资产处置损益；

② A 公司将一项专利权授权 B 公司使用（专利许可），每年的专利使用费为 20 万，A 公司此项收入属于特许权使用费收入，会计上应确认为其他业务收入。

8. 接受捐赠收入

是指企业接受的来自其他企业、组织或个人无偿给予的货币性资产、非货币性资产。按照实际收到捐赠资产的日期确认收入的实现。

【提示】

①接受捐赠的货物，增值税视同购入货物，取得增值税专用发票的，作为一般纳税人可以抵扣进项税额。

②企业以买一赠一等方式组合销售本企业商品的，不属于捐赠，应将总的销售金额按各商品的公允价值的比例来分摊确认各项销售收入。

③利息收入、租金收入、特许权使用费收入以合同约定应付日期确认，接受捐赠收入以实际收到的日期确认。

9. 其他收入

包括企业资产溢余收入、逾期未退包装物押金收入、确实无法偿付的应付款项、已作坏账损失处理后又收回的应收款项、债务重组收入、补贴收入、违约金收入、汇兑收益等。

【提示】包装物押金在增值税和消费税中的处理。

包装物押金	消费税		增值税	
	收取时	逾期时	收取时	逾期时
一　般	不征税	征　税	不征税	征　税
啤酒、黄酒	不征税	不征税	不征税	征　税
其他酒	征　税		征　税	

10. 特殊收入

（1）分期收款销售货物：合同约定的收款日期。

【提示】增值税：采取赊销和分期收款方式销售货物，为书面合同约定的收款日期的当天，无书面合同的或者书面合同没有约定收款日期的，为货物发出的当天。

（2）企业受托加工制造大型机械设备、船舶、飞机，以及从事建筑、安装、装配工程业务或者提供其他劳务等，持续时间超过 12 个月的，按照纳税年度内完工进度或者完成的工作量确认收入的实现。

【提示】增值税：采取预收货款方式销售货物，增值税的纳税义务发生时间为货物发出的当天；但生产工期超过 12 个月的大型机械设备、船舶、飞机等货物，为收到预收款或者书面合同约定的收款日期的当天。

（3）采取产品分成方式（非货币性收入）取得收入的，按照企业分得产品的日期确认收入的实现，其收入额按照产品的公允价值确定。

（4）企业发生非货币性资产交换，以及将货物、财产、劳务用于捐赠、偿债、赞助、集资、广告、样品、职工福利或者利润分配等用途的，应当视同销售货物、转让财产或者提供劳务，但国务院财政、税务主管部门另有规定的除外。

【总结】

收入来源		收入确认
销售商品	托收承付	办妥托收手续
	预收款	发出商品
	需要安装检验	一般：购买方接受商品并安装检验完毕 安装程序简单：发出商品
	委托代销	收到代销清单
	分期收款	合同约定的收款日期
售后回购		销售商品按售价，回购商品作为购进
以旧换新		销售商品按销售商品收入，回购商品作为购进
商业折扣		扣除后的金额
现金折扣		扣除前的金额
销售折让、退回		发生当期冲减销售收入

（续表）

收入来源	收入确认
劳务收入	①完工百分比 ②持续时间超过 12 个月的，按照年内完工进度或完成的工作量确认
转让财产	已收或应收的合同或协议价款
股息、红利等	被投资方作出利润分配的日期确认
利息收入	合同约定应付利息的日期
租金收入	合同约定应付租金的日期
特许权使用费收入	合同约定应付特许权使用费的日期
接受捐赠	实际收到捐赠资产的日期
其他收入	注意包括内容
产品分成	企业分得产品日期确定，收入额按产品公允价值确定
非货币性资产交换	视同销售
将货物对内、外使用	视同销售

（二）不征税收入

（1）财政拨款是指各级人民政府对纳入预算管理的事业单位、社会团体等组织拨付的财政资金，但国务院和国务院财政、税务主管部门另有规定的除外。

（2）依法收取并纳入财政管理的行政事业性收费、政府性基金。

（3）其他收入是指企业取得的，由国务院财政、税务主管部门规定专项用途并经国务院批准的财政性资金。

县级以上人民政府将国有资产无偿划入企业，凡指定专门用途的，企业可作为不征税收入处理。

2018 年 9 月 20 日起，对全国社会保障基金理事会及基本养老保险基金投资管理机构，运用养老基金投资取得的归属于养老基金的投资收入，作为企业所得税不征税收入。

2018 年 9 月 10 日起，对全国社会保障基金取得的直接股权投资收益、股权投资基金收益，作为企业所得税不征税收入。

【提示】企业的不征税收入用于支出所形成的费用或者财产，不得扣除或者计算对应的折旧、摊销扣除。

（三）免税收入（税收优惠）

（1）国债利息收入。

（2）符合条件的居民企业之间的股息、红利收入。

符合条件的居民企业之间的股息、红利等权益性投资收益，是指居民企业直接投资于其他居民企业取得的投资收益。

（3）在中国境内设立机构、场所的非居民企业从居民企业取得与该机构、场所有实际联系的股息、红利收入。

【提示】

①股息、红利等权益性投资收益，不包括连续持有居民企业公开发行并上市流通的股票不足 12 个月取得的投资收益。

②转让股权收入不免税。

（4）符合条件的非营利组织的收入，不包括非营利组织从事营利性活动取得的收入，但另有规定的除外。

【区别】不征税收入属于企业非盈利活动产生的收益，本质上不应列为应税所得，免税收入是指税收优惠。

【例题：单选题】根据企业所得税法律制度的规定，下列各项中，属于不征税收入的是（　　）。

A. 财政拨款　　B. 国债利息收入

C. 接受捐赠收入　　D. 转让股权收入

扫二维码　视频讲解

【答案】A

【解析】选项B属于免税收入，选项CD属于应征税收入。

（四）税前扣除项目

与取得收入有关的、合理的支出，包括成本、费用、税金、损失和其他支出，准予在计算应纳税所得额时扣除。

【提示】

①税金不含增值税，企业所得税。

②收益性支出在发生当期直接扣除；资本性支出分期扣除或计入资产成本，不得在发生当期直接扣除。

③企业发生的损失，减除责任人赔偿和保险赔款后，依照相关规定扣除，企业已经作为损失处理的资产，在以后纳税年度又全部或部分收回的，应当计入当期收入。

（五）特殊扣除项目

1. 工资、薪金支出

企业发生的合理的工资、薪金支出，准予扣除。

2. 职工福利费、工会经费、职工教育经费

（1）企业发生的职工福利费支出，不超过工资薪金总额14%的部分，准予扣除。

（2）企业拨缴的工会经费，不超过工资薪金总额2%的部分，准予扣除。

（3）企业发生的职工教育经费支出，不超过工资薪金总额的8%的部分，准予扣除；超过部分，准予在以后纳税年度结转扣除。

【提示】

①工资薪金总额，是指企业按照有关规定实际发放的工资薪金总额，不包括企业的职工福利费、职工教育经费、工会经费以及五险一金。

②列入企业员工工资薪金制度，固定与工资薪金一起发放的福利性补贴，可作为工资薪金支出，按规定在税前扣除；不符合上述条件的，应计算限额税前扣除。

3. 社会保险费

（1）五险一金：按规定的范围和标准为职工缴纳的基本养老保险费、基本医疗保险费、失业保险费、工伤保险费等基本社会保险费和住房公积金，准予扣除。

（2）商业保险。

企业为本企业职工支付的补充养老保险费、补充医疗保险费，分别在不超过职工工资总额5%标准内的部分，准予扣除；

保险名称	扣除规定
五险一金	准予扣除

（续表）

保险名称	扣除规定
补充养老、医疗保险	准予扣除 5%
职工出差乘坐交通工具的人身意外保险	准予扣除
特殊工种人身安全保险	准予扣除
企业财产保险	准予扣除
雇主责任险、公众责任险	准予扣除
其他商业保险	不得扣除

4. 借款费用

（1）企业在生产经营活动中发生的合理的不需要资本化的借款费用，准予扣除。

（2）企业为购置、建造固定资产、无形资产和经过 12 个月以上的建造才能达到预定可销售状态的存货发生借款的，在有关资产购置、建造期间发生的合理的借款费用，应予以资本化，作为资本性支出计入有关资产的成本；有关资产交付使用后发生的借款利息，可在发生当期扣除。

5. 利息费用

（1）非金融企业向金融企业借款的利息支出、金融企业的各项存款利息支出和同业拆借利息支出、企业经批准发行债券的利息支出可据实扣除。

（2）非金融企业向非金融企业借款的利息支出，不超过按照金融企业同期同类贷款利率计算的数额的部分可据实扣除，超过部分不许扣除。

（3）凡企业投资者在规定期限内未缴足应缴资本额的，该企业对外借款发生的利息，相当于投资者实缴资本额与在规定期限内应缴资本额的差额应计付的利息，不属于企业合理的支出，应当有企业投资者负担，不得在计算企业应纳税所得额时扣除。

（4）企业向股东或其他与企业有关联关系的自然人借款的利息支出，应根据相关法律法规规定的条件，计算企业所得税扣除额。

（5）企业向除股东或其他与企业有关联关系的自然人以外的内部职工或其他人员借款的利息支出，借款情况同时符合以下条件的，在不超过金融企业同期贷款利率计算的数额的部分，准予扣除：

①企业与个人之间的借贷是真实、合法、有效的，不具有非法集资或其他违反法律、法规的行为；

②企业与个人签订了借款合同。

借款费用和利息费用		扣除规定
借款费用	费用化	准予扣除
	资本化	计入资产成本
利息费用	非金融借金融	准予扣除
	同业拆借	
	债券利息	
利息费用	非金融借非金融	不超过金融企业同期同类贷款利率
利息费用	未缴足的资本额	不得扣除
	向股东或关联人借款	满足条件可以扣除
	向非股东或无关联人借款	不超过金融企业同期同类贷款利率

6. 汇兑损失

企业在货币交易中，以及纳税年度终了时将人民币以外的货币性资产、负债按照期末即期人民币汇率中间价折算为人民币时产生的汇兑损失，除已经计入有关资产成本以及与向所有者进行利润分配相关的部分外，准予扣除。

7. 公益性捐赠

通过公益性社会组织或者县级以上人民政府及其部门和直属机构，用于慈善活动、公益事业的捐赠支出，在年度利润总额12%以内的部分，准予在计算应纳税所得额时扣除；超过年度利润总额12%的部分，准予结转以后三年内在计算应纳税所得额时扣除。

年度利润总额，是指企业依照国家统一会计制度的规定计算的年度会计利润。

自2019年1月1日至2022年12月31日，企业通过公益性社会组织或者县级（含县级）以上人民政府及其组成部门，用于目标脱贫地区的扶贫捐赠支出，准予在计算企业所得税应纳税所得额时据实扣除。企业同时发生扶贫捐赠支出和其他公益性捐赠支出，在计算公益性捐赠支出年度扣除限额时，符合条件的扶贫捐赠支出不计算在内。

【提示】

①必须为公益性捐赠，非公益性捐赠一律不得扣除。

②纳税人直接向受赠人的捐赠不允许税前扣除。

③计算标准为年利润总额（非营业收入），即会计利润。

8. 业务招待费

（1）企业发生的与生产经营活动有关的业务招待费支出，按照发生额的60%扣除，但最高不得超过当年销售（营业）收入的5‰。

（2）企业在筹建期间，发生的与筹办活动有关的业务招待费支出，可按实际发生额的60%计入企业筹办费，并按规定税前扣除。

（3）对从事股权投资业务的企业，其从被投资企业所分配的股息、红利以及股权转让收入，可以按规定的比例计算业务招待费扣除限额。

【提示】

①销售收入包括主营业务收入、其他业务收入以及会计上不确认收入但税法上确认的视同销售收入，不包括营业外收入；如非货币性资产交换，将货物用于捐赠、职工福利、利润分配等视同销售收入。

②销售收入为不含增值税的收入。

9. 广告费和业务宣传费

（1）企业发生的符合条件的广告费和业务宣传费支出，除国务院财政、税务主管部门另有规定外，不超过当年销售（营业）收入15%的部分，准予扣除；超过部分，准予在以后纳税年度结转扣除。

（2）自2016年1月1日起至2020年12月31日，对化妆品制造或销售、医药制造和饮料制造（不含酒类制造）企业发生的广告费和业务宣传费支出，不超过当年销售（营业）收入30%的部分，准予扣除；超过部分，准予在以后纳税年度结转扣除。

（3）烟草企业的烟草广告费和业务宣传费支出，一律不得在计算应纳税所得额时扣除。

（4）企业在筹建期间发生的广告费和业务宣传费可按实际发生额计入企业筹办费，并按有关规定在税前扣除。

【提示】

①非广告性的赞助支出，企业所得税前不得扣除。

②准予结转扣除的项目包括：职工教育经费、广告费和业务宣传费、公益性捐赠（3年）。

10. 租赁费

（1）以经营租赁方式租入固定资产发生的租赁费支出，按照租赁期限均匀扣除。

（2）以融资租赁方式租入固定资产发生的租赁费支出，按照规定构成融资租入固定资产价值的部分应当提取折旧费用分期扣除。

11. 环境保护专项资金

企业依照法律、行政法规有关规定提取的用于环境保护、生态恢复等方面的专项资金，准予扣除。上述专项资金提取后改变用途的，不得扣除。

12. 保险费

企业参加财产保险，按照规定缴纳的保险费，准予扣除。

企业为投资者或职工支付的商业保险费，不得扣除。

企业参加雇主责任险、公众责任险等责任保险，按照规定缴纳的保险费，准予在企业所得税税前扣除。该项规定适用于2018年度及以后年度企业所得税汇算清缴。企业职工因公出差乘坐交通工具发生的人身意外保险费支出，准予企业在计算应纳税所得额时扣除。

13. 劳动保护费

企业发生的合理的劳动保护支出，准予扣除。

14. 总机构分摊的费用

非居民企业在中国境内设立的机构、场所，就其中国境外总机构发生的与该机构、场所生产经营有关的费用，能够提供总机构出具的费用汇集范围、定额、分配依据和方法等证明文件，并合理分摊的，准予扣除。

15. 有关资产的费用

固定资产折旧费、无形资产和递延资产的摊销费，准予扣除。

16. 党组织工作经费

（1）国有企业（包括国有独资、全资和国有资本绝对控股、相对控股企业）纳入管理费用的党组织工作经费，实际支出不超过职工年度工资薪金总额1%的部分，可以据实在企业所得税前扣除。

（2）非公有制企业党组织工作经费纳入企业管理费列支，不超过职工年度工资薪金总额1%的部分，可以据实在企业所得税前扣除。

17. 手续费及佣金支出

企业发生的与生产经营有关的手续费及佣金支出，不超过以下规定计算限额以内的部分，准予扣除；超过部分，不得扣除。

（1）保险企业。

按全部保费收入扣除退保金等后余额的18%计算限额。

（2）其他企业：协议或合同确定的收入金额的5%计算限额。

（3）从事代理服务、主营业务收入为手续费、佣金的企业：为取得该类收入而发生的营业成本，准予税前据实扣除。

（4）企业为发行权益性证券支付给证券承销机构的手续费及佣金不得税前扣除。

（5）已计入固定资产、无形资产成本的手续费及佣金支出，应当通过折旧、摊销等方式分期扣除，不得在发生当期直接扣除。

18. 依照有关法律、行政法规和国家有关税法规定准予扣除的其他项目。如会员费、合理的会议费、差旅费、违约金、诉讼费用等

第五章

【常考扣除限额总结】

合理的工资薪金	全额扣除
福利费、工会经费、职工教育经费	工资薪金的 14%、2%、8% 职工教育经费可结转扣除
社会保险	准予扣除：五险一金、企业财产保险、特殊工种人身安全保险、出差的意外险、雇主责任险、公众责任险 限额扣除：补充养老、医疗保险（工资总额 5%） 不得扣除：其他商业保险
利息费用	非金融借金融：准予扣除 非金融借非金融：按同期同类利率扣除
公益性捐赠	年度利润总额 12%，可结转扣除
业务招待费	发生额的 60% 或销售（营业）收入的 5‰
广告和业务宣传费	①一般企业：收入 15%，可结转 ②化妆品、医药、饮料：收入 30%，可结转 ③烟草企业：不得扣除
三新研发费用	计入损益加计扣除 75%，形成成本扣除 175%
支付残疾职工工资	加计扣除 100%

（六）不得扣除项目

在计算应纳税所得额时，下列支出不得扣除：

（1）向投资者支付的股息、红利等权益性投资收益款项；

（2）企业所得税税款；

（3）税收滞纳金；

（4）罚金、罚款和被没收财物的损失。是指纳税人违反国家有关法律、法规规定，被有关部门处以的罚款，以及被司法机关处以的罚金和被没收财物。

【提示】①关于股票、股息、红利。

股票转让所得	计算企业所得税
被投资方支付的股息、红利	不得在企业所得税前扣除
投资方收到的股息、红利	居民企业之间的股息、红利属于免税收入 中国境内设立机构、场所的非居民企业从居民企业取得的与该机构有实际联系的股息、红利属于免税收入 连续持有居民企业股票不足 12 个月的股息、红利不免税

②纳税人逾期归还银行贷款，银行按规定加收的罚息，不属于行政性罚款，允许在税前扣除。

③按合同规定支付的违约金和罚款，允许在税前扣除。

④纳税人签发空头支票，中国人民银行按规定处以罚款，属于行政性罚款，不允许在税前扣除。

（5）超过规定标准的捐赠支出和非公益性捐赠支出。

（6）赞助支出。

企业发生的与生产经营活动无关的各种非广告性质支出。

（7）未经核定的准备金支出。

不符合国务院财政、税务主管部门规定的各项资产减值准备、风险准备等准备金支出。

（8）关联企业之间支付的管理费、企业内营业机构之间支付的租金和特许权使用费，以及非银行企业内营业机构之间支付的利息，不得扣除。

（9）与取得收入无关的其他支出。

（七）亏损弥补

企业某一纳税年度发生的亏损可以用下一年度的所得弥补，下一年度的所得不足以弥补的，可以逐年延续弥补，但最长不得超过5年。

这里的亏损，是指企业将每一纳税年度的收入总额减除不征税收入、免税收入和各项扣除后小于零的数额。

【提示】

①5年是从亏损的次年开始算，5年内不论盈利或亏损，都作为实际弥补期。

②境外机构的亏损不得抵减境内机构的盈利。

自2018年1月1日起，当年具备高新技术企业或科技型中小企业资格的企业，其具备资格年度之前5个年度发生的尚未弥补完的亏损，准予结转以后年度弥补，最长结转年限由5年延长至10年。

（八）非居民企业的应纳税所得额

（1）股息、红利等权益性投资收益和利息、租金、特许权使用费所得，以收入全额为应纳税所得额。

（2）转让财产所得，以收入全额减除财产净值后的余额为应纳税所得额。

（3）其他所得，参照前两项规定的方法计算应纳税所得额。

考点五　资产的税务处理

第五章

（一）固定资产

1. 下列固定资产不计算折旧

（1）房屋、建筑物以外未投入使用的固定资产。

即：未使用的房屋建筑物，计提的折旧可以在税前扣除；未使用的机器设备，计提的折旧不能税前扣除。

（2）以经营租赁方式租入的固定资产。

（3）以融资租赁方式租出的固定资产。

【提示】经营租赁由出租人计提折旧；融资租赁由承租人计提折旧。

（4）已足额提取折旧仍继续使用的固定资产。

（5）与经营活动无关的固定资产。

（6）单独估价作为固定资产入账的土地。

（7）其他不得计算折旧扣除的固定资产。

注意（1）、（5）条与会计折旧的区别。

【例题：多选题】根据企业所得税法律制度的规定，下列各项不得计算折旧扣除的有（　　）。（2019年真题）

扫二维码　视频讲解

A. 未投入使用的房屋、建筑物　　B. 以经营租赁方式租入的固定资产

C. 以融资租赁方式租出的固定资产　　D. 房屋、建筑物以外未投入使用的固定资产

【答案】BCD

【解析】房屋、建筑物以外未投入使用的固定资产，不得计算折旧扣除。

2. 计税基础确认方法

（1）外购的固定资产，以购买价款和支付的相关税费以及直接归属于使该资产达到预定用途发生的其他支出为计税基础。

（2）自行建造的固定资产，以竣工结算前发生的支出为计税基础。

（3）融资租入的固定资产，以租赁合同约定的付款总额和承租人在签订租赁合同过程中发生的相关费用为计税基础，租赁合同未约定付款总额的，以该资产的公允价值和承租人在签订租赁合同过程中发生的相关费用为计税基础。

（4）盘盈的固定资产，以同类固定资产的重置完全价值为计税基础。

（5）通过捐赠、投资、非货币性资产交换、债务重组等方式取得的固定资产，以该资产的公允价值和支付的相关税费为计税基础。

（6）改建的固定资产，除已足额提取折旧的固定资产和租入的固定资产以外的其他固定资产，以改建过程中发生的改建支出增加计税基础。

3. 折旧方法

（1）固定资产按直线法计算的折旧，准予扣除。

（2）企业应当自固定资产投入使用月份的次月起计算折旧；停止使用的固定资产，应当自停止使用月份的次月起停止计算折旧。（当月增加的当月不提折旧，当月减少的，当月仍提折旧）

（3）企业应当根据固定资产的性质和使用情况，合理确定固定资产的预计净残值。固定资产的预计净残值一经确定，不得变更。

（4）除国务院财政、税务主管部门另有规定外，固定资产计算折旧的最低年限如下：

资产类别	折旧年限
房屋、建筑物	20 年
飞机、火车、轮船、机器、机械和其他生产设备	10 年
与生产经营活动有关的器具、工具、家具等	5 年
飞机、火车、轮船以外的运输工具	4 年
电子设备	3 年

（二）生产性生物资产

（1）生产性生物资产，是指企业为生产农产品、提供劳务或出租等而持有的生物资产，包括经济林、薪炭林、产畜和役畜等。

（2）计税基础确认方法。

①外购的生产性生物资产，以购买价款和支付的相关税费为计税基础。

②通过捐赠、投资、非货币性资产交换、债务重组等方式取得的生产性生物资产，以该资产的公允价值和支付的相关税费为计税基础。

（3）折旧方法。

①生产性生物资产按照直线法计算的折旧，准予扣除。

②企业应当自生产性生物资产投入使用月份的次月起计算折旧；停止使用的生产性生物资产应当自停止使用月份的次月起停止计算折旧。

③企业应当根据生产性生物资产的性质和使用情况，合理确定生产性生物资产的预计净残值。生产性生物资产的预计净残值一经确定，不得变更。

（4）生产性生物资产计算折旧的最低年限。

①林木类生产性生物资产：10 年。

②畜类生产性生物资产：3 年。

（三）无形资产

计算应纳税所得额时，企业按照规定计算的无形资产摊销费用，准予抵扣，但下列无形资产不得计算摊销扣除：

（1）自行开发的支出已在计算应纳税所得额时扣除的无形资产；

（2）自创商誉；

（3）与经营活动无关的无形资产；

（4）其他不得计算摊销费用扣除的无形资产。

无形资产的计税基础。

（1）外购的无形资产，以购买价款和支付的相关税费以及直接归属于使该资产达到预定用途发生的其他支出为计税基础。

（2）自行开发的无形资产，以开发过程中该资产符合资本化条件后至达到预定用途前发生的支出为计税基础。

【提示】

①外购的固定资产，以购买价款和支付的相关税费以及直接归属于使该资产达到预定用途发生的其他支出为计税基础。

②外购的生产性生物资产，以购买价款和支付的相关税费为计税基础。

③自行建造的固定资产，以竣工结算前发生的支出为计税基础。

（3）通过捐赠、投资、非货币性资产交换、债务重组等方式取得的无形资产，以该资产的公允价值和支付的相关税费为计税基础。

【提示】

①通过捐赠、投资、非货币性资产交换、债务重组等方式取得的固定资产，以该资产的公允价值和支付的相关税费为计税基础。

②通过捐赠、投资、非货币性资产交换、债务重组等方式取得的生产性生物资产，以该资产的公允价值和支付的相关税费为计税基础。

摊销方法。

（1）无形资产按照直线法计算的摊销费用，准予扣除。

（2）无形资产的摊销年限不得低于 10 年。作为投资或者受让的无形资产，有关法律规定或者合同约定了使用年限的，可以按照规定或者约定的使用年限分期摊销。

【提示】固定资产、生产性生物资产按照直线法计算的折旧费用，准予扣除。

（四）长期待摊费用

企业发生下列长期待摊费用，按照规定摊销的，准予扣除：

（1）已足额提取折旧的固定资产的改建支出，按照固定资产预计尚可使用年限分期摊销；

（2）租入固定资产的改建支出，按照合同约定的剩余租赁期限分期摊销；

（3）固定资产的大修理支出，按照固定资产尚可使用年限分期摊销；

（4）其他应当作为长期待摊费用的支出，自支出发生月份的“次月”起，分期摊销，摊销年限不得低于 3 年。

【提示】固定资产的大修理支出是指同时符合下列条件的支出：
①修理支出达到取得固定资产时的计税基础 50% 以上；
②修理后固定资产的使用年限延长 2 年以上。

（五）投资资产

（1）企业对外投资期间，投资资产的成本在计算应纳税所得额时不得扣除。
（2）企业在转让或者处置投资资产时，投资资产的成本，准予扣除。

（六）存　货

企业使用或者销售的存货的成本计算方法，可以在先进先出法、加权平均法、个别计价法中选用一种。计价方法一经选用，不得随意变更。

（七）资产损失

资产损失，是指企业在生产经营活动中实际发生的、与取得应税收入有关的资产损失，包括现金损失、存款损失、坏账损失、贷款损失、股权投资损失、固定资产和存货的盘亏、毁损、报废、被盗损失，自然灾害等不可抗力因素造成的损失以及其他损失。

企业以前年度发生的资产损失未能在当年税前扣除的，可向税务机关说明并进行专项申报扣除；其中属于实际资产损失，准予追补至该项损失发生年度扣除，其追补期限一般不得超过五年。多缴的企业所得税税款，可在追补确认年度企业所得税应纳税款中予以抵扣，不足抵扣的，向以后年度递延抵扣。

考点六　企业所得税的应纳税额的计算

应纳税所得额 = 年度利润总额 + 纳税调整增加额 − 纳税调整减少额
应纳税额 = 应纳税所得额 × 适用税率 − 减免税额 − 抵免税额

减免税额和抵免税额是指按照《企业所得税法》和国务院的税收优惠规定减征、免征和抵免的应纳税额。

自 2017 年 7 月 1 日起，企业可以选择按国（地区）别分别计算 [即“分国（地区）不分项”]，或者不按国（地区）别汇总计算 [即“不分国（地区）不分项”] 其来源于境外的应纳税所得额，按照规定的税率，分别计算其可抵免境外所得税税额和抵免限额。上述方式一经选择，5 年内不得改变。

在计算企业境外股息所得的可抵免所得税额和抵免限额时，由企业直接或者间接持有 20% 以上股份的外国企业，限于按照相关法规规定的持股方式确定的五层外国企业。企业按规定抵免企业所得税税额时，应当提供中国境外税务机关出具的税款所属年度的有关纳税凭证。

【提示】
（1）纳税调整增加额：
①会计利润已经扣除，但税法规定不能扣除的项目（如税收滞纳金、行政罚款等），应全额调增；
②会计利润已经扣除，但超过税法规定扣除标准（如业务招待费、广告费和业务宣传费的超标部分），应将超过扣除标准部分调增。
（2）纳税调整减少额：
①弥补以前年度亏损；
②免税收入和不征税收入；
③加计扣除项目（如研究开发费用）。

考点七 税收优惠

企业所得税的税收优惠类别包括免税收入、可以减免税的所得、优惠税率、民族自治地方的减免税、加计扣除、抵扣应纳税所得额、加速折旧、减计收入、抵免应纳税额和其他专项优惠政策。

（一）免税收入

（1）国债利息收入。

（2）符合条件的居民企业之间的股息、红利等权益性投资收益。

（3）在中国境内设立机构、场所的非居民企业从居民企业取得与该机构、场所有实际联系的股息、红利等权益性投资收益。

（4）符合条件的非营利组织的收入。

（二）减、免税所得

1. 从事下列项目的所得，免征企业所得税

（1）农业：①蔬菜、谷物、薯类、油料、豆类、棉花、麻类、糖料、水果、坚果的种植；②农作物新品种的选育；③农产品初加工；④灌溉、农技推广、农机作业和维修等。

（2）林业：①林木培育和种植；②林产品的采集；③中药材种植。

（3）牧业：牲畜、家禽的饲养；兽医。

（4）渔业：远洋捕捞。

（5）农、林、牧、渔服务业项目。

2. 从事下列项目，减半征收企业所得税

（1）花卉、茶以及其他饮料作物和香料作物的种植。

（2）海水养殖、内陆养殖。

3. 三免三减半

企业从事国家重点扶持的公共基础设施项目和符合条件的环境保护、节能节水项目的所得的投资经营所得，自项目取得第一笔生产经营收入所属纳税年度起，第 1 年至第 3 年免征企业所得税，第 4 年至第 6 年减半征收企业所得税。但是，企业承包经营、承包建设和内部自建自用的，不得享受上述企业所得税优惠。

【提示】环境保护、节能节水项目，包括公共污水处理、公共垃圾处理、沼气综合开发利用、节能减排技术改造、海水淡化等。

4. 符合条件的技术转让所得

居民企业在一个纳税年度内技术转让所得：

（1）不超过 500 万元的部分，免征企业所得税；

（2）超过 500 万元的部分，减半征收企业所得税。

纳税人应单独计算技术转让所得，并合理分摊企业的期间费用；没有单独计算的，不得享受该项优惠政策。

5. 非居民企业所得

（1）10% 的税率。

中国境内未设机构、场所，或虽设机构、场所但取得的所得与其机构、场所没有实际联系的非居民企业，其来源于境内所得减按 10%。

（2）免征企业所得税。

①外国政府向中国政府提供贷款取得的利息所得。

第五章

②国际金融组织向中国政府或居民企业提供优惠贷款取得的利息所得。

③经国务院批准的其他所得。

（三）不同类型企业税收优惠

符合条件的小型微利企业，减按20%的税率征收企业所得税。

（1）自2019年1月1日至2021年12月31日，对年应纳税所得额不超过100万元的部分，减按25%计入应纳税所得额，按20%的税率缴纳企业所得税；对年应纳税所得额超过100万元但不超过300万元的部分，减按50%计入应纳税所得额，按20%的税率缴纳企业所得税。

（2）小型微利企业是指从事国家非限制和禁止行业，且同时符合年度应纳税所得额不超过300万元、从业人数不超过300人、资产总额不超过5000万元三个条件的企业。

国家需要重点扶持的高新技术企业，减按15%的税率征收企业所得税。

自2018年1月1日起，对经认定的技术先进型服务企业（服务贸易类），减按15%的税率征收企业所得税。

依法成立且符合条件的集成电路设计企业和软件企业，在2018年12月31日前自获利年度起计算优惠期，第一年至第二年免征企业所得税，第三年至第五年按照25%的法定税率减半征收企业所得税，并享受至期满为止。

2019年1月1日至2023年12月31日，经营性文化事业单位转制为企业，自转制注册之日起五年内免征企业所得税。2018年12月31日之前已完成转制的企业，自2019年1月1日起可继续免征五年企业所得税。经营性文化事业单位是指从事新闻出版、广播影视和文化艺术的事业单位。

（四）加计扣除

1. 研究开发费用

（1）企业为开发新技术、新产品、新工艺发生的研究开发费用，未形成无形资产计入当期损益的，在按照规定据实扣除的基础上，按照研究开发费用的50%加计扣除。形成无形资产的按照无形资产成本150%摊销。

（2）企业开展研发活动中实际发生的研发费用，未形成无形资产计入当期损益的，在按规定据实扣除的基础上，在2018年1月1日至2020年12月31日期间，再按照实际发生额的75%在税前加计扣除；形成无形资产的，在上述期间按照无形资产成本的175%在税前摊销。

【提示】下列行业不适用税前加计扣除政策：烟草制造业；住宿和餐饮业；批发和零售业；房地产业；租赁和商务服务业；娱乐业；财政部和国家税务总局规定的其他行业。

2. 安置残疾人员及国家鼓励安置的其他就业人员所支付的工资

企业安置残疾人员的，在按照支付给残疾职工工资据实扣除的基础上，按照支付给残疾职工工资的100%加计扣除。

（五）应纳税所得额抵扣

（1）创业投资企业采用股权投资方式投资未上市的中小高新技术企业两年以上的，按照其投资额的70%在股权持有满两年的当年抵扣该创业投资企业的应纳税所得额；当年不足抵扣的，可以在以后纳税年度结转抵扣。

（2）公司制创业投资企业采取股权投资方式直接投资于种子期、初创期科技型企业满2年（24个月）的，可以按照投资额的70%在股权持有满2年的当年抵扣该公司制创业投资企业的应纳税所得额；当年不足抵扣的，可以在以后纳税年度结转抵扣。

（3）有限合伙制创业投资企业采取股权投资方式直接投资于初创期科技型企业满2年（24个月）

的，该合伙创投企业的法人合伙人可按照对初创科技型企业投资额的70%抵扣该法人合伙人从该合伙创投企业分得的应纳税所得额，当年不足抵扣的，可以在以后纳税年度结转抵扣。

（4）有限合伙制创业投资企业采取股权投资方式投资于未上市的中小高新技术企业满2年（24个月）的，其法人合伙人可按照对未上市中小高新技术企业投资额的70%抵扣该法人合伙人从该有限合伙制创业投资企业分得的应纳税所得额，当年不足抵扣的，可以在以后纳税年度结转抵扣。

（六）加速折旧

（1）企业需要加速折旧的，可以缩短折旧年限或采取加速折旧的方法；采取缩短折旧年限方法的，最低折旧年限不得低于法定折旧年限的60%，采取加速折旧法的，可以采取双倍余额递减法或年数总和法。

（2）允许按不低于企业所得税法规定折旧年限的60%缩短折旧年限或采用加速折旧法加速折旧：

①符合相关条件的生物药品制造业，专用设备制造业，铁路、船舶、航空航天和其他运输设备制造业，计算机、通信和其他电子设备制造业，仪器仪表制造业，信息传输、软件和信息技术服务业等行业企业，2014年1月1日后购进的固定资产。

②符合相关条件的轻工、纺织、机械、汽车四个领域重点行业的企业，2015年1月1日后购进的固定资产。

（3）企业在2018年1月1日至2020年12月31日期间新购进（包括自行建造）的设备、器具，单位价值不超过500万元的，允许一次性计入当期成本费用在计算应纳税所得额时扣除，不再分年度计算折旧。

（4）自2019年1月1日起，适用固定资产加速折旧优惠相关规定的行业范围，扩大至全部制造业领域。

（七）减计收入

（1）企业综合利用资源，生产国家非限制和禁止并符合国家产业政策规定的产品所取得的收入，可以减按90%计入收入总额。

（2）自2019年6月1日起至2025年12月31日，社区提供养老、托育、家政等服务的机构，提供社区养老、托育、家政服务取得的收入，在计算应纳税所得额时，减按90%计入收入总额。

（八）应纳税额抵免

企业购置并实际使用相关法律规定的环境保护、节能节水、安全生产等专用设备的，该专用设备的投资额的10%可以从企业当年的应纳税额中抵免；当年不足抵免的，可以在以后5个纳税年度结转抵免。

（九）西部地区的减免税

对设在西部地区以鼓励类产业项目为主营业务，且当年度主营业务收入占企业收入总额70%以上的企业，自2014年10月1日起，可减按15%税率缴纳企业所得税。

（十）债券利息减免税

（1）对企业取得的2012年及以后年度发行的地方政府债券利息收入，免征企业所得税。

（2）自2018年11月7日起至2021年11月6日止，对境外机构投资境内债券市场取得的债券利息收入暂免征收企业所得税。暂免征收企业所得税的范围不包括境外机构在境内设立的机构、场所取得的与该机构、场所有实际联系的债券利息。

（3）对企业投资者持有2019～2023年发行的铁路债券取得的利息收入，减半征收企业所得税。铁路债券是指以中国铁路总公司为发行和偿还主体的债券，包括中国铁路建设债券、中期票据、短期融资券等债务融资工具。

【总结】

优惠政策	项　目
免　征	农、林、牧、渔（远洋捕捞） 居民企业500万元以内的技术转让所得
减半征收	花卉、茶以及其他饮料作物和香料作物的种植，海水养殖、内陆养殖 居民企业超过500万元的技术转让所得的超过部分
加计扣除	①研发费用：加计扣除75% ②残疾人工资：加计扣除100%
抵扣应纳税所得额	创业投资企业
加速折旧	规定折旧年限的60%缩短折旧年限或采用加速折旧法加速折旧
减计收入	综合利用资源，生产的产品取得的收入，减按90%计入收入总额
小微企业	自2019年1月1日至2021年12月31日，对年应纳税所得额不超过100万元的部分，减按25%计入应纳税所得额，按20%的税率缴纳企业所得税；对年应纳税所得额超过100万元但不超过300万元的部分，减按50%计入应纳税所得额，按20%的税率缴纳企业所得税
应纳税额抵免	投资环境保护、节能节水、安全生产等专用设备，投资额的10%可以在应纳税额中扣除
西部地区	减按15%税率

考点八 企业所得税征收管理

1. 居民企业的纳税地点

除税收法律、行政法规另有规定外，居民企业以企业登记注册地为纳税地点；但登记注册地在境外的，以实际管理机构所在地为纳税地点。

2. 纳税期限

（1）企业所得税按年计征，分月或者分季预缴，年终汇算清缴，多退少补。

（2）企业应当自年度终了之日起5个月内，向税务机关报送年度企业所得税纳税申报表，并汇算清缴，结清应缴应退税款。

（3）企业在一个纳税年度的中间开业，或者由于合并、关闭等原因终止经营活动，使该纳税年度的实际经营期不足12个月的，应当以其实际经营期为1个纳税年度。企业清算时，应当以清算期间作为1个纳税年度。企业在年度中间终止经营活动的，应当自实际经营终止之日起60日内，向税务机关办理当期企业所得税汇算清缴。

3. 纳税申报

按月或按季预缴的，应当自月份或者季度终了之日起15日内，预缴税款。

【例题：单选题】关于企业所得税的纳税期限，以下说法正确的是（　　）

A. 按期纳税　　B. 按次纳税

C. 按年计征，分期预缴　　D. 按次计征，汇总缴纳

扫二维码　视频讲解

【答案】C

【解析】根据规定，企业所得税分月或者分季预缴，纳税年度终了汇算清缴。

【总结】

扣除项目	掌握内容
税　金	①可扣除：消费税、城市维护建设税、教育费附加、资源税、关税、土地增值税等 ②不得扣除：增值税、企业所得税
扣除限额	①业务招待费：60%、5‰ ②广告费和业务宣传费：15%、30%，可结转扣除 ③职工福利费、教育经费、工会经费：14%、8%、2% ④公益性捐赠：12%，可结转扣除 ⑤利息支出：金融企业同期利率
不得扣除	①税收滞纳金 ②行政罚款；合同违约金、银行罚息加息可扣除 ③未经核准的准备金支出 ④非广告性质的赞助支出 ⑤关联企业管理费 ⑥直接向受赠人的捐赠以及未通过规定组织的捐赠
全额扣除	①合理的工资薪金支出、劳动保护支出 ②五险一金、财产保险费、特殊工种人身保险、出差意外险、责任险 ③向金融企业的借款利息以及债券利息支出
加计扣除	①研究开发费用：加扣 75% ②支付给残疾职工的工资：加扣 100%

第二节　个人所得税法律制度

考点一　个人所得税纳税人和所得来源的确定

个人所得税是对个人（即自然人）取得的各项应税所得征收的一种所得税。

（一）居民纳税人和非居民纳税人

纳税人	判定标准	纳税义务
居　民	有住所、无住所但居住满 183 天	境内、境外所得
非居民	无住所又不居住、无住所而居住不满 183 天	境内所得

【注意】

①上述居住满 183 天是指一个纳税年度内（公历 1 月 1 日至 12 月 31 日）在中国境内居住满 183 天；

②在中国境内有住所，是指因户籍、家庭、经济利益关系而在中国境内习惯性居住。

【提示】

a. 个人独资企业和合伙企业不缴纳企业所得税，只对投资者个人或个人合伙人取得的生产经营所得征收个人所得税。

b. 个人独资企业投资人以个人财产对企业债务承担无限连带责任。普通合伙企业合伙人对合伙企业债务承担无限连带责任，有限合伙企业由普通合伙人和有限合伙人组成，普通合伙人对合伙企业债务承担无限连带责任，有限合伙人以其认缴的出资额为限对合伙企业债务承担责任。

（二）居民企业和非居民企业的纳税义务

（1）在中国境内无住所的个人，在中国境内居住累计满 183 天的年度连续不满六年的，经向主管税务机关备案，其来源于中国境外且由境外单位或者个人支付的所得，免予缴纳个人所得税。

（2）在中国境内居住累计满 183 天的任一年度中有一次离境超过 30 天的，其在中国境内居住累计满 183 天的年度的连续年限重新起算。

（3）中国境内无住所的个人一个纳税年度在中国境内累计居住满 183 天的，如果此前六年在中国境内每年累计居住天数都满 183 天而且没有任何一年单次离境超过 30 天，该纳税年度来源于中国境内、境外所得应当缴纳个人所得税；如果此前六年的任一年在中国境内累计居住天数不满 183 天或者单次离境超过 30 天，该纳税年度来源于中国境外且由境外单位或者个人支付的所得，免予缴纳个人所得税。

此前六年，是指该纳税年度的前一年至前六年的连续六个年度，此前六年的起始年度自 2019 年（含）以后年度开始计算。

<table>
<tr><th>要　点</th><th colspan="3">内　容</th></tr>
<tr><td rowspan="3">居　民</td><td>有住所</td><td colspan="2">全部境内境外所得征税</td></tr>
<tr><td rowspan="2">无住所</td><td>183 天 ×5 年且无单次离境超过 30 天</td><td>从第 6 年起，境内外全部所得征税</td></tr>
<tr><td>不满足上述条件</td><td>（1）境内所得：征税
（2）境外所得：
①境内支付部分：征税
②境外支付部分：不征税</td></tr>
<tr><td rowspan="2">非居民</td><td colspan="2">0 ＜连续或累计居住≤ 90 天</td><td>①境内所得境外支付部分：不征税
②境内所得境内支付部分：征税</td></tr>
<tr><td colspan="2">90 天＜累计居住＜ 183 天</td><td>境内全部所得征税</td></tr>
</table>

（三）所得来源的确定

除国务院财政、税务主管部门另有规定外，下列所得，不论支付地点是否在中国境内，均为来源于中国境内的所得：

（1）因任职、受雇、履约等在中国境内提供劳务取得的所得；

（2）将财产出租给承租人在中国境内使用而取得的所得；

（3）许可各种特许权在中国境内使用而取得的所得；

（4）转让中国境内的不动产等财产或者在中国境内转让其他财产取得的所得；

（5）从中国境内企业、事业单位、其他组织以及居民个人取得的利息、股息、红利所得。

考点二 个人所得税税目

（一）工资、薪金所得

个人因任职或者受雇而取得的工资、薪金、奖金、年终加薪、劳动分红、津贴、补贴以及与任职或者受雇有关的其他所得。

下列不属于工资、薪金性质的补贴、津贴，不予征收个人所得税：

（1）独生子女补贴；

（2）执行公务员工资制度未纳入基本工资总额的补贴、津贴差额和家属成员的副食补贴；

（3）托儿补助费；

（4）差旅费津贴、误餐补助。

（二）劳务报酬所得

劳务报酬所得是指个人从事劳务所取得的所得，包括：设计、医疗、法律、会计、咨询、讲学、翻译、演出、技术服务、介绍服务、代办服务及其他劳务取得的所得等。

（1）演员从其所属单位领取工资，属于工资薪金所得，"走穴"演出的报酬，属于劳务报酬。

（2）教师从学校领取工资，属于工资薪金，自办培训班或外出授课收入属于劳务报酬所得或个体工商户生产、经营所得。

（3）个人兼职取得的收入，属于劳务报酬。

（4）律师以个人名义再聘请其他人员为其工作而支付的报酬，应由该律师按"劳务报酬所得"项目负责代扣代缴个人所得税。

（三）稿酬所得

个人因其作品以图书、报刊形式出版、发表而取得的所得，作品包括文学作品、书画作品、摄影作品以及其他作品。

作者去世后，财产继承人取得的遗作稿酬，也应按"稿酬所得" 征收个人所得税。

第五章

（四）特许权使用费所得

提供专利权、商标权、著作权、非专利技术以及其他特许权的使用权所得；提供著作权的使用权取得的所得，不包括稿酬所得。

（1）作者将自己的文字作品手稿原件或复印件拍卖取得的所得，按照"特许权使用费所得"项目缴纳个人所得税。

（2）个人取得专利赔偿所得，应按"特许权使用费所得"项目缴纳个人所得税。

（3）对于剧本作者从电影、电视剧的制作单位取得的剧本使用费，不再区分剧本的使用方是否为其任职单位，统一按"特许权使用费所得"项目计征个人所得税。

（五）经营所得

经营所得包括：

（1）个体工商户从事生产、经营活动取得的所得，个人独资企业投资人、合伙企业的个人合伙人来源于境内注册的个人独资企业、合伙企业生产、经营的所得；

（2）个人依法从事办学、医疗、咨询以及其他有偿服务活动取得的所得；

（3）个人对企业、事业单位承包经营、承租经营以及转包、转租取得的所得；

（4）个人从事其他生产、经营活动取得的所得。

出租车属于个人所有，但挂靠出租车经营单位或企事业单位，驾驶员向挂靠单位缴纳管理费的，或出租车经营单位将出租车所有权转移给驾驶员的，出租车驾驶员从事客货运营取得的收入，比照经营所得征税。

从事个体出租车运营的出租车驾驶员取得的收入，按照经营所得征税。

车是出租车经营单位的→工资、薪金所得

车是驾驶员的→经营所得

（六）利息、股息、红利所得

个人从公开发行和转让市场取得的上市公司股票。

持股期限	应纳税所得额
期限≤1个月	股息、红利所得全额
1个月<期限≤1年	股息、红利所得的50%
>1年	免　征

（七）财产租赁所得

个人出租不动产、机器设备、车船以及其他财产取得的所得。

个人取得的房屋转租收入，属于“财产租赁所得”项目。

房地产开发企业与商店购买者个人签订协议，以优惠价格出售其商店给购买者个人，购买者个人在一定期限内必须将购买的商店无偿提供给房地产开发企业对外出租使用；对购买者个人少支出的购买价款按照“财产租赁所得”征税。

（八）财产转让所得

个人转让有价证券、股权、不动产、合伙企业中的财产份额、机器设备、车船以及其他财产取得的所得。

个人转让上市公司限售股取得的所得按“财产转让所得”征收个人所得税。

个人通过招标、竞拍和其他方式购置债权后，通过相关司法或行政程序主张债权而取得的所得，按照“财产转让所得”征税。

个人通过网络收购玩家的虚拟货币，加价后向他人出售取得的收入，按照“财产转让所得”征税。

企业改组改制过程中个人取得量化资产征税问题：

（1）职工个人以股份形式取得的拥有所有权的企业量化资产，暂缓征收个人所得税，待个人将该股份转让时，就其转让收入减除个人取得该股份时实际支付的费用支出和合理转让费后的余额，按“财产转让所得”项目计征个人所得税；

（2）职工个人以股份形式取得的仅作为分红依据，不拥有所有权的企业量化资产，不征收个人所得税；

（3）职工个人以股份形式取得的企业量化资产参与企业分配获得的股息、红利，按“利息、股息、红利所得”所得征税。

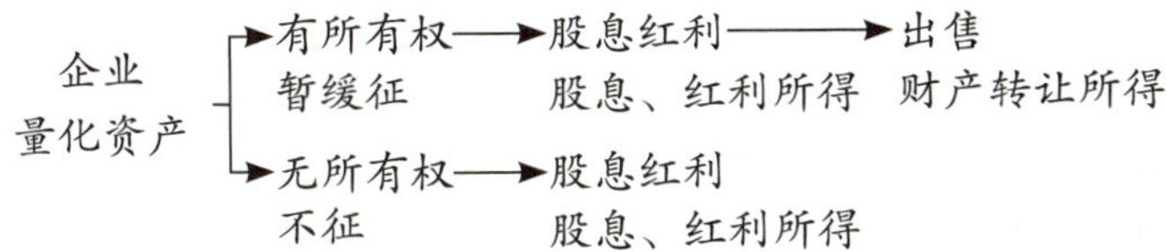

（九）偶然所得

偶然所得，是指个人得奖、中奖、中彩以及其他偶然性质的所得。

（1）企业对累积消费达到一定额度的顾客，给予额外抽奖机会，个人的获奖所得，按照“偶然所得”全额缴纳个人所得税。

（2）个人取得单张有奖发票奖金所得超过800元的，按照“偶然所得”项目征收个人所得税。

（3）个人为单位或他人提供担保获得收入，按照“偶然所得”项目计算缴纳个人所得税。

（4）房屋产权所有人将房屋产权无偿赠与他人的，受赠人因无偿受赠房屋取得的受赠收入，按照“偶然所得”项目计算缴纳个人所得税。

（5）企业在业务宣传、广告等活动中，随机向本单位以外的个人赠送礼品（包括网络红包，下同），以及企业在年会、座谈会、庆典以及其他活动中向本单位以外的个人赠送礼品，个人取得的礼品收入，按照“偶然所得”项目计算缴纳个人所得税，但企业赠送的具有价格折扣或折让性质的消费券、代金券、抵用券、优惠券等礼品除外。

个人取得的所得，难以界定应纳税所得项目的，由国务院税务主管部门确定。

居民个人取得上述（一）至（四）项所得（综合所得），按纳税年度合并计算个人所得税；非居民个人取得上述（一）至（四）项所得，按月或者按次分项计算个人所得税。纳税人取得上述（五）至（九）项所得，依照法律规定分别计算个人所得税。

考点三　个人所得税税率

（一）综合所得

（1）综合所得包括：工资、薪金所得；劳务报酬所得；稿酬所得；特许权使用费所得。

（2）综合所得应按纳税年度合并计算个人所得税。

（3）综合所得适用 3% ～ 45% 的超额累进税率。具体税率见下表。

个人所得税税率表（综合所得适用）

级　数	全年应纳税所得额	税率 /（%）
1	不超过 36000 元的	3
2	超过 36000 元至 144000 元部分	10
3	超过 144000 元至 300000 元的部分	20
4	超过 300000 元至 420000 元的部分	25
5	超过 420000 元至 660000 元的部分	30
6	超过 660000 元至 960000 元的部分	35
7	超过 960000 元的部分	45

注：①本表所称全年应纳税所得额是指依照法律规定，居民个人取得综合所得以每一纳税年度收入额减除费用 6 万元以及专项扣除、专项附加扣除和依法确定的其他扣除后的余额。

②非居民个人取得工资、薪金所得，劳务报酬所得，稿酬所得和特许权使用费所得，依照本表按月换算后计算应纳税额。

（二）经营所得

经营所得适用 5% ～ 35% 的超额累进税率。 具体税率见下表。

个人所得税税率表（经营所得适用）

级　数	全年应纳税所得额	税率 /（%）
1	不超过 30000 元的	5
2	超过 30000 元至 90000 元的部分	10
3	超过 90000 元至 300000 元的部分	20
4	超过 300000 元至 500000 元的部分	30
5	超过 500000 元的部分	35

注：本次所称全年应纳税所得额是指依照法律规定，以每一纳税年度的收入总额减除成本、费用以及损失后的余额。

（三）利息、股息、红利所得，财产租赁所得，财产转让所得和偶然所得

利息、股息、红利所得，财产租赁所得，财产转让所得和偶然所得适用比例税率，税率为20%。

自2001年1月1日起，对个人出租住房取得的所得暂减按10%的税率征收个人所得税。

考点四　个人所得税应纳税所得额的确定

（一）居民个人综合所得

（1）应纳税所得额 = 每一纳税年度的收入额 - 60000 - 专项扣除 - 专项附加扣除 - 依法确定的其他扣除

应纳税额 = 应纳税所得额 × 适用税率 - 速算扣除数

收入额 = 工资、薪金所得 + 劳务报酬所得 ×（1-20%）+ 稿酬所得 ×（1-20%）×70%+ 特许权使用费所得 ×（1-20%）

（2）专项扣除，包括居民个人按国家规定范围和标准缴纳的基本养老保险、基本医疗保险、失业保险等社会保险费和住房公积金等。

（3）专项附加扣除。

包括子女教育、继续教育、大病医疗、住房贷款利息或者住房租金、赡养老人等支出。

①子女教育专项附加扣除。

a. 纳税人的子女接受全日制学历教育的相关支出、年满3岁至小学入学前处于学前教育阶段的子女，按照每个子女每年12000元（每月1000元）标准定额扣除。

b. 父母可以选择由其中一方按扣除标准的100%扣除，也可以选择由双方分别按扣除标准的50%扣除，具体扣除方式在一个纳税年度内不能变更。

②继续教育专项附加扣除。

a. 纳税人在中国境内接受学历（学位）继续教育的支出，在学历（学位）教育期间按照每年4800元（每月400元）定额扣除。同一学历（学位）继续教育的扣除期限不能超过48个月。

b. 纳税人接受技能人员职业资格继续教育、专业技术人员职业资格继续教育支出，在取得相关证书的当年，按照每年3600元定额扣除。

c. 个人接受本科及以下学历（学位）继续教育，符合本办法规定扣除条件的，可以选择由其父母扣除，也可以选择由本人扣除。

纳税人接受技能人员职业资格继续教育、专业技术人员职业资格继续教育的，应当留存相关证书等资料备查。

③大病医疗专项附加扣除。

a. 在一个纳税年度内，纳税人发生的与基本医保相关的医药费用支出，扣除医保报销后个人负担（指医保目录范围内的自付部分）累计超过15000元的部分，由纳税人在办理年度汇算清缴时，在80000元限额内据实扣除。纳税人及其配偶、未成年子女发生的医药费用支出，按上述规定分别计算扣除额。

b. 纳税人发生的医药费用支出可以选择由本人或者其配偶扣除；未成年子女发生的医药费用支出可以选择由其父母一方扣除。

c. 纳税人应当留存医药服务收费及医保报销相关票据原件（或者复印件）等资料备查。医疗保障部门应当向患者提供在医疗保障信息系统记录的本人年度医药费用信息查询服务。

④住房贷款利息专项附加扣除。

a. 纳税人本人或配偶使用商业银行或住房公积金个人住房贷款为本人或其配偶购买中国境内住房，发生的首套房贷款利息支出，在实际发生贷款利息的年度，按照每月 1000 元的标准定额扣除。扣除期限最长不超过 240 个月，纳税人只能享受一次首套住房贷款的利息扣除。

b. 首套住房贷款是指购买住房享受首套住房贷款利率的住房贷款。

c. 经夫妻双方约定，可以选择由其中一方扣除，具体扣除方式在一个纳税年度内不能变更。

d. 纳税人应当留存住房贷款合同，贷款还款支出凭证备查。

⑤住房租金专项附加扣除。

a. 纳税人的主要工作城市没有自有住房而发生的住房租金支出，按照以下标准定额扣除：

承租房位置		定额扣除标准
直辖市、省会（首府）城市、计划单列市以及国务院确定的其他城市		年 18000（月 1500）
其他城市	市辖区人口＞ 100 万	年 13200（月 1100）
	市辖区人口≤ 100 万	年 9600（月 800）

b. 纳税人的配偶在纳税人的主要工作城市有自有住房的，视同纳税人在要工作城市有自有住房。

c. 夫妻双方主要工作城市相同的，只能由一方扣除住房租金支出。

d. 住房租金支出由签订租赁住房合同的承租人扣除。

e. 纳税人及其配偶在一个纳税年度内不得同时分别享受住房贷款利息和住房租金专项附加扣除。

⑥赡养老人专项附加扣除。

纳税人赡养一位及以上被赡养人的赡养支出，按照以下标准定额扣除：

是否独生	费用标准	
独生子女	年 24000（月 2000）	
非独生子女	平均分摊	—
	指定分摊或约定分摊	①每一纳税人分摊扣除额每年≤ 12000 ②约定或者指定分摊的须签订书面分摊协议，指定分摊优先于约定分摊
	具体分摊方式在一个纳税年度内不得变更	

（4）其他扣除。

包括个人缴付符合国家规定的企业年金、职业年金，个人购买符合国家规定的商业健康保险、税收递延型商业养老保险的支出，以及国务院规定可以扣除的其他项目。

居民个人综合所得扣除额：

要　点	内　容		
固定费用	年 60000，月 5000		
专项扣除	三险一金		
专项附加扣除	子女教育	定额扣除：年 12000，月 1000	定额扣除

（续表）

<table>
<tr><th>要　点</th><th colspan="3">内　容</th></tr>
<tr><td rowspan="6">专项附加扣除</td><td>继续教育</td><td>①学历继续教育：年 4800，月 400
②职业资格继续教育：年 3600，月 300</td><td>定额扣除</td></tr>
<tr><td>大病医疗</td><td>个人负担超过 15000 的支出，限额年 80000</td><td>据实扣除</td></tr>
<tr><td>住房贷款利息</td><td>年 12000，月 1000</td><td rowspan="3">定额扣除</td></tr>
<tr><td>住房租金</td><td>①直辖、省会（首府）、计划单列市：年 18000，月 1500
②其他城市：
a. 市辖区人口＞ 100 万，年 13200，月 1100
b. 市辖区人口≤ 100 万，年 9600，月 800</td></tr>
<tr><td>赡养老人</td><td>年 24000，月 2000</td></tr>
</table>

（5）扣缴义务人对居民个人工资、薪金所得，劳务报酬所得，稿酬所得，特许权使用费所得预扣预缴个人所得税的计算。

①扣缴义务人向居民个人支付工资、薪金所得时，应当按照累计预扣法计算预扣税款，并按月办理全员全额扣缴申报。余额为负值时，暂不退税。纳税年度终了后余额仍为负值时，由纳税人通过办理综合所得年度汇算清缴，税款多退少补。

具体计算公式如下：

a. 本期应预扣预缴税额＝（累计预扣预缴应纳税所得额 × 预扣率 − 速算扣除数）− 累计减免税额 − 累计已预扣预缴税额

b. 累计预扣预缴应纳税所得额＝累计收入 − 累计免税收入 − 累计减除费用 − 累计专项扣除 − 累计专项附加扣除 − 累计依法确定的其他扣除

其中：累计减除费用，按照 5000 元 / 月乘以纳税人当年截至本月在本单位的任职受雇月份数计算。

②扣缴义务人向居民个人支付劳务报酬所得、稿酬所得、特许权使用费所得，按次或者按月预扣预缴个人所得税。劳务报酬所得、稿酬所得、特许权使用费所得，属于一次性收入的，以取得该项收入为一次；属于同一项目连续性收入的，以一个月内取得的收入为一次。具体预扣预缴方法如下：

a. 收入额：劳务报酬所得、稿酬所得、特许权使用费所得以收入减除费用后的余额为收入额。其中，稿酬所得的收入额减按 70% 计算。

b. 减除费用：劳务报酬所得、稿酬所得、特许权使用费所得每次收入不超过 4000 元的，减除费用按 800 元计算；每次收入 4000 元以上的，减除费用按 20% 计算。

c. 应纳税所得额：劳务报酬所得、稿酬所得、特许权使用费所得，以每次收入额为预扣预缴应纳税所得额。

计算公式：

劳务报酬所得应预扣预缴税额＝预扣预缴应纳税所得额 × 预扣率 − 速算扣除数

稿酬所得、特许权使用费所得应预扣预缴税额＝预扣预缴应纳税所得额 ×20%

（二）非居民个人综合所得

（1）非居民个人的工资、薪金所得，以每月收入额减除费用 5 000 元后的余额为应纳税所得额。

（2）劳务报酬所得、稿酬所得、特许权使用费所得，以每次收入额为应纳税所得额。其中，劳务报酬所得、稿酬所得、特许权使用费所得以收入减除 20% 的费用后的余额为收入额。稿酬所得的收入额减按 70% 计算。

（3）扣缴义务人对非居民个人综合所得预扣预缴个人所得税计算。

非居民个人工资、薪金所得，劳务报酬所得，稿酬所得，特许权使用费所得应纳税额 = 应纳税所得额 × 税率 - 速算扣除数

（三）经营所得

个体工商户业主、个人独资企业投资者、合伙企业个人合伙人以及从事其他生产、经营活动的个人，以其每一纳税年度来源于个体工商户、个人独资企业、合伙企业以及其他生产、经营活动的所得，减除费用 60000 元、专项扣除以及依法确定的其他扣除后的余额为应纳税所得额。

（1）个体工商户纳税年度发生的亏损，准予向以后年度结转，用以后年度的生产经营所得弥补，但结转年限最长不得超过五年。

（2）个体工商户实际支付给从业人员的合理的工资薪金支出，准予扣除；个体工商户业主的工资薪金支出不得税前扣除。

（3）个体工商户向当地工会组织拨缴的工会经费、实际发生的职工福利费支出、职工教育经费支出分别在工资薪金总额的 2%、14%、2.5% 的标准内据实扣除。

（4）计提的各种准备金支出不得扣除。

（5）个体工商户的生产经营所得。

应纳税所得额 = 全年收入总额 - 成本、费用、税金、损失、其他支出及以前年度亏损

应纳税额 = 应纳税所得额 × 适用税率 - 速算扣除数

（6）对企事业单位的承包经营、承租经营所得。

应纳税所得额 = 纳税年度收入总额 - 必要费用（60000）

应纳税额 = 应纳税所得额 × 适用税率 - 速算扣除数

【例题：单选题】在计算个人所得税时，个体工商户不得税前扣除的项目为（　　）。（2019 年真题）

A. 实际合理支出的员工工资　　B. 代他人负担的税款

C. 特殊工种从业人员的人身保险费　　D. 合理的劳动保护支出

【答案】B

【解析】个体工商户代其从业人员或者他人负担的税款，不得税前扣除。

扫二维码　视频讲解

（四）财产租赁所得

1. 每次（月）收入＜ 4000

应纳税额 =［每次（月）收入额 - 财产租赁过程中缴纳的税费 - 纳税人负担的租赁财产实际开支的修缮费用（800 元为限）-800 元］×20%

2. 每次（月）收入≥ 4000

应纳税额 =［每次（月）收入额 - 财产租赁过程中缴纳的税费 - 纳税人负担的租赁财产实际开支的修缮费用（800 元为限）］×（1-20%）×20%

【提示】

①个人出租住房的个人所得税应税收入不含增值税，计算房屋出租所得可扣除的税费不包括本次出租缴纳的增值税。

②个人转租房屋的，其向房屋出租方支付的租金及增值税额，在计算转租所得时予以扣除。

（五）财产转让所得

以转让财产的收入减除财产原值和合理费用后的余额为应纳税所得额。

应纳税额 =（收入总额 − 财产原值 − 合理费用）×20%

受赠人转让受赠房屋的，以其转让收入减除原捐赠人取得该房屋的实际购置成本以及赠与和转让过程中受赠人支付的相关税费后的余额，为受赠人的应纳税所得额。受赠人转让受赠房屋价格明显偏低且无正当理由的，税务机关可以根据该房屋的市场评估价格或其他合理方式确定的价格核定转让收入。

（六）利息、股息、红利所得和偶然所得

应纳税额 = 应纳税所得额 × 适用税率

= 每次收入额 ×20%

（七）其他费用扣除规定

（1）个人将其所得对教育、扶贫、济困等公益慈善事业进行捐赠，捐赠额未超过纳税人申报的应纳税所得额 30% 的部分，可以从其应纳税所得额中扣除。

（2）个人通过非营利性的社会团体和国家机关向红十字事业、农村义务教育、公益性青少年活动场所的捐赠，准予在税前的所得额中全额扣除。

（3）对个人购买符合规定的商业健康保险产品的支出，允许在当年（月）计算应纳税所得额时予以税前扣除，扣除限额为 2400 元 / 年（200 元 / 月）。单位统一为员工购买符合规定的商业健康保险产品的支出，应分别计入员工个人工资、薪金，视同个人购买，按上述限额予以扣除。

（八）每次收入的确定

（1）财产租赁所得，以一个月内取得的收入为一次。

（2）利息、股息、红利所得，以支付利息、股息、红利时取得的收入为一次。

（3）偶然所得，以每次取得该项收入为一次。

（4）非居民个人取得的劳务报酬所得、稿酬所得、特许权使用费所得，属于一次性收入的，以取得该项收入为一次；属于同一项目连续性收入的，以一个月内取得的收入为一次。

（九）其他规定

（1）两个或两个以上的个人共同取得同一项目收入的，应当对每个人取得的收入分别按照个人所得税法规定计算纳税。

（2）居民个人从境内和境外取得的综合所得或经营所得，应当分别合并计算应纳税额；从境内和境外取得的其他所得应当分别单独计算应纳税额。

（3）个人独资企业、合伙企业及个人从事其他生产、经营活动在境外营业机构的亏损，不得抵减境内营业机构的盈利。

（4）居民个人从中国境外取得的所得，可以从其应纳税额中抵免已在境外缴纳的个人所得税税额，但抵免额不得超过该纳税人境外所得依照个人所得税法规定计算的应纳税额。

（十）应纳税额计算的其他规定

（1）全年一次性奖金的征税规定。

居民个人取得全年一次性奖金，符合相关规定的，在 2021 年 12 月 31 日前，不并入当年综合所得（提示：自 2022 年 1 月 1 日起，居民个人取得全年一次性奖金，应并入当年综合所得计算缴

纳个人所得税），以全年一次性奖金收入除以12个月得到的数额，按照按月换算后的综合所得税率表，确定适用税率和速算扣除数，单独计算纳税。计算公式为：

应纳税额 = 全年一次性奖金收入 × 适用税率 − 速算扣除数

（2）上市公司股权激励的征税规定。

居民个人取得股票期权、股票增值权、限制性股票、股权奖励等股权激励，符合规定的相关条件的，在2021年12月31日前，不并入当年综合所得，全额单独适用综合所得税率表，计算纳税。计算公式为：

应纳税额 = 股权激励收入 × 适用税率 − 速算扣除数

【提示】居民个人一个纳税年度内取得两次以上（含两次）股权激励的，应合并计算纳税。

（3）解除劳动关系一次性补偿收入的征税规定。

个人与用人单位解除劳动关系取得一次性补偿收入（包括用人单位发放的经济补偿金、生活补助费和其他补助费），在当地上年职工平均工资3倍数额以内的部分，免征个人所得税；超过3倍数额的部分，不并入当年综合所得，单独适用综合所得税率表，计算纳税。

（4）提前退休一次性补贴收入的征税规定。

个人办理提前退休手续而取得的一次性补贴收入，应按照办理提前退休手续至法定离退休年龄之间实际年度数平均分摊，确定适用税率和速算扣除数，单独适用综合所得税率表，计算纳税。计算公式为：

应纳税额 ={[（一次性补贴收入 ÷ 办理提前退休手续至法定退休年龄的实际年度数）− 费用扣除标准]× 适用税率 − 速算扣除数 } × 办理提前退休手续至法定退休年龄的实际年度数

（5）内部退养一次性补贴收入的征税规定。

实行内部退养的个人在其办理内部退养手续后至法定离退休年龄之间从原任职单位取得的工资、薪金，不属于离退休工资，应按“工资、薪金所得”项目计征个人所得税。

（6）单位低价向职工售房的征税规定。

单位按低于购置或建造成本价格出售住房给职工，职工因此而少支出的差价部分，符合相关规定的，不并入当年综合所得，以差价收入除以12个月得到的数额，按照月度税率表确定适用税率和速算扣除数，单独计算纳税。计算公式为：

应纳税额 = 职工实际支付的购房价款低于该房屋的购置或建造成本价格的差额 × 适用税率 − 速算扣除数

（7）退休人员再任职取得收入的征税规定。

退休人员再任职取得的收入，在减除按个人所得税法规定的费用扣除标准后，按“工资、薪金所得”应税项目缴纳个人所得税。

（8）个人取得公务交通、通讯补贴收入的征税规定。

个人因公务用车和通讯制度改革而取得的公务用车、通讯补贴收入，扣除一定标准的公务费用后，按照“工资、薪金所得”项目计征个人所得税。

（9）兼职律师从律师事务所取得工资、薪金性质所得的征税规定。

兼职律师从律师事务所取得工资、薪金性质的所得，律师事务所在代扣代缴其个人所得税时，不再减除个人所得税法规定的费用扣除标准，以收入全额直接确定适用税率，计算扣缴个人所得税。

（10）从职务科技成果转化收入中给予科技人员的现金奖励的征税规定。

从职务科技成果转化收入中给予科技人员的现金奖励，可减按50%计入科技人员当月工资、薪金所得，依法缴纳个人所得税。

（11）保险营销员、证券经纪人取得的佣金收入属于“劳务报酬所得”，以不含增值税的收入减除

20%的费用后的余额为收入额，收入额减去展业成本以及附加税费后，并入当年综合所得，计算缴纳个人所得税。保险营销员、证券经纪人展业成本按照收入额的25%计算。

（12）个人从公开发行和转让市场取得的上市公司股票，持股期限在1个月以内（含1月）的，其股息红利所得全额计入应纳税所得额；持股期限在1个月以上至1年（含1年）的，暂减按50%计入应纳税所得额；上述所得统一适用20%的税率计征个人所得税。

（13）自2010年1月1日起，对个人转让限售股取得的所得，按照“财产转让所得”项目征收个人所得税。个人转让限售股，以每次限售股转让收入，减除股票原值和合理税费后的余额，为应纳税所得额，即

应纳税所得额＝限售股转让收入－（限售股原值＋合理税费）

应纳税额＝应纳税所得额 ×20%

（14）房屋买受人在未办理房屋产权证的情况下，按照与房地产公司约定条件（如对房屋的占有、使用、收益和处分权进行限制）在一定时期后无条件退房而取得的补偿款，应按照“利息、股息、红利所得”项目缴纳个人所得税，税款由支付补偿款的房地产公司代扣代缴。

（15）居民个人从中国境内和境外取得的综合所得、经营所得，应当分别合并计算应纳税额；从中国境内和境外取得的其他所得，应当分别单独计算应纳税额。

（16）出租汽车经营单位对出租车驾驶员采取单车承包或承租方式运营，出租车驾驶员从事客货营运取得的收入，按“工资、薪金所得”项目征税。出租车属于个人所有，但挂靠出租汽车经营单位或企事业单位，驾驶员向挂靠单位缴纳管理费的，或出租汽车经营单位将出租车所有权转移给驾驶员的，出租车驾驶员从事客货运营取得的收入，比照“经营所得”项目征税。从事个体出租车运营的出租车驾驶员取得的收入，按“经营所得”项目缴纳个人所得税。

【例题：单选题】李某2018年10月取得如下收入：（1）到期国债利息收入986元；（2）购买福利彩票支出500元，取得一次性中奖收入15000元；（3）股票转让所得10000元；（4）转让自用住房一套，取得转让收入500万元，该套住房购买价为200万元，购买时间为2007年并且是唯一的家庭生活用房。李某当月应缴纳的个人所得税额为（　　）元。

扫二维码　视频讲解

A. 0　　B. 3100

C. 3000　　D. 3060

【答案】C

【解析】中奖收入应纳税额 =15000 × 20%=3000元。其他收入不征税。

第五章

考点五 个人所得税的税收优惠

（一）免税项目

（1）省级人民政府、国务院部委和中国人民解放军军以上单位，以及外国组织、国际组织颁发的科学、教育、技术、文化、卫生、体育、环境保护等方面的奖金。

（2）国债和国家发行的金融债券利息。

（3）按照国家统一规定发给的补贴、津贴。

（4）福利费、抚恤金、救济金。

（5）保险赔款。

（6）军人的转业费、复员费、退役金。

（7）按照国家统一规定发给干部、职工的安家费、退职费、退休工资、离休工资、离休生活补助费。

【注意】

①离退休人员另从原任职单位取得的各类补贴、奖金、实物，应按工资、薪金所得应税项目的规定缴纳个人所得税。

②退休人员再任职取得的收入，在减除按税法规定的费用扣除标准后，按工资、薪金所得项目缴纳个人所得税。

③达到离休、退休年龄，但确因工作需要，适当延长离休、退休年龄的高级专家（指享受国家发放的政府特殊津贴的专家、学者），其在延长离休、退休期间的工资、薪金所得，视同"离休、退休工资"，免征个人所得税。

（8）外交代表、领事官员和其他人员的所得。

（9）中国政府参加的国际公约、签订的协议中规定免税的所得。

（二）减税项目

（1）残疾、孤老人员和烈属的所得。

（2）因严重自然灾害造成重大损失的。

（3）其他经国务院财政部门批准减免的。

（三）暂免征项目

（1）个人举报、协查各种违法、犯罪行为而获得的奖金。

（2）个人转让自用5年以上，并且是唯一的家庭生活用房取得的所得。

（3）对个人购买福利彩票、体育彩票，一次中奖收入在1万元以下的（含1万元），暂免征收个人所得税；超过1万元的，全额征收个人所得税。

（4）企业依照国家有关法律规定宣告破产，企业职工从该破产企业取得的一次性安置费收入，免征个人所得税。

（5）工伤职工及其近亲属按规定取得的工伤保险待遇，免征个人所得税。

（6）企业和事业单位根据规定的办法和标准，为本单位任职或受雇的全体职工缴付的企业年金或职业年金单位缴费部分，在计入个人账户时，个人暂不缴纳个人所得税。

个人缴费部分，在不超过缴费工资计税基数的4%标准内的部分，暂从个人当期应纳税所得额中扣除。

（7）自2015年9月8日起，个人从公开发行和转让市场取得的上市公司股票，持股期限超过1年的，股息红利所得暂免征个人所得税。

（8）储蓄存款利息所得暂免征个人所得税。

（9）个体工商户、个人独资企业和合伙企业或个人从事种植业、养殖业、饲养业、捕捞业取得的所得，暂不征收个人所得税。

（10）企业在销售商品和提供服务过程中向个人赠送礼品，属于下列情形之一的，不征收个人所得税：

①通过价格折扣、折让方式向个人销售商品和提供服务；

②在向个人销售商品和提供服务的同时给予赠品；

③对累积消费达到一定额度的个人按消费积分反馈礼品。

（11）自2019年7月1日起至2024年6月30日，个人持有全国中小企业股份转让系统挂牌公司的股票，持股期限超过1年的，对股息红利所得暂免征收个人所得税。

（12）对被拆迁人按照国家有关城镇房屋拆迁管理办法规定的标准取得的拆迁补偿款，免征个人所得税。

考点六 个人所得税征收管理

（一）纳税申报

个人所得税以所得人为纳税人，以支付所得的单位或者个人为扣缴义务人。扣缴义务人向个人支付应税款项时，应当依照个人所得税法规定预扣或代扣税款，按时缴库，并专项记载备查。

（1）税务机关对扣缴义务人按照所扣缴的税款，付给2%的手续费。

（2）扣缴义务人应当按照国家规定办理全员全额扣缴申报，并向纳税人提供其个人所得和已扣缴税款等信息。全员全额扣缴申报，是指扣缴义务人在代扣税款的次月15日内，向主管税务机关报送其支付所得的所有个人的有关信息、支付所得数额、扣除事项和数额、扣缴税款的具体数额和总额以及其他相关涉税信息资料。

有下列情形之一的，纳税人应当依法办理纳税申报：

（1）取得综合所得需要办理汇算清缴。需要办理汇算清缴的情形包括：

①在两处或者两处以上取得综合所得，且综合所得年收入额减去专项扣除的余额超过6万元；

②取得劳务报酬所得、稿酬所得、特许权使用费所得中一项或者多项所得，且综合所得年收入额减去专项扣除的余额超过6万元；

③纳税年度内预缴税额低于应纳税额的；

④纳税人申请退税，应当提供其在中国境内开设的银行账户，并在汇算清缴地就地办理税款退库。

（2）取得应税所得没有扣缴义务人。

（3）取得应税所得，扣缴义务人未扣缴税款。

（4）取得境外所得。

（5）因移居境外注销中国户籍。

（6）非居民个人在中国境内从两处以上取得工资、薪金所得。

（7）国务院规定的其他情形。

居民个人取得工资薪金所得时，可以向扣缴义务人提供专项附加扣除有关信息，由扣缴义务人扣缴税款时减除专项附加扣除；纳税人同时从两处以上取得工资薪金所得，并由扣缴义务人办理专项附加扣除的，对同一专项附加扣除项目，在一个纳税年度内只能选择从一处取得的所得中减除。

居民个人取得劳务报酬所得、稿酬所得、特许权使用费所得，应当在汇算清缴时向税务机关提供有关信息，减除专项附加扣除。

纳税人可以委托扣缴义务人或其他单位和个人办理汇算清缴。

纳税人申请退税时提供的汇算清缴信息有错误的，税务机关应当告知其更正；纳税人更正的，税务机关应当及时办理退税。

扣缴义务人未将扣缴的税款解缴入库的，不影响纳税人按照规定申请退税，税务机关应当凭纳税人提供的有关资料办理退税。

（二）纳税期限

（1）居民个人取得综合所得，按年计算个人所得税；有扣缴义务人的，由扣缴义务人按月或按次预扣预缴税款；需要办理汇算清缴的，应当在取得所得的次年3月1日至6月30日办理汇算清缴。

（2）非居民个人取得工资、薪金所得，劳务报酬所得，稿酬所得和特许权使用费所得，有扣缴义务人的，由扣缴义务人按月或者按次代扣代缴税款，不办理汇算清缴。

（3）纳税人取得经营所得，按年计算个人所得税，由纳税人在月度或者季度终了后15日内向税务机关报送纳税申报表，并预缴税款；在取得所得的次年3月31日前办理汇算清缴。

（4）纳税人取得利息、股息、红利所得，财产租赁所得，财产转让所得和偶然所得，按月或者按次计算个人所得税，有扣缴义务人的，由扣缴义务人按月或者按次代扣代缴税款。

（5）纳税人取得应税所得没有扣缴义务人的，应当在取得所得的次月 15 日内向税务机关报送纳税申报表，并缴纳税款。

（6）纳税人取得应税所得，扣缴义务人未扣缴税款的，纳税人应当在取得所得的次年 6 月 30 日前，缴纳税款；税务机关通知限期缴纳的，纳税人应当按照期限缴纳税款。

（7）居民个人从中国境外取得所得的，应当在取得所得的次年 3 月 1 日至 6 月 30 日内申报纳税。

（8）非居民个人在中国境内从两处以上取得工资薪金所得的，应当在取得所得的次月 15 日内申报纳税。

（9）纳税人因移居境外注销中国户籍的，应当在注销中国户籍前办理税款清算。

（10）扣缴义务人每月或每次预扣、代扣的税款，应在次月 15 日内缴入国库，并向税务机关报送扣缴个人所得税申报表。

<table>
<tr><th>所得类型</th><th colspan="2">缴税方式</th><th>涉及时间</th></tr>
<tr><td rowspan="4">综合所得</td><td rowspan="2">居　民</td><td>按年计算，有扣缴义务人的按月 / 次预扣预缴</td><td>预扣预缴：次月 15 日内
汇算清缴：次年 3 月 1 日～ 6 月 30 日</td></tr>
<tr><td>境外所得自行申报</td><td>次年 3 月 1 日～ 6 月 30 日</td></tr>
<tr><td rowspan="2">非居民</td><td>扣缴义务人按月 / 次预扣预缴，不办理汇算清缴</td><td>预扣预缴：次月 15 日内</td></tr>
<tr><td>两处工资薪金所得，自行申报</td><td>次月 15 日</td></tr>
<tr><td>经营所得</td><td colspan="2">按年计算，按月 / 季度申报预缴，年末汇算清缴</td><td>预缴：月 / 季度终了后 15 日
汇算清缴：次年 3 月 31 日前</td></tr>
<tr><td>其他所得</td><td colspan="2">按月 / 次计算，有扣缴义务人按月 / 次代扣代缴，没有扣缴义务人自行申报</td><td>自行申报：次月 15 日内</td></tr>
</table>

第六章　其他税收法律制度

微信扫二维码
看教材配套课程

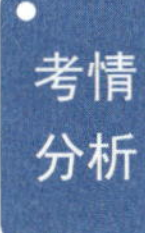

考情分析

本章税种多，内容分散，每个税种在历年考试中均出现过，因此，在复习时可先全面复习，再针对薄弱点进行强化，预估分值在15分左右。

第一节　房产税、契税、土地增值税、城镇土地使用税

考点一　房产税

房产税，是以房产为征税对象，按照房产的计税价值或房产租金收入向产权所有人或经营管理人征收的一种税。

（一）房产税纳税人

房产税的纳税人，是指在我国城市、县城、建制镇和工矿区（不包括农村）内拥有房屋产权的单位和个人，具体包括产权所有人、承典人、房产代管人或者使用人。

具体规定如下：

（1）产权属于国家所有的，其经营管理的单位为纳税人；产权属于集体和个人的，集体单位和个人为纳税人；

（2）产权出典的，承典人为纳税人；

（3）产权所有人、承典人均不在房产所在地的，房产代管人或者使用人为纳税人；

（4）产权未确定以及租典纠纷未解决的，房产代管人或者使用人为纳税人；

（5）纳税单位和个人无租使用房产管理部门、免税单位及纳税单位的房产，由使用人代为缴纳房产税；

（6）房地产开发企业建造的商品房，在出售前，不征收房产税，但对出售前房地产开发企业已使用或出租、出借的商品房应按规定征收房产税；

（7）房产出租的，以房产产权所有人（出租人）为纳税人。

（二）房产税征税范围

（1）房产税的征税范围为城市、县城、建制镇和工矿区的房屋；不包括农村。

（2）独立于房屋之外的建筑物，如围墙、烟囱、水塔、室外游泳池等不属于房产税的征税范围。

（三）房产税计税依据、税率和应纳税额的计算

计税方法	计税依据	税　率	税额计算公式
从价计征	房产余值	1.2%	全年应纳税额＝应税房产原值×（1－扣除比例）×1.2%
从租计征	房产租金	12%	全年应纳税额＝租金收入×12%（或4%）

【提示】

①对个人出租住房，不区分用途，按4%的税率征收房产税；对企事业单位、社会团体以及其他组织按市场价格向个人出租用于居住的住房，减按4%的税率征收房产税。

②个人出租住房减按10%的税率征收个人所得税，按5%的征收率并减按1.5%征收增值税。

1. 房产原值

指纳税人按照会计制度规定，在账簿固定资产科目中记载的房屋原价。

第六章

（1）凡以房屋为载体，不可随意移动的附属设备和配套设施，如给排水、采暖、消防、中央空调、电气及智能化楼宇设备等，无论在会计核算中是否单独记账与核算，都应计入房产原值，计征房产税。

（2）纳税人对原有房屋进行改建、扩建的，要相应增加房屋的原值。

2. 投资联营

（1）对以房产投资联营、投资者参与投资利润分红、共担风险的，按房产余值作为计税依据计缴房产税。

（2）对以房产投资收取固定收入、不承担经营风险的，实际上是以联营名义取得房屋租金，应以出租方取得的租金收入为计税依据计缴房产税。

3. 融资租赁

对于融资租赁的房屋，以房产余值计征房产税；由承租人自融资租赁合同约定开始日的次月起按照房产余值缴纳房产税，合同未约定开始日的，由承租人自合同签订的次月起依照房产余值缴纳房产税。

4. 房产租金

计征房产税的租金收入不包括增值税。

【例题：判断题】产权所有人、承典人均不在房产所在地的，房产税的纳税人为房产代管人或者使用人。（ ）

【答案】√

扫二维码 视频讲解

（四）房产税税收优惠

（1）国家机关、人民团体、军队自用（非出租）的房产免征房产税。自 2004 年 8 月 1 日起，对军队空余房产租赁收入暂免征收房产税。

（2）由国家财政部门拨付事业经费（全额或差额）的单位（学校、医疗卫生单位、托儿所、幼儿园、敬老院以及文化、体育、艺术类单位）所有的、本身业务范围内使用的房产免征房产税。

上述单位所属的附属工厂、商店、招待所等不属于单位公务、业务的用房，应照章纳税。

（3）宗教寺庙、公园、名胜古迹自用的房产免征房产税。

宗教寺庙、公园、名胜古迹中附设的营业单位，如影剧院、饮食部、茶社、照相馆等所使用的房产及出租的房产，不属于免税范围，应照章征税。

（4）个人所有非营业用的房产免征房产税。对个人拥有的营业用房或者出租的房产，不属于免税房产，应照章征税。

（5）纳税人因房屋大修导致连续停用半年以上的，在房屋大修期间免征房产税。

（6）对非营利性医疗机构、疾病控制机构和妇幼保健机构等卫生机构自用的房产，免征房产税。

（7）老年服务机构自用的房产，免征房产税。

（8）对高校学生公寓免征房产税。

（9）对公共租赁住房免征房产税，公共租赁住房经营单位应单独核算公共租赁住房租金收入，未单独核算的，不得享受免征房产税优惠政策。

对廉租住房经营管理单位按照政府规定价格、向规定保障对象出租廉租住房的租金收入，免征房产税。

（10）国家机关、军队、人民团体、财政补助事业单位、居民委员会、村民委员会拥有的体育场馆，用于体育活动的房产，免征房产税。

（11）自 2019 年 1 月 1 日至 2021 年 12 月 31 日，对农产品批发市场、农贸市场（包括自有和承租）专门用于经营农产品的房产、土地，暂免征收房产税。农产品批发市场、农贸市场的行政办公区、生活区，以及商业餐饮娱乐等非直接为农产品交易提供服务的房产、土地，应按规定征收房产税。

（12）自2019年1月1日至2021年12月31日，对国家级、省级科技企业孵化器、大学科技园和国家备案众创空间自用以及无偿或通过出租等方式提供给在孵对象使用的房产、土地，免征房产税。

（五）纳税义务发生时间

（1）纳税人将原有房产用于生产经营，从生产经营之月起，缴纳房产税。

（2）纳税人自行新建房屋用于生产经营，从建成之次月起，缴纳房产税。

（3）纳税人委托施工企业建设的房屋，从办理验收手续之次月起，缴纳房产税。（非次月完工）

（4）纳税人购置新建商品房，自房屋交付使用之次月起，缴纳房产税。

（5）纳税人购置存量房（二手房），自办理房屋权属转移、变更登记手续，房地产权属登记机关签发房屋权属证书之次月起，缴纳房产税。

（6）纳税人出租、出借房产，自交付出租、出借本企业房产之次月起，缴纳房产税。

（7）房地产开发企业自用、出租、出借本企业建造的商品房，自房屋使用或交付之次月起，缴纳房产税。

第（1）项：生产经营之月起；第（2）～（7）项：次月起。

（8）纳税人因房产的实物或权利状态发生变化而依法终止房产税纳税义务的，其应纳税款的计算截止到房产的实物或权利状态发生变化的当月末。

考点二　契　税

契税是指国家在土地、房屋权属转移时，按照当事人双方签订的合同（契约）以及所确定价格的一定比例，向权属承受人征收的一种税。

（一）契税纳税人

契税纳税人是指在我国境内承受土地、房屋权属转移的单位和个人。

（二）契税征税范围

契税以在我国境内转移土地、房屋权属的行为作为征税对象。土地、房屋权属未发生转移的，不征收契税。

契税的征税范围具体包括：

（1）国有土地使用权出让；

（2）土地使用权转让（包括出售、赠与、交换，不包括农村集体土地承包经营权的转移）；

（3）房屋买卖、赠与、交换；

（4）视同发生土地、房屋权属转移应当缴纳契税的情形：

①以土地、房屋权属作价投资、入股；

②以土地、房屋权属抵债；

③以获奖方式承受土地、房屋权属；

④以预购方式或者预付集资建房款方式承受土地、房屋权属。

【注意】

①企业破产清算期间，债权人承受破产企业土地、房屋权属的，免征契税。

②土地、房屋典当、继承、分拆（分割）、出租、抵押等，不属于契税的征税范围。

（三）契税计税依据、税率和应纳税额的计算

1. 计税依据

（1）国有土地使用权出让、土地使用权出售、房屋买卖，以成交价格作为计税依据。

（2）土地使用权赠与、房屋赠与，由征税机关参照土地使用权出售、房屋买卖的市场价格核定。

（3）土地使用权交换、房屋交换，以交换土地使用权、房屋的价格差额为计税依据。

【注意】交换价格不相等的，由多交付货币的一方缴纳契税；交换价格相等的，免征契税。

（4）以划拨方式取得土地使用权，经批准转让房地产时应补交的契税，以补交的土地使用权出让费用或者土地收益作为计税依据。

2. 契税的税率

采用比例税率，实行 3% ～ 5% 的幅度税率。

3. 契税应纳税额的计算

应纳税额 = 计税依据 × 税率

（四）契税税收优惠

（1）国家机关、事业单位、社会团体、军事单位承受土地、房屋用于办公、教学、医疗、科研和军事设施的，免征契税。

（2）城镇职工按规定第一次购买公有住房的，免征契税。

（3）因不可抗力灭失住房而重新购买住房的，酌情准予减征或者免征契税。

（4）土地、房屋被县级以上人民政府征用、占用后，重新承受土地、房屋权属的，由省、自治区、直辖市人民政府决定是否减免契税。

（5）纳税人承受荒山、荒沟、荒丘、荒滩土地使用权，用于农林牧渔业生产的，免征契税。

（6）外国驻华机构用地，经外交部确认，可以免征契税。

【注意】经批准减征、免征契税的纳税人，改变有关土地、房屋的用途的，就不再属于减征、免征契税范围，并且应当补缴已经减征、免征的税款。

（五）契税征收管理

契税的纳税义务发生时间是纳税人签订土地、房屋权属转移合同的当天，或者纳税人取得其他具有土地、房屋权属转移合同性质凭证的当天。

纳税期限：纳税义务发生之日起 10 日内。

纳税地点：土地、房屋所在地的税务征收机关。

考点三　土地增值税

（一）土地增值税纳税人

土地增值税是对转让国有土地使用权、地上建筑物及其附着物并取得收入的单位和个人，就其转让房地产所取得的增值额征收的一种税。

单位是指各类企业单位、事业单位、国家机关和社会团体及其他组织。

（二）土地增值税征税范围

征　收	不征收
转让国有土地使用权、地上建筑物和其他附着物产权	出让国有土地
单位之间房地产交换	个人之间互换自有住房
合作建房建成转让的 ①房地产抵债 ②抵押期满发生权属转让	合作建房分房自用的 ①房地产抵押期间 ②房地产出租

（续表）

征　收	不征收
—	企业房地产兼并、代建、重新评估
—	继承
其他赠与	赠与直系亲属或承担直接赡养义务人、通过中国境内非盈利社会团体、国家机关赠与教育、民政和其他福利、公益事业

企业改制重组的特殊规定：

（1）非公司制企业整体改制为有限责任公司或股份有限公司，有限责任公司（股份有限公司）整体改制为股份有限公司（有限责任公司）；对改制前的企业将国有土地使用权、地上的建筑物及其附着物（以下简称“房地产”）转移、变更到改制后的企业，暂不征收土地增值税。

整体改制是指不改变原企业的投资主体，并继承原企业权利、义务的行为。

（2）两个或两个以上企业合并为一个企业，且原企业投资主体存续的，对原企业将房地产转移、变更到合并后的企业，暂不征收土地增值税。

（3）企业分设为两个或两个以上与原企业投资主体相同的企业，对原企业将房地产转移、变更到分立后的企业，暂不征收土地增值税。

（4）单位、个人在改制重组时以房地产作价入股进行投资，对其将房地产转移、变更到被投资的企业，暂不征收土地增值税。

（5）上述改制重组有关土地增值税政策不适用房地产转移任意一方为房地产开发企业的情形。

（三）土地增值税税率

四级超率累进税率：

级　数	增值额与扣除项目金额的比率	税　率	速算扣除系数
1	不超过 50% 的部分	30%	0
2	超过 50% 至 100% 的部分	40%	5%
3	超过 100% 至 200% 的部分	50%	15%
4	超过 200% 的部分	60%	35%

（四）土地增值税计税依据

土地增值税的计税依据是纳税人转让房地产所取得的增值额；转让房地产的增值额，是纳税人转让房地产的收入减除税法规定的扣除项目金额后的余额。

增值额 = 转让房地产取得的收入 - 扣除项目金额

1. 应税收入的确定

纳税人转让房地产取得的应税收入，包括转让房地产的全部价款及有关的经济利益，包括货币收入、实物收入和其他收入。

2. 扣除项目及其金额（4+1）

（1）取得土地使用权所支付的金额。

纳税人为取得土地使用权所支付的地价款，有关登记、过户手续费和契税。

（2）房地产开发成本。

房地产开发成本是指纳税人开发房地产项目实际发生的成本，包括土地的征用及拆迁补偿费、前期工程费、建筑安装工程费、基础设施费、公共配套设施费、开发间接费用等。

（3）房地产开发费用。

房地产开发费用是指与房地产开发项目有关的销售费用、管理费用和财务费用，但在计算土地增值税时，房地产开发费用并不是按照纳税人实际发生额进行扣除，应分别按以下两种情况扣除。

①利息费用能确定。

a. 利息费用：凡能够按转让房地产项目计算分摊并提供金融机构证明的，允许据实扣除，但最高不能超过按商业银行同类同期贷款利率计算的金额。

b. 其他开发费用：按取得土地使用权所支付的金额和房地产开发成本之和的 5% 以内计算扣除。

即：开发费用 = 利息 +（取得土地使用权所支付的金额 + 房地产开发成本）×5%

②利息费用不能确定。

利息费用：凡不能按转让房地产项目计算分摊利息支出或者不能提供金融机构证明的，房地产开发费用按取得土地使用权所支付的金额和房地产开发成本之和的 10% 以内计算扣除。

即：开发费用 =（取得土地使用权所支付的金额 + 房地产开发成本）×10%

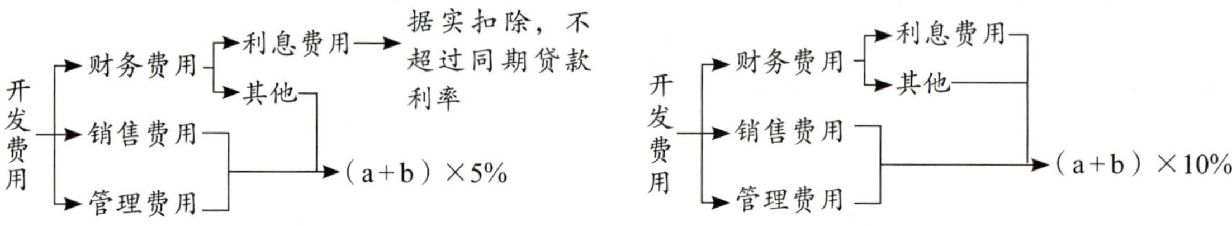

a - 利息费用可确定　　　　b - 利息费用不可确定

（4）与转让房地产有关的税金。

与转让房地产有关的税金是指在转让房地产时缴纳的城市维护建设税、教育费附加、印花税。

土地增值税扣除项目涉及的增值税进项税额，允许在销项税额中计算抵扣的，不计入扣除项目，不允许在销项税额中计算抵扣的，可计入扣除项目。

房地产开发企业按照《施工、房地产开发企业财务制度》的有关规定，其在转让时缴纳的印花税已列入管理费用中，故不允许单独再扣除；其他纳税人缴纳的印花税允许在此扣除。

关于房企与非房企的印花税

印花税预售时已计入管理费用　　印花税未计入管理费用故可扣除

（5）财政部确定的其他扣除项目。

对从事房地产开发的纳税人可按取得土地使用权所支付的金额和房地产开发成本之和，加计 20% 的扣除。

【提示】本项扣除项目仅适用于从事房地产开发的纳税人且销售新建商品房时，才适用 20% 加计扣除；除此之外的其他纳税人以及从事房地产开发的纳税人在销售使用过的旧房时，并不适用 20% 加计扣除的规定。

【总结】新建项目扣除标准：

要　点	内　容
房　企	①取得土地使用权所支付的金额：地价款；登记、过户手续费和契税 ②房地产开发成本：土地征用及拆迁补偿费、前期工程费、建筑安装工程费、基础设施费、公共配套设施费、开发间接费用

（续表）

要　点	内　容
房　企	③房地产开发费用：利息明确：利息＋（①＋②）×5%；利息不明确：（①＋②）×10% ④与转让房地产有关的税金：城、教（不包括印花税） ⑤加计扣除额＝（①＋②）×20%
非房企	①取得土地使用权所支付的金额：地价款、登记手续费和契税 ②房地产开发成本：土地征用及拆迁补偿费、前期工程费、建筑安装工程费、基础设施费、公共配套设施费、开发间接费用 ③房地产开发费用：利息明确：利息＋（①＋②）×5%；利息不明确：（①＋②）×10% ④与转让房地产有关的税金：城、教、印

注：房企与非房企的区别：①印花税；②加计20%扣除。

3. 转让旧房及建筑物的扣除标准

要　点	内　容
转让旧房及建筑物	①旧房及建筑物的评估价格：重置成本价×成新度折扣率；可按发票所载金额并从购买年度起至转让年度止每年加计5%计算 ②取得土地使用权所支付的地价款和按国家统一规定缴纳的有关费用 ③在转让环节缴纳的税金
转让土地使用权	上述②③项

（五）土地增值税应纳税额的计算

1. 计算增值额

增值额＝房地产转让收入－扣除项目金额

（1）房地产转让收入（题目给出）。

（2）取得土地使用权所支付的金额（题目给出）。

（3）房地产开发成本（题目给出）。

（4）房地产开发费用（注意确定利息）。

（5）与转让房地产有关的税金（注意印花税）。

（6）计算加计扣除[（2）＋（3）]×20%（房企有，非房企没有）。

2. 计算增值率

增值率＝增值额÷扣除项目金额×100%

3. 确定适用税率（题目给出）

根据增值率，查表确定适用税率。

4. 计算应纳税额

土地增值税应纳税额＝增值额×适用税率－扣除项目金额×速算扣除系数

（六）土地增值税税收优惠

（1）纳税人建造普通标准住宅出售，增值额未超过扣除项目金额20%的，予以免税；超过20%的，应按全部增值额缴纳土地增值税。

（2）因国家建设需要依法征用、收回的房地产，免征土地增值税。

因城市实施规划、国家建设的需要而搬迁，由纳税人自行转让原房地产的，免征土地增值税。

（3）企事业单位、社会团体以及其他组织转让旧房作为公共租赁住房房源且增值额未超过扣除项目金额 20% 的，免征土地增值税。

（4）自 2008 年 11 月 1 日起，对个人转让住房暂免征收土地增值税。

（七）土地增值税征收管理

1. 纳税申报

纳税人应当在转让房地产合同签订后 7 日内，到房地产所在地主管税务机关办理纳税申报。

2. 纳税清算

（1）纳税人应当主动清算。

①房地产开发项目全部竣工、完成销售的。

②整体转让未竣工决算房地产开发项目的。

③直接转让土地使用权的。

（2）主管税务机关可以要求纳税人进行清算。

①已竣工验收的房地产开发项目，已转让的房地产建筑面积占整个项目可售建筑面积的比例在 85% 以上，或该比例虽未超过 85%，但剩余的可售建筑面积已经出租或自用的。

②取得销售（预售）许可证满三年仍未销售完毕的。

③纳税人申请注销税务登记但未办理土地增值税清算手续的。

④省级税务机关规定的其他情况。

3. 土地增值税的核定征收

房地产开发企业有下列情形之一的，税务机关可以实行核定征收土地增值税：

（1）依照法律、行政法规的规定应当设置但未设置账簿的；

（2）擅自销毁账簿或者拒不提供纳税资料的；

（3）虽设置账簿，但账目混乱或者成本资料、收入凭证、费用凭证残缺不全，难以确定转让收入或者扣除项目金额的；

（4）符合土地增值税清算条件，未按照规定的期限办理清算手续，经税务机关责令限期清算，逾期仍不清算的；

（5）申报的计税依据明显偏低，又无正当理由的。

考点四　城镇土地使用税

城镇土地使用税是国家在城市、县城、建制镇和工矿区范围内，对使用土地的单位和个人，以其实际占用的土地面积为计税依据，按照规定的税额计算征收的一种税。

（一）城镇土地使用税纳税人和征税范围

（1）城镇土地使用税的纳税人，是指在税法规定的征税范围内使用土地的单位和个人。具体如下：

①城镇土地使用税由拥有土地使用权的单位或者个人缴纳（出租土地由出租人缴纳）；

②拥有土地使用权的纳税人不在土地所在地的，由代管人或实际使用人缴纳；

③土地使用权未确定或权属纠纷未解决的，由实际使用人纳税；

④土地使用权共有的，共有各方均为纳税人，由共有各方分别纳税；

（2）征税范围。

①凡在城市、县城、建制镇、工矿区范围内的土地，都属于城镇土地使用税的征税范围，不包括农村。建制镇的征税范围为镇人民政府所在地的地区，不包括镇政府所在地所辖行政村。

②公园、名胜古迹内的索道公司经营用地，应按规定缴纳城镇土地使用税。

（二）城镇土地使用税税率、计税依据和应纳税额的计算

1. 税率

城镇土地使用税采用定额税率。

（1）大城市：1.5～30元；（2）中等城市：1.2～24元；

（3）小城市：0.9～18元；（4）县城、建制镇、工矿区：0.6～12元。

2. 计税依据及应纳税额计算

计税依据是纳税人实际占用的土地面积。

年应纳税额＝实际占用应税土地面积（平方米）× 适用税额

（1）凡由省级人民政府确定的单位组织测定土地面积的，以测定的土地面积为准。

（2）尚未组织测定，但纳税人持有政府部门核发的土地使用证书的，以证书确定的土地面积为准。

（3）尚未核发土地使用证书的，应当由纳税人据实申报土地面积，并据以纳税，待核发土地使用证书后再作调整。

（三）城镇土地使用税税收优惠

1. 下列用地免征城镇土地使用税

（1）国家机关、人民团体、军队自用的土地。

（2）由国家财政部门拨付事业经费的单位自用的土地。

（3）宗教寺庙、公园、名胜古迹自用的土地。

（4）市政街道、广场、绿化地带等公共用地。

（5）直接用于农、林、牧、渔业的生产用地。

（6）经批准开山填海整治的土地和改造的废弃土地，从使用的月份起免缴土地使用税5～10年。

（7）由财政部另行规定免税的能源、交通、水利设施用地和其他用地。

【注意】重点（1）～（5）项。公园、名胜古迹内的索道公司经营用地，应按规定缴纳城镇土地使用税。

2. 特殊规定

（1）凡是缴纳了耕地占用税的，从批准征用之日起满1年后征收城镇土地使用税。征用非耕地因不需缴纳耕地占用税的，应从批准征用之次月起征收城镇土地使用税。

（2）对免税单位无偿使用纳税单位的土地（如公安、海关等单位使用铁路、民航等单位的土地），免征城镇土地使用税；对纳税单位无偿使用免税单位的土地，纳税单位应照章纳税。

（3）企业范围内的荒山、林地、湖泊等占地，自2016年1月1日起，全额征收。

（4）房地产开发公司开发建造商品房的用地，除经批准开发建设经济适用房的用地外，对各类房地产开发用地一律不得减免城镇土地使用税。

（5）火电厂厂区围墙内的用地均应征收城镇土地使用税；供电部门的输电线路用地、变电站用地，免征城镇土地使用税。

（6）港口的码头用地，免征。

（7）老年服务机构自用的土地，免征。

（8）水利设施及其管护用地免征城镇土地使用税；其他用地，如生产、办公、生活用地，应照章征税。

（9）防火、防爆、防毒等安全防范用地，暂免征。

（10）自2019年1月1日至2021年12月31日，对农产品批发市场、农贸市场（包括自有和承租）专门用于经营农产品的房产、土地，暂免征收城镇土地使用税。农产品批发市场、农贸市场的行政办公区、生活区，以及商业餐饮娱乐等非直接为农产品交易提供服务的房产、土地，应按规定征收城镇土地使用税。

（11）自2019年1月1日至2021年12月31日，对国家级、省级科技企业孵化器、大学科技园和国家备案众创空间自用以及无偿或通过出租等方式提供给在孵对象使用的房产、土地，免征城镇土地使用税。

（四）城镇土地使用税征收管理

纳税义务发生时间（次月，与房产税区别）

（1）纳税人购置新建商品房，自房屋交付使用之次月起，缴纳城镇土地使用税。

（2）纳税人购置存量房，自办理房屋权属转移、变更登记手续，房地产权属登记机关签发房屋权属证书之次月起，缴纳城镇土地使用税。

（3）纳税人出租、出借房产，自交付出租、出借房产之次月起，缴纳城镇土地使用税。

（4）以出让或转让方式有偿取得土地使用权的，应由受让方从合同约定交付土地时间的次月起缴纳城镇土地使用税；合同未约定交付土地时间的，由受让方从合同签订的次月起缴纳城镇土地使用税。

（5）纳税人新征用的耕地，自批准征用之日起满1年时开始缴纳城镇土地使用税。

（6）纳税人新征用的非耕地，自批准征用次月起缴纳城镇土地使用税。

除第（5）项外，其他全是次月，因为第（5）项缴纳了耕地占用税。

	房产税	城镇土地使用税
纳税人	所有人、经营管理单位、出租人、承典人、房产代管人、使用人	所有人、代管人、使用人、共有人
征税范围	城市、县城、建制镇和工矿区的房屋	城市、县城、建制镇和工矿区范围内的土地
计税方法	从价计征、从租计征	从量计征
税收优惠	国家机关、事业单位、人民团体、军队自用；宗教寺庙、公园、名胜古迹自用；老年服务机构自用	

【例题：单选题】根据城镇土地使用税法律制度的规定，下列城市用地中，不属于城镇土地使用税免税项目的是（ ）。（2019年真题）

A. 市政街道公共用地
B. 国家机关自用的土地
C. 企业生活区用地
D. 公园自用的土地

扫二维码 视频讲解

【答案】C

第二节 车船税、印花税、资源税、关税

考点一 车船税

车船税是依照法律规定对在中华人民共和国境内的车辆、船舶，按照规定税目和税额计算征收的一种税。

（一）车船税纳税人

车船税的纳税人是指在中华人民共和国境内属于《中华人民共和国车船税法》（简称《车船税法》）规定的车辆、船舶的所有人或者管理人。

（二）车船税征税范围

（1）依法应当在车船登记管理部门登记的机动车辆和船舶。

（2）依法不需要在车船登记管理部门登记的在单位内部场所行驶或者作业的机动车辆和船舶。

（三）车船税税目

车船税的税目包括乘用车、商用车、挂车、其他车辆、摩托车和船舶。

（1）乘用车为核定载客人数 9 人（含）以下的车辆。

（2）商用车包括客车和货车，其中客车为核定载客人数 9 人（含）以上的车辆（包括电车），货车包括半挂牵引车、三轮汽车和低速载货汽车等。

（3）其他车辆包括专用作业车和轮式专用机械车（不包括拖拉机）。

（4）船舶包括机动船舶、非机动驳船、拖船和游艇。

（四）车船税税率、计税依据及应纳税额的计算

1. 税率

车船税采用定额税率，又称固定税额。

2. 应纳税额计算

税　目		计税单位	应纳税额
载　人	乘用车、客车和摩托车	辆数	辆数 × 适用年基准税额
	游艇	艇身长度每米	艇身长度 × 适用年基准税额
载　货	货车、专用作业车和轮式专用机械车（不包括拖拉机）	整备质量（自重）每吨	整备质量吨位数 × 适用年基准税额
	挂车		按照货车税额 50% 计算
	机动船舶	净吨位每吨	净吨位数 × 适用年基准税额
	非机动驳船、拖船		净吨位数 × 适用年基准税额 ×50%

【注意】

购置的新车船，购置当年的应纳税额自纳税义务发生的当月起按月计算，应纳税额为年应纳税额除以 12 再乘以应纳税月份数。应纳税额 = 适用年基准税额 ÷ 12× 应纳税月份数

【例题：单选题】非机动驳船的计税依据是（　　）。（2019 年真题）

A. 辆数　　B. 净吨位　　C. 长度　　D. 整倍吨位数

【答案】B

【解析】机动船舶、非机动驳船、拖船，以净吨位数为计税依据。选项 B 正确。

扫二维码　视频讲解

（五）车船税税收优惠

1. 以下车船免征车船税

（1）捕捞、养殖渔船；

（2）军队、武装警察部队专用的车船；

（3）警用车船；

（4）悬挂应急救援专用号牌的国家综合性消防救援车辆和国家综合性消防救援船舶；

（5）依照法律规定应当予以免税的外国驻华使领馆、国际组织驻华代表机构及其有关人员的车船；

（6）临时入境的外国车船和香港特别行政区、澳门特别行政区、台湾地区的车船，不征收车船税；

（7）按照规定缴纳船舶吨税的机动船舶，自《车船税法》实施之日起 5 年内免征车船税；

（8）依法不需要在车船登记管理部门登记的机场、港口、铁路站场内部行驶或者作业的车船，自《车船税法》实施之日起 5 年内免征车船税；

（9）对使用新能源车船，免征车船税，包括纯电动商用车、插电式（含增程式）混合动力汽车、燃料电池商用车。纯电动乘用车和燃料电池乘用车不属于车船税征税范围，不征收车船税。

2. 车船税其他税收优惠

（1）对节约能源车船，减半征收车船税；包括节约能源乘用车和节约能源商用车；节约能源乘用车是指符合国家标准的排量为1.6升（含）以下的燃用天然气、汽油、柴油的轻型和重型商用车（含非插电式混合动力、双燃料和两用燃料乘用车）；节约能源商用车是指符合国家有关标准的燃用天然气、汽油、柴油的轻型和重型节约能源商用车（含非插电式混合动力、双燃料和两用燃料轻型和重型商用车）。

（2）对受地震、洪涝等严重自然灾害影响纳税困难以及其他特殊原因确需减免税的车船，可以在一定期限内减征或免征车船税。

（3）省、自治区、直辖市人民政府可根据当地实际情况，对公共交通车船，农村居民拥有并主要在农村地区使用的摩托车、三轮汽车和低速载货汽车定期减征或者免征车船税。

（六）车船税征收管理

纳税义务发生时间：取得车船所有权或者管理权的当月。

【注意】新车船购置当年的应纳税额自纳税义务发生的当月起按月计算，应纳税额为年应纳税额除以12再乘以应纳税月份数。

纳税地点：车船的登记地或者车船税扣缴义务人所在地。

（1）扣缴义务人代收代缴车船税的，纳税地点为扣缴义务人所在地。

（2）纳税人自行申报缴纳车船税的，纳税地点为车船登记地的主管税务机关所在地。

（3）依法不需要办理登记的车船，纳税地点为车船所有人或者管理人所在地。

【注意】从事机动车第三者责任强制保险业务的保险机构为机动车车船税的扣缴义务人。

纳税申报：按年申报，分月计算，一次性缴纳。

（1）机动车车船税扣缴义务人在代收车船税时，应当在机动车交通事故责任强制保险的保险单以及保费发票上注明已收税款的信息，作为代收税款凭证。

（2）已完税或者依法减免税的车辆，纳税人应当向扣缴义务人提供登记地的主管税务机关出具的完税凭证或者减免税证明；纳税人没有按照规定期限缴纳车船税的，扣缴义务人在代收代缴税款时，可以一并代收代缴欠缴税款的滞纳金。

（3）扣缴义务人已代收代缴车船税的，纳税人不再向车辆登记地的主管税务机关申报缴纳车船税；没有扣缴义务人的，纳税人应当向主管税务机关自行申报缴纳车船税。

（4）已缴纳车船税的车船在同一纳税年度内办理转让过户的，不另纳税，也不退税。

考点二 印花税

印花税是对经济活动和经济交往中书立、领受、使用的应税经济凭证征收的一种税。因纳税人主要是通过在应税凭证上粘贴印花税票来完成纳税义务，故名印花税。

（一）印花税纳税人

订立、领受在中华人民共和国境内具有法律效力的应税凭证，或者在中华人民共和国境内进行证券交易的单位和个人，为印花税的纳税人，应当依法缴纳印花税。

如果一份合同或应税凭证由两方或两方以上当事人共同签订，签订合同或应税凭证的各方都是纳税人，应各就其所持合同或应税凭证的计税金额履行纳税义务。

纳税人	内　容
立合同人	是指合同的当事人，即对凭证有直接权利义务关系的单位和个人 【注意】签订合同的各方当事人都是印花税的纳税人，但不包括合同的担保人、证人和鉴定人

（续表）

纳税人	内 容
立账簿人	指开立并使用营业账簿的单位和个人，包括资金账簿和其他营业账簿
立据人	书立产权转移书据的单位和个人
领受人	领取并持有权利、许可证照的单位和个人
使用人	在国外书立、领受，但在国内使用应税凭证的单位和个人，其使用人为纳税人

（二）印花税征税范围

1. 合同

经济合同包括购销合同、加工承揽合同、建设工程勘察设计合同、建筑安装工程承包合同、财产租赁合同、货物运输合同、仓储保管合同、借款合同、财产保险合同和技术合同（不包括委托代理合同）。

（1）买卖合同。对于工业、商业、物资、外贸等部门经销和调拨商品、物资供应的调拨单（或其他名称的单、卡、书、表等），应当区分其性质和用途，即看其是作为部门内执行计划使用的，还是代替合同使用的，以确定是否贴花。凡属于明确双方供需关系，据以供货和结算，具有合同性质的凭证，应按规定缴纳印花税。

①对纳税人以电子形式签订的各类应税凭证按规定征收印花税。

②对发电厂与电网之间签订的购售电合同，按购销合同征收印花税；电网与用户之间签订的供用电合同不征印花税。

③出版单位与发行单位（不包括订阅单位和个人）之间订立的图书、报刊、音像征订凭证，按购销合同征收印花税。

（2）借款合同，包括银行及其他金融组织和借款人（不包括银行同业拆借）所签订的借款合同。

（3）技术合同，包括技术开发、转让、咨询、服务等合同。

①技术转让合同包括专利申请转让、非专利技术转让。

②一般的法律、会计、审计等方面的咨询不属于技术咨询，所立合同不贴印花。

③技术服务合同包括技术服务合同、技术培训合同和技术中介合同。

④专利权转让合同、专利实施许可合同属于“产权转移数据”合同。

2. 产权转移书据

我国印花税税目中的产权转移书据包括土地使用权出让和转让书据；房屋等建筑物、构筑物所有权、股权（不包括上市和挂牌公司股票）、商标专用权、著作权、专利权、专有技术使用权转让书据。

3. 营业账簿

（1）资金账簿：反映“实收资本”和“资本公积”金额增减变化的账簿。

（2）其他营业账簿：除资金账簿以外的账簿。

对记载资金的营业账簿征收印花税，对其他营业账簿不征收印花税。

4. 权利、许可证照

包括政府部门发放的不动产权证书、营业执照、商标注册证、专利证书。（记忆：鹰伤抓不动）

5. 证券交易

证券交易是指在依法设立的证券交易所上市交易或者在国务院批准的其他证券交易场所转让公司股票和以股票为基础发行的存托凭证。

（三）印花税税率、计税依据及应纳税额计算

1. 税率

印花税的税率有比例税率和定额税率两种形式。

2. 印花税计税依据

（1）应税合同：合同列明的价款或报酬，不包括增值税税款，合同中价款或报酬与增值税税款未分开列明的，按合计金额确定。

（2）应税产权转移书据：产权转移书据列明的价款，不包括增值税税款，产权转移书据中价款与增值税税款未分开列明的，按合计金额确定。

（3）应税营业账簿的计税依据，为营业账簿记载的实收资本（股本）、资本公积合计金额。

（4）应税权利、许可证照的计税依据，按件确定。

（5）证券交易的计税依据，为成交金额。

【提示】

（1）应税合同、产权转移书据未列明价款或报酬的，按下列方法确定计税依据：①按照订立合同、产权转移书据时市场价格确定；依法应当执行政府定价的，按其规定确定；②不能按照上述方法确定的，按照实际结算的价款或报酬确定。

（2）同一应税凭证载有两个或两个以上经济事项并分别列明价款或报酬的，按照各自适用税率计算应纳税额；未分别列明价款或报酬的，按税率高的计算应纳税额。

（3）同一应税凭证由两方或两方以上当事人订立的，应当按照各自涉及的价款或报酬分别计算应纳税额。

3. 印花税应纳税额的计算

（1）应税合同。

应纳税额 = 价款或报酬 × 适用比例税率

（2）应税产权转移书据。

应纳税额 = 价款 × 适用比例税率

（3）应税营业账簿。

应纳税额 = 实收资本（股本）、资本公积合计金额 × 适用比例税率

（4）证券交易。

应纳税额 = 成交金额或依法确定的计税依据 × 适用比例税率

（5）应税权利、许可证照。

应纳税额 = 应税凭证件数 × 定额税率

（四）印花税税收优惠

1. 法定凭证免税

（1）应税凭证的副本或者抄本，免征印花税。

（2）农民、农民专业合作社、农村集体经济组织、村民委员会购买农业生产资料或者销售自产农产品订立的买卖合同和农业保险合同，免征印花税。

（3）无息或者贴息借款合同、国际金融组织向我国提供优惠贷款订立的借款合同、金融机构与小型微型企业订立的借款合同，免征印花税。

（4）财产所有权人将财产赠与政府、学校、社会福利机构订立的产权转移书据，免征印花税。

（5）军队、武警部队订立、领受的应税凭证，免征印花税。

（6）转让、租赁住房订立的应税凭证，免征个人（不包括个体工商户）应当缴纳的印花税。

（7）国务院规定免征或者减征印花税的其他情形。

2. 免税额

应纳税额不足 1 角的，免征印花税。

3. 其他免税

（1）对运输、仓储、保管、财产保险、银行借款等，办理一项业务，既书立合同，又开立单据的，只就合同贴花。

（2）企业与主管部门签订的租赁承包经营合同，不属于租赁合同，不征收印花税。

（3）纳税人已履行并贴花的合同，发现实际结算金额与合同所载金额不一致的，一般不再补贴印花。

（4）书、报、刊发行单位之间，发行单位与订阅单位或个人之间书立的凭证，免征印花税。

（5）外国运输企业运输进口货物的，外国运输企业所持有的一份结算凭证，免征印花税。

（6）同业拆借合同免税。

（7）出版合同，不属于印花税列举征税的凭证，免征印花税。

（8）委托代理合同免税。

（9）股权转让免税，对上市公司国有股权无偿转让，需要免征证券交易印花税的，须由企业提出申请，报证券交易所所在地税务局审批，并报国家税务总局备案。

（五）印花税征收管理

1. 纳税义务发生时间

印花税纳税义务发生时间为纳税人订立、领受应税凭证或者完成证券交易的当日，如果合同是在国外签订，并且不便在国外贴花的，应在将合同带入境时办理贴花纳税手续。

证券交易印花税扣缴义务发生时间为证券交易完成的当日。证券登记结算机构为证券交易印花税的扣缴义务人。

2. 纳税地点

（1）单位纳税人应当向其机构所在地的主管税务机关申报缴纳印花税。

（2）个人纳税人应当向应税凭证订立、领受地或者居住地的税务机关申报缴纳印花税。

（3）纳税人出让或者转让不动产产权的，应当向不动产所在地的税务机关申报缴纳印花税。

（4）证券交易印花税的扣缴义务人应当向其机构所在地的主管税务机关申报缴纳扣缴的税款。

3. 纳税期限

印花税按季、按年或者按次计征。

证券交易印花税按周解缴。证券交易印花税的扣缴义务人应当于每周终了之日起 5 日内申报解缴税款及孳息。

已缴纳印花税的凭证所载价款或报酬增加的，纳税人应当补缴印花税；价款或报酬减少的，可以向主管税务机关申请退还印花税。

考点三　资源税

资源税是对在我国境内从事应税矿产品开采或生产盐的单位和个人征收的一种税。

（一）资源税纳税人

资源税的纳税人是指在中华人民共和国领域及管辖海域开采《中华人民共和国资源税暂行条例》（简称《资源税暂行条例》）规定的矿产品或者生产盐的单位和个人。

【注意】

①进口的矿产品和盐不征收资源税。

②资源税是对生产盐或者开采应税矿产品进行销售或者自用的单位和个人征收的，在销售或者自用时一次性征收，对批发、零售已税矿产品和盐的单位和个人不征收资源税。

③车辆购置税实行一次征收制度，购置已征车辆购置税的车辆，不再征收车辆购置税。进口自用应税车辆应缴纳车辆购置税。

（二）资源税征税范围

项　目	征税范围	注意事项
原　油	天然原油	①人造石油不征税 ②开采过程中用于加热、修井的原油免税
天然气	开采和与原油同时开采的	煤矿生产的天然气不征税
煤　炭	原煤和以未税原煤加工的洗选煤	已税原煤加工的洗选煤和其他煤炭制品不征税
其他非金属矿（含井矿盐、湖盐、提取地下卤水晒制的盐）		
金属矿		
海盐：海水晒制的盐		

【注意】

①煤矿生产的天然气是对排空气的再利用，因此享有国家政策支持，不征税；而油田开采的天然气是开发利用的资源，需征税。

②纳税人开采或者生产应税产品，自用于连续生产应税产品的，不缴纳资源税；自用于其他方面的，视同销售，缴纳资源税。

③自2016年7月1日起，在河北省开展水资源税改革试点。

（三）资源税税率、计税依据及应纳税额计算

1. 税率

（1）资源税采用比例税率和定额税率两种形式。

对《资源税税目税率幅度表》中列举名称的27种资源品目和未列举名称的其他金属矿按照比例税率从价征收，对经营分散、多为现金交易且难以控管的黏土、砂石，按照便利征管原则，仍实行从量定额计征，对未列举名称的其他非金属矿产品，按照从价计征为主、从量计征为辅的原则，由省级人民政府确定计征方式。

（2）纳税人开采或者生产不同税目应税产品的，应当分别核算不同税目应税产品的销售额或者销售数量；未分别核算或者不能准确提供不同税目应税产品的销售额或者销售数量的，从高适用税率。

【注意】消费税：纳税人兼营不同税率的应税消费品，应当分别核算不同税率应税消费品的销售额、销售数量。未分别核算销售额、销售数量的，或者将不同税率的应税消费品组成成套消费品销售的，从高适用税率。

2. 计税依据

以纳税人开采或生产应税矿产品的销售额或销售数量为计税依据。各税目的征税对象包括原矿、精矿（或原矿加工品）、金锭、氯化钠初级产品。

（1）销售额。

①纳税人销售应税矿产品向购买方收取的全部价款和价外费用，但不包括收取的增值税销项税额和运杂费用。

价外费用，包括价外向购买方收取的手续费、补贴、基金、集资费、返还利润、奖励费、违约金、滞纳金、延期付款利息、赔偿金、代收款项、代垫款项、包装费、优质费等。

即：除了运费外，其他销售额确定和增值税一致。

运杂费用是指应税产品从坑口或洗选（加工）地到车站、码头或购买方指定地点的运输费用、建设基金以及随运销产生的装卸、仓储、港杂费用。运杂费用应与销售额分别核算，不能与销售额分别核算或未取得相应凭据的，应当一并计征资源税。

第六章

下列项目不计入销售额：

a. 同时符合以下条件的代垫运输费用：承运部门的运输费用发票开具给购买方的；纳税人将该项发票转交给购买方的；

b. 符合条件代为收取的政府性基金或者行政事业性收费。

②纳税人将其开采的原煤，自用于连续生产洗选煤的，在原煤移送使用环节不缴纳资源税；将开采的原煤加工为洗选煤销售的，以洗选煤销售额乘以折算率作为应税煤炭销售额，计算缴纳资源税。

a. 洗选煤销售额包括洗选副产品的销售额，不包括运输费用。

b. 纳税人同时以自采未税原煤和外购已税原煤加工洗选煤的，应当分别核算；未分别核算的，按上述规定，计算缴纳资源税。

c. 纳税人将其开采的原煤自用于其他方面的，视同销售原煤；将其开采的原煤加工为洗选煤自用的，视同销售洗选煤缴纳资源税。

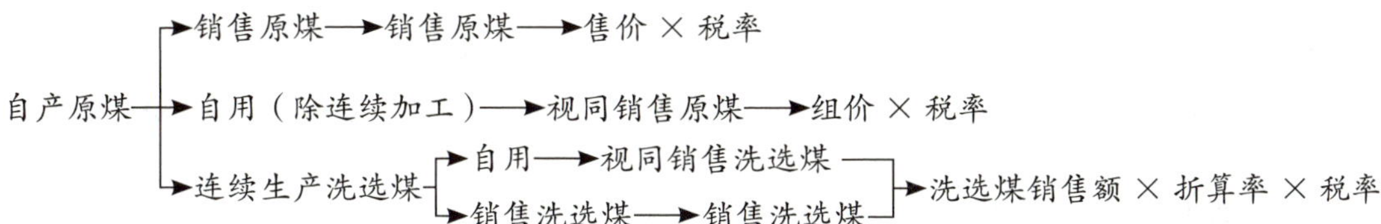

③征税对象为精矿的，纳税人销售原矿时，应将原矿销售额换算为精矿销售额缴纳资源税；征税对象为原矿的，纳税人销售自采原矿加工的精矿，应将精矿销售额折算为原矿销售额缴纳资源税。

a. 金矿以标准金锭为征税对象，纳税人销售金原矿、金精矿的，将销售额换算为金锭销售额缴纳资源税。

b. 纳税人销售其自采原矿的，可按成本法或市场法将原矿销售额换算为精矿销售额计算缴纳资源税。

成本法公式：精矿销售额 = 原矿销售额 + 原矿加工为精矿的成本 ×（1+ 成本利润率）

市场法公式：

精矿销售额 = 原矿销售额 × 换算比

换算比 = 同类精矿单位价格 ÷（原矿单位价格 × 选矿比）

选矿比 = 加工精矿耗用的原矿数量 ÷ 精矿数量

或：精矿销售额 = 精矿单价 × 精矿数量（原矿数量 ÷ 选矿比）

④纳税人申报的应税产品销售额明显偏低且无正当理由的、有视同销售应税产品行为而无销售额的，除财政部、国家税务总局另有规定外，按下列顺序确定销售额：

a. 按纳税人最近时期同类产品的平均销售价格确定；

b. 按其他纳税人最近时期同类产品的平均销售价格确定；

c. 按组成计税价格确定：组成计税价格 = 成本 ×（1+ 成本利润率）÷（1- 税率）。

（2）销售数量。

①纳税人开采或者生产应税产品销售的，以实际销售数量为销售数量。

②纳税人开采或者生产应税产品自用的，以移送时的自用数量为销售数量。

③纳税人不能准确提供应税产品销售数量或移送使用数量的，以应税产品的产量或按主管税务机关确定的折算比换算成的数量为计征资源税的销售数量。

④纳税人将其开采的矿产品原矿自用于连续生产精矿产品，无法提供移送使用原矿数量的，可将其精矿按选矿比折算成原矿数量，以此作为销售数量。

⑤纳税人的减、免税项目，应当单独核算销售额和销售数量；未单独核算或者不能准确提供销售额和销售数量的，不得减免税。

3. 应纳税额的计算

计税方法	计算公式	适用范围
从价定率征收	应纳税额 =（不含增值税）销售额 × 比例税率	大部分
从量定额征收	应纳税额 = 销售数量 × 定额税率	黏土、砂石

（四）减免税

（1）开采原油过程中用于加热、修井的原油免税。

（2）纳税人开采或生产应税产品过程中，因意外事故或者自然灾害等原因遭受重大损失的，由省、自治区、直辖市人民政府酌情决定减税或者免税。

（3）我国油气田稠油、高凝油和高含硫天然气资源税减征 40%；三次采油资源税减征 30%；低丰度油气田资源税暂征 20%；深水油气田减征 30%。

（4）对实际开采年限在 15 年以上的衰竭期矿山开采的矿产资源，资源税减征 30%。

（5）对依法在建筑物下、铁路下、水体下通过充填开采方式采出的矿产资源，资源税减征 50%。

（6）纳税人开采销售共伴生矿，共伴生矿与主矿产品销售额分开核算的，对共伴生矿暂不计征资源税，没有分开核算的，共伴生矿按主矿产品的税目和税率计征资源税。

（7）自 2018 年 4 月 1 日至 2021 年 3 月 31 日，对页岩气资源税（按 6% 规定税率）减征 30%。

（五）资源税征收管理

1. 纳税义务发生时间

（1）纳税人销售应税资源品目采取分期收款结算方式的，其纳税义务发生时间，为销售合同规定的收款日期的当天。

（2）纳税人销售应税资源品目采取预收货款结算方式的，其纳税义务发生时间，为发出应税产品的当天。

（3）纳税人销售应税资源品目采取其他结算方式的，其纳税义务发生时间，为收讫销售款或者索取销售款凭据的当天。

（4）纳税人自产自用应税资源品目的纳税义务发生时间，为移送使用应税产品的当天。

（5）扣缴义务人代扣代缴税款的纳税义务发生时间，为支付首笔货款或者开具应支付货款凭据的当天。

2. 纳税地点

开采地或生产地，代扣代缴的为收购地。

3. 纳税期限

资源税的纳税期限为 1 日、3 日、5 日、10 日、15 日或者 1 个月。

考点四 关 税

关税是对进出国境或关境的货物、物品征收的一种税。

（一）关税纳税人

1. 贸易性商品的纳税人

贸易性商品的纳税人是经营进出口货物的收、发货人。

2. 物品的纳税人

（1）入境旅客随身携带的行李、物品的持有人。

（2）各种运输工具上服务人员入境时携带自用物品的持有人。

（3）馈赠物品以及其他方式入境个人物品的所有人。

（4）个人邮递物品的收件人。

接受纳税人委托办理货物报关等有关手续的代理人，可以代办纳税手续。

（二）关税课税对象

关税的课税对象是进出境的货物、物品。

对从境外采购进口的原产于中国境内的货物，也应按规定征收进口关税。

（三）关税税率

1. 关税的税率分为进口税率和出口税率两种

2. 进口税率

进口税率分为普通税率、最惠国税率、协定税率、特惠税率、关税配额税率和暂定税率。进口货物适用何种关税税率是以进口货物的原产地为标准的。

（1）普通税率。

①对原产于未与我国共同适用最惠国条款的世界贸易组织成员，未与我国订有相互给予最惠国待遇、关税优惠条款贸易协定和特殊关税优惠条款贸易协定的国家或者地区。

②原产地不明。

（2）最惠国税率。

①原产于与我国共同适用最惠国条款的世贸组织成员国或地区。

②原产地与我国签订含有相互给予最惠国待遇的双边贸易协定的国家或者地区。

③原产于我国。

（3）协定税率。

原产于与我国签订含有关税优惠条款的区域性贸易协定的国家或者地区的进口货物，按协定税率征收关税。

（4）特惠税率。

原产于与我国签订含有特殊关税优惠条款的贸易协定的国家或者地区。

（5）关税配额税率。

关税配额是进口国限制进口货物数量的措施，把征收关税和进口配额相结合以限制进口。对于在配额内进口的货物可以适用较低的关税配额税率，对于配额之外的则适用较高税率。

（6）暂定税率。

暂定税率是指在最惠国税率的基础上，对于一些国内需要降低进口关税的货物，以及出于国际双边关系的考虑需要个别安排的进口货物，可以实行暂定税率。

（四）关税计税依据

1. 一般贸易项下进口货物的完税价格

一般进口货物的完税价格：海关审定的成交价格为基础的到岸价格为完税价格。

到岸价格 = 货价 + 货物运抵我国关境内输入地点起卸前的包装费、运费、保险费和其他劳务费等。

（1）应计入关税完税价格。

①进口货物的买方为购买该项货物向卖方实际支付或应当支付的价格。

②进口人在成交价格外另支付给卖方的佣金。

③货物运抵我国关境内输入地点起卸前的包装费、运费、保险费和其他劳务费。

④为了在境内生产、制造、使用或出版、发行的目的而向境外支付的与该进口货物有关的专利、商标、著作权，以及专有技术、计算机软件和资料等费用。

（2）不应计入完税价格的项目。

①向境外采购代理人支付的买方佣金。

②厂房、机械、设备等货物进口后进行建设、安装、装配、维修和技术服务的费用。

③进口货物运抵境内输入地点起卸之后的运输及其相关费用、保险费。

【注意】不应计入完税价格的项目如已计入，应予扣除。卖方付给进口人的正常回扣，应从成交价格中扣除。卖方违反合同规定延期交货的罚款，卖方在货价中冲减时，罚款则不能从成交价格中扣除。

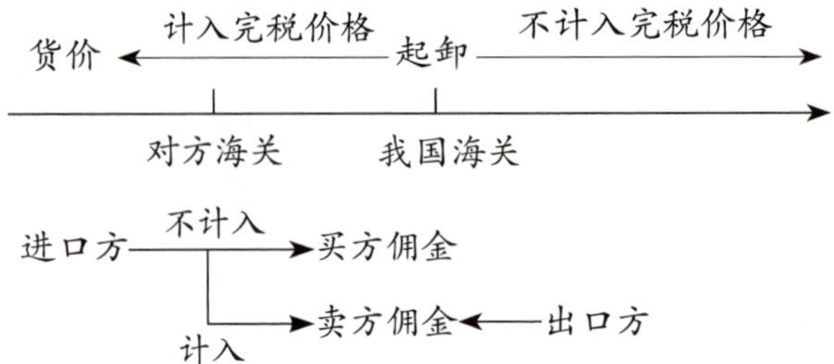

2. 特殊贸易下的进口货物的完税价格

（1）运往境外修理的机械器具、运输工具或者其他货物的完税价格。

出境时已向海关报明并在海关规定期限内复运进境的，以经海关审定的修理费和料件费作为完税价格。

（2）租借和租赁进口货物的完税价格。

租借、租赁方式进境的货物，以海关审查确定的货物租金作为完税价格。

（3）转让出售进口减免税货物的完税价格。

按照特定减免税办法批准予以减免税进口的货物，在转让或者出售而需补税时，可按这些货物原进口时的到岸价格来确定其完税价格。

其计算公式为：完税价格 = 原入境到岸价格 ×［1- 实际使用月份 ÷（管理年限 ×12）］

管理年限是指海关对减免税进口的货物监督管理的年限。

3. 出口货物的完税价格

出口货物应当以海关审定的货物售予境外的离岸价格，扣除出口关税后作为完税价格。

计算公式为：出口货物完税价格 = 离岸价格 ÷（1+ 出口税率）

（五）关税应纳税额的计算

1. 从价税计算方法

应纳税额 = 应税进（出）口货物数量 × 单位完税价格 × 适用税率。进口关税一般采用比例税率，实行从价计征的办法。

2. 从量税计算方法

应纳税额 = 应税进口货物数量 × 关税单位税额。对啤酒、原油等少数货物实行从量计征。

3. 复合税计算方法

应纳税额 = 应税进口货物数量 × 关税单位税额＋应税进口货物数量 × 单位完税价格 × 适用税率。对广播用录像机、放像机、摄像机等实行从价加从量的复合税率。

【注意】消费税的税率：

①大多数税目适用比例税率；

②成品油、啤酒、黄酒适用定额税率；

③卷烟、白酒同时适用复合税率。

4. 滑准税计算方法

滑准税是指关税的税率随着进口商品价格的变动而反方向变动的一种税率形式，即价格越高，税率越低，税率为比例税率。

【注意】进口关税是计算国内增值税、消费税的基础。

（六）关税税收优惠

关税的减税、免税分为法定性减免税、政策性减免税和临时性减免税。

1. 法定性减免税

（1）一票货物关税税额、进口环节增值税或者消费税税额在人民币 50 元以下的。

（2）无商业价值的广告品及货样。

【注意】有商业价值的广告品及货样不能免税。

（3）国际组织、外国政府无偿赠送的物资。

（4）进出境运输工具装载的途中必需的燃料、物料和饮食用品。

（5）因故退还的中国出口货物，可以免征进口关税，但已征收的出口关税不予退还。

（6）因故退还的境外进口货物，可以免征出口关税，但已征收的进口关税不予退还。

2. 酌情减免税

（1）在境外运输途中或者在起卸时，遭受到损坏或者损失的。

（2）起卸后、海关放行前，因不可抗力遭受损坏或者损失的。

（3）海关查验时已经破漏、损坏或者腐烂，经证明不是保管不慎造成的。

（七）关税征收管理

进出口货物的收发货人或者其代理人应当在海关填发税款缴款书之日起 15 日内，向指定银行缴纳税款。逾期不缴的，除依法追缴外，由海关自到期次日起至缴清税款之日止，按日征收欠缴税额 0.5‰的滞纳金。

自 2016 年 6 月 1 日起，旅客携运进出境的行李物品有下列情形之一的，海关暂不予放行：

（1）旅客不能当场缴纳进境物品税款的；

（2）进出境的物品属于许可证件管理范围，但旅客不能当场提交的；

（3）进出境的物品超过自用合理数量，按规定应当办理货物报关手续或其他海关手续，其尚未办理的；

（4）对进出境物品的属性、内容存疑，需要由有关主管部门进行认定、鉴定、验核的；

（5）按规定暂不予以放行的其他行李物品。

由于海关误征，多缴纳税款的，纳税人可以从缴纳税款之日起的 1 年内，书面声明理由，连同纳税收据向海关申请退税，逾期不予受理。

进出口货物完税后，如发现少征或者漏征税款，海关有权在 1 年内予以补征；如因收发货人或其代理人违反规定而造成少征或者漏征税款的，海关在 3 年内可以追缴。

第三节　其他相关税收法律制度

考点一　城市维护建设税与教育费附加

城市维护建设税与教育费附加是对实际缴纳增值税、消费税税额的单位和个人征收的一种税。

（一）纳税人

在中华人民共和国境内缴纳增值税、消费税的单位和个人。

（二）计税依据

城市维护建设税的计税依据为纳税人实际缴纳的增值税、消费税税额，以及出口货物、劳务或者跨境销售服务、无形资产增值税免抵税额。

（三）税率

城建税：比例税率：市区 7%，其他 5%。

教育费附加：3%。

由受托方代扣代缴、代收代缴增值税、消费税的单位和个人，其代扣代缴、代收代缴的城市维护建设税按受托方所在地适用税率执行。

流动经营等无固定纳税地点的单位和个人，在经营地缴纳增值税、消费税的，其城市维护建设税的缴纳按经营地适用税率执行。

（四）应纳税额的计算

应纳税额 =（实际缴纳增值税 + 消费税）× 适用税率

（五）税收优惠

（1）对进口货物或者境外单位和个人向境内销售劳务、服务、无形资产缴纳的增值税、消费税税额，不征收城市维护建设税。

（2）对出口货物、劳务和跨境销售服务、无形资产以及因优惠政策退还增值税、消费税的，不退还已缴纳的城市维护建设税。

（3）对增值税、消费税实行先征后返、先征后退、即征即退办法的，除另有规定外，对随增值税、消费税附征的城市维护建设税，一律不予退（返）还。

考点二 环境保护税

环境保护税是为了保护和改善环境，减少污染物排放，推进生态文明建设而征收的一种税。

（一）环境保护税纳税人

环境保护税的纳税人为在中华人民共和国领域和中华人民共和国管辖的其他海域，直接向环境排放应税污染物的企业事业单位和其他生产经营者。按照规定征收环境保护税，不再征收排污费。

（二）环境保护税征税范围

大气污染物、水污染物、固体废物和噪声等。有下列情形之一的，不属于直接向环境排放污染物：

（1）企业事业单位和其他生产经营者向依法设立的污水集中处理、生活垃圾集中处理场所排放应税污染物的。

（2）企业事业单位和其他生产经营者在符合国家和地方环境保护标准的设施、场所贮存或者处置固体废物的。

依法设立的城乡污水集中处理、生活垃圾集中处理场所超过国家和地方规定的排放标准向环境排放应税污染物的，应当缴纳环境保护税。

企业事业单位和其他生产经营者储存或者处置固体废物不符合国家和地方环境保护标准的，应当缴纳环境保护税。

（三）环境保护税税率

实行定额税率，如大气污染物每污染当量的应收税额为 1.2 ～ 12 元。

（四）环境保护税计税依据

应税大气污染物按照污染物排放量折合的污染当量数确定。

应税水污染物按照污染物排放量折合的污染当量数确定。

应税固体废物按照固体废物的排放量确定。

应税噪声按照超过国家规定标准的分贝数确定。

污染当量，是指根据污染物或者污染排放活动对环境的有害程度以及处理的技术经济性，衡量不同污染物对环境污染的综合性指标或者计量单位。

（五）环境保护税应纳税额的计算

应税大气污染物的应纳税额 = 污染当量数 × 具体适用税额

应税水污染物的应纳税额 = 污染当量数 × 具体适用税额

应税固体废物的应纳税额 = 固体废物排放量 × 具体适用税额

应税噪声的应纳税额 = 超过国家规定标准的分贝数对应的具体适用税额

应税大气污染物、水污染物、固体废物的排放量和噪声的分贝数，按照下列方法和顺序计算：

（1）纳税人安装使用符合国家规定和监测规范的污染物自动监测设备的，按照污染物自动监测数据计算；

（2）纳税人未安装使用污染物自动监测设备的，按照监测机构出具的符合国家有关规定和监测规范的监测数据计算；

（3）因排放污染物种类多等原因不具备监测条件的，按照国务院环境保护主管部门规定的排污系数、物料衡算方法计算；

（4）不能按上述第（1）项至第（3）项规定的方法计算的，按照省、自治区、直辖市人民政府环境保护主管部门规定的抽样测算的方法核定计算。

（六）环境保护税税收优惠

下列情形，暂予免征环境保护税：

（1）农业生产（不包括规模化养殖）排放应税污染物的；

（2）机动车、铁路机车、非道路移动机械、船舶和航空器等流动污染源排放应税污染物的；

（3）依法设立的城乡污水集中处理、生活垃圾集中处理场所排放相应应税污染物，不超过国家和地方规定的排放标准的；

（4）纳税人综合利用的固体废物，符合国家和地方环境保护标准的；

（5）国务院批准免税的其他情形。

下列情形，可减征环境保护税：

（1）纳税人排放应税大气污染物或者水污染物的浓度值低于国家和地方规定的污染物排放标准 30% 的，减按 75% 征收环境保护税；

（2）纳税人排放应税大气污染物或者水污染物的浓度值低于国家和地方规定的污染物排放标准 50% 的，减按 50% 征收环境保护税。

（七）环境保护税征收管理

（1）纳税义务发生时间为纳税人排放应税污染物的当日。纳税人应当向应税污染物排放地的税务机关申报缴纳环境保护税。

（2）环境保护税按月计算，按季申报缴纳。不能按固定期限计算缴纳的，可以按次申报缴纳。

（3）纳税人按季申报缴纳的，应当自季度终了之日起 15 日内，向税务机关办理纳税申报并缴纳税款。纳税人按次申报缴纳的，应当自纳税义务发生之日起 15 日内，向税务机关办理纳税申报并缴纳税款。

考点三 车辆购置税

车辆购置税，是对在中国境内购置应税车辆的单位和个人征收的一种税，就其性质而言，属于直接税的范畴。

（一）车辆购置税纳税人

在我国境内购置规定的车辆的单位和个人，为车辆购置税的纳税人。

购置：购买、进口、自产、受赠、获奖、其他方式取得并自用应税车辆的行为。

【注意】

①购置后自用的，才需要缴纳车辆购置税。购入待售车辆不需要缴纳车辆购置税，待进一步处置时再行确定纳税人、缴纳车辆购置税。

②车辆购置税由承受方缴纳（与契税相同）。

③车辆购置税实行一次性征收制度，购置已征车辆购置税的车辆，不再征收车辆购置税（与耕地占用税相同）。

（二）车辆购置税征收范围

包括汽车、有轨电车、汽车挂车、排气量超过 150 毫升的摩托车。

（三）车辆购置税应纳税额的计算

车辆购置税采用 10% 的比例税率。

（1）购买自用。

计税价格为纳税人购买应税车辆而支付给销售者的全部价款，不包括增值税税款。

【例题：单选题】王某 2019 年 6 月购买一辆汽车自用，支付含增值税价款 113000 元。已知，车辆购置税的税率为 10%。根据车辆购置税法律制度的规定，王某应缴纳车辆购置税（　　）元。

A. 11300　　　　B. 12000

C. 9000　　　　D. 10000

扫二维码　视频讲解

【答案】D

【解析】113000 ÷（1+13%）×10%=10000（元）。

（2）进口自用。

计税价格为组成计税价格。计税价格 = 关税完税价格 + 关税 + 消费税

（3）自产自用。

按照纳税人生产的同类应税车辆的销售价格确定，不包括增值税税款。

（4）受赠、获奖或者其他方式取得自用。

按照购置应税车辆时相关凭证载明的价格确定，不包括增值税税款。

（5）纳税人申报的应税车辆计税价格明显偏低，又无正当理由的，由税务机关依照《中华人民共和国税收征收管理法》规定核定其应纳税额。

纳税人以外汇结算应税车辆价款的，按照申报纳税之日的人民币汇率中间价折合成人民币计算缴纳税款。

车辆购置税实行从价定率的方法计算应纳税额。计算公式如下：

应纳税额＝计税依据×税率

进口应税车辆应纳税额＝（关税完税价格＋关税＋消费税）×税率

（四）税收优惠

（1）外国驻华使馆、领事馆和国际组织驻华机构及其有关人员自用的车辆。

（2）中国人民解放军和中国人民武装警察部队列入军队武器装备订货计划的车辆。

（3）设有固定装置的非运输车辆。

（4）悬挂应急救援专用号牌的国家综合性消防救援车辆。

（5）设有固定装置的非运输专用作业车辆。

（6）城市公交企业购置的公共汽电车辆。

根据国民经济和社会发展的需要，国务院可以规定减征或者其他免征车辆购置税的情形，报全国人民代表大会常务委员会备案。

（五）车辆购置税征收管理

1. 纳税申报

（1）车辆购置税实行一次性征收。购置已征车辆购置税的车辆，不再征收车辆购置税。

（2）车辆购置税由税务机关负责征收。

（3）纳税人购买自用应税车辆的，应当自购买之日起60日内申报纳税。

（4）进口自用应税车辆的，应当自进口之日起60日内申报纳税。

（5）自产、受赠、获奖或者以其他方式取得并自用应税车辆的，应当自取得之日起60日内申报纳税。

2. 纳税环节

（1）纳税人应当在向公安机关交通管理部门办理车辆注册登记前，缴纳车辆购置税。

（2）免税、减税车辆因转让、改变用途等原因不再属于免税、减税范围的，纳税人应当在办理车辆转移登记或者变更登记前缴纳车辆购置税。计税价格以免税、减税车辆初次办理纳税申报时确定的计税价格为基准，每满1年扣减10%。

（3）纳税人将已征车辆购置税的车辆退回车辆生产企业或者销售企业的，可以向主管税务机关申请退还车辆购置税。退税额以已缴税款为基准，自缴纳税款之日至申请退税之日，每满1年扣减10%。

3. 纳税地点

（1）购置应税车辆，应当向车辆登记注册地的主管税务机关申报纳税。

（2）购置不需要办理车辆登记的应税车辆，应当向纳税人所在地的主管税务机关申报纳税。

考点四 耕地占用税

耕地占用税，是为了合理利用土地资源，加强土地管理，保护耕地，对占用耕地建房或者从事非农业建设的单位或者个人征收的一种税。

（一）耕地占用税纳税人

在我国境内占用耕地建房或者从事非农业建设的单位或者个人。

（二）耕地占用税征税范围

耕地占用税的征税范围包括纳税人为建房或者从事其他非农业建设而占用的国家所有和集体所有的耕地。

建设直接为农业生产服务的生产设施占用耕地的，不征收耕地占用税。

（三）耕地占用税税率、计税依据及应纳税额的计算

1. 税率

（1）耕地占用税实行定额税率。

（2）占用基本农田的，应当按照当地适用税率，加按 150% 征收。

（3）在人均耕地低于 0.5 亩的地区，省、自治区、直辖市可以根据当地经济发展情况，适当提高耕地占用税的适用税额，但提高的部分不得超过确定的适用税额的 50%。

2. 计税依据

以纳税人实际占用的耕地面积为计税依据，一次性缴纳。包括经批准占用的耕地面积和未经批准占用的耕地面积。

3. 应纳税额的计算

应纳税额 = 实际占用耕地面积（平方米）× 适用税率

（四）耕地占用税税收优惠

（1）免征。

①军事设施、学校、幼儿园、社会福利机构、医疗机构占用耕地。（不包括职工住房）

②农村烈士遗属、因公牺牲军人遗属、残疾军人以及符合农村最低生活保障条件的农村居民，在规定用地标准以内新建自用住宅，免征耕地占用税。

【注意】

学校内经营性场所和教职工住房、医院内职工住房占用耕地的，应当征收耕地占用税。

（2）减征。

①铁路线路、公路线路、港口、航道和飞机场跑道、停机坪减按每平方米 2 元的税额标准征收。

②农村居民在规定标准内占用耕地新建自用住宅，按照当地适用税额减半征收耕地占用税；其中农村居民经批准搬迁，新建自用住宅占用耕地不超过原宅基地面积的部分，免征耕地占用税。

（3）根据国民经济和社会发展的需要，国务院可以规定免征或者减征耕地占用税的其他情形，报全国人民代表大会常务委员会备案。

按规定免征或者减征耕地占用税后，纳税人改变原占地用途，不再属于免征或者减征耕地占用税情形的，应当按照当地适用税额补缴耕地占用税。

耕地占用税和城镇土地使用税：

要　点	耕地占用税	城镇土地使用税
征税范围	为从事建房或从事非农业建设占用的耕地	使用城市、县城、建制镇和工矿区范围内（不包括农村）的土地
税　率	定额税率	

第六章

（续表）

要　点	耕地占用税	城镇土地使用税
计税依据	实际占用	
征税方式	一次性缴纳	每年一次
凡是缴纳了耕地占用税的，从批准征用之日起满 1 年后征收城镇土地使用税		

考点五 烟叶税

烟叶税是向收购烟叶的单位征收的一种税。

（一）烟叶税纳税人

烟叶税的纳税人为在中华人民共和国境内收购烟叶的单位（包括受委托收购烟叶的单位）。

（二）烟叶税征税范围

包括晾晒烟叶、烤烟叶。

（三）烟叶税税率

烟叶税实行比例税率，税率为 20%。

（四）烟叶税计税依据

烟叶税的计税依据是纳税人收购烟叶实际支付的价款总额，包括纳税人支付给烟叶生产销售单位和个人的烟叶收购价款和价外补贴。其中，价外补贴统一按烟叶收购价款的 10% 计算。

价款总额 = 收购价款 ×（1+10%）

（五）烟叶税应纳税额的计算

应纳税额 = 价款总额 × 税率

= 收购价款 ×（1+10%）× 税率（20%）

（六）烟叶税征收管理

1. 纳税义务发生时间

烟叶税的纳税义务发生时间为纳税人收购烟叶的当天，即纳税人向烟叶销售者付讫收购烟叶款项或者开具收购烟叶凭证的当天。

2. 纳税期限

烟叶税按月计征，纳税人应当于纳税义务发生月终了之日起 15 日内申报并缴纳税款。具体纳税期限由主管税务机关核定。

考点六 船舶吨税

船舶吨税是对自中国境外港口进入境内港口的船舶征收的一种税。

（一）船舶吨税纳税人

对自中国境外港口进入中国境内港口的船舶（简称“应税船舶”）征收船舶吨税（简称“吨税”），以应税船舶负责人为纳税人。

（二）船舶吨税税目税率

吨税税目按船舶净吨位的大小分等级设置 4 个税目；税率采用定额税率，分为 30 日、90 日和 1 年三种不同的税率。具体分为两类：

（1）普通税率；

（2）优惠税率：我国国籍的应税船舶、船籍国（地区）与我国签订含有互相给予船舶税费最惠国待遇的条约或协定的应税船舶，适用优惠税率。

（三）船舶吨税计税依据

吨税以船舶净吨位为计税依据。

拖船和非机动驳船分别按相同净吨位船舶税率的 50% 计征。

（四）船舶吨税应纳税额

应纳税额 = 应税船舶净吨位 × 适用税率

（五）船舶吨税税收优惠

下列船舶免征吨税：

（1）应纳税额在人民币 50 元以下的船舶；

（2）自境外以购买、受赠、继承等方式取得船舶所有权的初次进口到港的空载船舶；

（3）吨税执照期满后 24 小时内不上下客货的船舶；

（4）非机动船舶（不包括非机动驳船）；

（5）捕捞、养殖渔船；

（6）避难、防疫隔离、修理、终止运营或者拆解，并不上下客货的船舶；

（7）军队、武装警察部队专用或者征用的船舶；

（8）警用船舶；

（9）依照法律规定应当予以免税的外国驻华使领馆、国际组织驻华代表机构及其有关人员的船舶。

（六）船舶吨税征收管理

1. 纳税义务发生时间

应税船舶进入境内港口的当日，应税船舶在吨税执照期满后尚未离开港口的，应当申领新的吨税执照，自上一执照期满的次日起续缴吨税。

2. 纳税期限

应税船舶负责人应当自海关填发吨税缴款凭证之日起 15 日内缴清税款。未按期缴清税款的，自滞纳税款之日起至缴清税款之日止，按日加收滞纳税款万分之五的税款滞纳金。

3. 其他相关规定

（1）船舶吨税由海关负责征收。海关征收吨税应当制发缴款凭证。

（2）海关发现少征或者漏征税款的，应当自应税船舶应当缴纳税款之日起 1 年内，补征税款。但因应税船舶违反规定造成少征或者漏征税款的，海关可以自应当缴纳税款之日起 3 年内追征税款，并自应当缴纳税款之日起按日加征少征或者漏征税款万分之五的税款滞纳金。

（3）应税船舶发现多缴税款的，可以自缴纳税款之日起 3 年内以书面形式要求海关退还多缴的税款并加算银行同期活期存款利息；海关应当自受理退税申请之日起 30 日内查实并通知应税船舶办理退还手续。

【总结】①房地产销售涉及的税种：

税　种	卖　方	买　方
增值税	√	
城建税	√	
教育费附加	√	
土地增值税	√	
契　税		√
印花税	√	√
所得税	√	

②个人转让住房涉及的免税情形：

税　种	相关规定
增值税	＜2 年：全额征收 ≥2 年：北上广深：普通住房免征，非普通住房差额征收；北上广深外：免征
土地增值税	居民个人转让住房一律免征土地增值税
印花税	个人销售或者购买住房暂免征收印花税
个人所得税	个人转让购买 5 年以上且是家庭唯一住房免税

③房地产出租涉及的税种：

税　种	出租方	承租方	相关规定
增值税	√		自然人出租住房，按照 5% 的征收率减按 1.5% 计算应纳税额
城建税	√		
教育费附加	√		
个人所得税	√		修缮费用 800 元为限
房产税	√		个人出租住房、向个人出租用于居住的住房减按 4%

④房地产赠与涉及的税种：

税　种	赠与方	承受方	其　他
增值税	√		无偿赠与公益事业或社会公众免税
城建税	√		
教育费附加	√		
土地增值税	√		赠与直系亲属、赡养义务人或教育、民政、福利、公益事业免税
契　税		√	

⑤各税种税率形式：

税　种	比例税率	定额税率
增值税	√	
城建税及附加	√	
企业所得税	√	
车辆购置税	√	
契　税	√	
房产税	√	
烟叶税	√	
耕地占用税		√
城镇土地使用税		√
车船税		√
环境保护税		√
土地增值税	√（超率累进）	
个人所得税	√（超额累进）	
印花税	√	√

⑥各税种税率的计税方法：

税　目		从价计征	从量计征	复合计征
消费税	成品油、啤酒、黄酒		√	
	卷烟、白酒			√
	其　他	√		
资源税	大多数	√		
	黏土、砂石		√	
关　税	啤酒、原油		√	
	广播用录像机、放像机、摄像机			√
	其　他	√		

第七章　税收征收管理法律制度

微信扫二维码
看教材配套课程

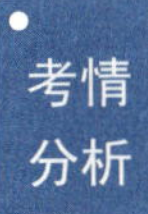

考情分析

本章第一小节是2020年新增内容，虽然难度不大，但需注意新增内容的考核方向，多练习相关题目，总结常考角度。本章主要是以各个征收环节为考点，理解难度不大，注意记忆，重点掌握税款征收与税务检查的知识。预估分值在10分左右。

第一节　税收征收管理法概述

考点一　税收征收管理法的概念

税收征收管理法，是指调整税收征收与管理过程中所发生的社会关系的法律规范的总称。包括国家权力机关制定的税收征管法律、国家权力机关授权行政机关制定的税收征管行政法规和有关税收征管的规章制度等。

考点二　税收征收管理法的适用范围

凡依法由税务机关征收的各种税收的征收管理，均适用《中华人民共和国税收征收管理法》。

考点三　征纳双方的权利和义务

（一）征税主体的权利和义务

权　利	义　务
①税收立法权 ②税务管理权 ③税款征收权 ④税务检查权 ⑤税务行政处罚权 ⑥其他职权	①无偿为纳税人提供纳税咨询服务 ②依法为纳税人、扣缴义务人的情况保守秘密 ③提高税务人员的政治业务素质 ④依法接受监督 ⑤不得滥用职权多征税款 ⑥税务人员可能影响公正执法的其他利害关系的，应当回避 ⑦建立、健全内部制约和监督管理制度

（二）纳税主体的权利和义务

权　利	义　务
①知情权 ②要求保密权 ③依法享受税收优惠权 ④申请退还多缴税款权 ⑤申请延期申报权 ⑥纳税申报方式选择权 ⑦申请延期缴纳税款权 ⑧索取有关税收凭证的权利 ⑨委托税务代理权	①按期办理税务登记，及时核定应纳税种、税目 ②依法设置账簿、保管账簿和有关资料以及依法开具、使用、取得和保管发票的义务 ③财务会计制度和会计核算软件备案的义务 ④按照规定安装、使用税控装置的义务 ⑤按期、如实办理纳税申报的义务 ⑥按期缴纳或解缴税款的义务 ⑦接受税务检查的义务 ⑧代扣、代收税款的义务

（续表）

权　利	义　务
⑩陈述权、申辩权 ⑪ 对未出示税务检查证和税务检查通知书的拒绝检查权 ⑫ 依法要求听证的权利 ⑬ 税收法律救济权 ⑭ 税收监督权	⑨及时提供信息的义务 ⑩报告其他涉税信息的义务

【例题：单选题】下列各项中，不属于税务机关职权的有（　　）。

A. 税务管理权

B. 税款征收权

C. 税务检查权

D. 税收法律、法规和规章的知情权

扫二维码　视频讲解

【答案】D

第二节　税务管理

税务管理主要包括税务登记管理、账簿和凭证管理、发票管理、纳税申报管理等。

考点一　税务登记

1. 税务登记申请人

除国家机关、个人和无固定生产经营场所的流动性农村小商贩外，其他负有纳税义务的纳税人，均应当办理税务登记；负有扣缴税款义务的扣缴义务人（国家机关除外），应当办理扣缴税款登记。

【注意】即使是免税的和享受税收优惠的企业也应当办理税务登记。

2. 税务登记主管机关

县以上（含本级）税务局（分局）是税务登记的主管机关，实施属地管理，办理税务登记。

3. “多证合一”登记制度改革

自 2015 年 10 月 1 日起，登记制度改革在全国推行。随着国务院简政放权、放管结合、优化服务的“放管服”改革不断深化，登记制度改革从“三证合一”推进为“五证合一”，又进一步推进为“多证合一、一照一码”。即在全面实施企业、农民专业合作社工商营业执照、组织机构代码证、税务登记证、社会保险登记证、统计登记证“五证合一、一照一码”登记制度改革和个体工商户工商营业执照、税务登记证“两证整合”的基础上，将涉及企业、个体工商户和农民专业合作社（统称企业）登记、备案等有关事项和各类证照进一步整合到营业执照上，实现“多证合一、一照一码”。使“一照一码”营业执照成为企业唯一的“身份证”，使统一社会信用代码成为企业唯一的身份代码，实现企业“一照一码”走天下。

考点二　账簿和凭证管理

从事生产、经营的纳税人应当自领取营业执照或者发生纳税义务之日起 15 日内，按照国家有关规定设置账簿。

扣缴义务人应当自扣缴义务发生之日起 10 日内，设置代扣代缴、代收代缴税款账簿。

除法律、行政法规另有规定外，账簿、记账凭证、报表、完税凭证、发票、出口凭证以及其他有关涉税资料应当保存 10 年。

第七章

考点三 发票管理

发票是指在购销商品、提供或者接受服务以及从事其他经营活动中，开具、收取的收付款凭证。它是确定经济收支行为发生的法定凭证，是会计核算的原始依据。

（一）发票的类型和适用范围

1. 发票的类型

（1）增值税专用发票，包括增值税专用发票和机动车销售统一发票。

（2）增值税普通发票，包括增值税普通发票（折叠票）、增值税电子普通发票和增值税普通发票（卷票）。

（3）其他发票，包括农产品收购发票、农产品销售发票、门票、过路（过桥）费发票、定额发票、客运发票和二手车销售统一发票等。

2. 发票的适用范围

（1）增值税一般纳税人发生应税销售行为，使用增值税发票管理系统开具增值税专用发票、增值税普通发票、机动车销售统一发票、增值税电子普通发票。自2018年4月1日起，二手车交易市场、二手车经销企业、经纪机构和拍卖企业应当通过新系统开具二手车销售统一发票。通过新系统开具的二手车销售统一发票与现行二手车销售统一发票票样保持一致。

单位和个人可以登录全国增值税发票查验平台，对新系统开具的发票信息进行查验。

（2）增值税小规模纳税人发生应税销售行为，开具增值税普通发票，一般不使用增值税专用发票，可以到税务机关代开增值税专用发票。小规模纳税人（其他个人除外）发生增值税应税行为，需要开具增值税专用发票的，可以自愿使用增值税发票管理系统自行开具。但销售其取得的不动产，需要开具增值税专用发票的，应当按照有关规定向税务机关申请代开。

（3）2017年1月1日起启用增值税普通发票（卷票），增值税普通发票（卷票）由纳税人自愿选择使用，重点在生活性服务业纳税人中推广。

（4）门票、过路（过桥）费发票、定额发票、客运发票和二手车销售统一发票继续使用。

（5）餐饮行业增值税一般纳税人购进农业生产者自产农产品，可以使用税务机关监制的农产品收购发票，按照现行规定计算抵扣进项税额。

（6）采取汇总纳税的金融机构，省、自治区所辖地市以下分支机构可以使用地市级机构统一领取的增值税专用发票、增值税普通发票、增值税电子普通发票；直辖市、计划单列市所辖区县及以下分支机构可以使用直辖市、计划单列市机构统一领取的增值税专用发票、增值税普通发票、增值税电子普通发票。

（7）税务机关使用新系统代开增值税专用发票和增值税普通发票。代开增值税专用发票使用六联票，代开增值税普通发票使用五联票。

（二）发票的开具和使用

1. 发票的开具

（1）销售商品、提供服务以及从事其他经营活动的单位和个人，对外发生经营业务收取款项，收款方应当向付款方开具发票；特殊情况下，由付款方向收款方开具发票。

（2）所有单位和从事生产、经营活动的个人在购买商品、接受服务以及从事其他经营活动支付款项，应当向收款方取得发票。取得发票时，不得要求变更品名和金额。

（3）开具发票应当按照规定的时限、顺序、栏目，全部联次一次性如实开具，并加盖发票专用章。不符合规定的发票，不得作为财务报销凭证，任何单位和个人有权拒收。

（4）任何单位和个人不得有下列虚开发票行为：

①为他人、为自己开具与实际经营业务情况不符的发票；

②让他人为自己开具与实际经营业务情况不符的发票；

③介绍他人开具与实际经营业务情况不符的发票。

2. 发票的使用和保管

任何单位和个人使用发票，不得有下列行为：

（1）转借、转让、介绍他人转让发票、发票监制章和发票防伪专用品；

（2）知道或者应当知道是私自印制、伪造、变造、非法取得或者废止的发票而受让、开具、存放、携带、邮寄、运输；

（3）拆本使用发票；

（4）扩大发票使用范围；

（5）以其他凭证代替发票使用。

【提示】开具发票的单位和个人应当按照税务机关的规定存放和保管发票，不得擅自损毁，已经开具的发票存根联和发票登记簿，应当保存5年。保存期满，报经税务机关查验后销毁。

（三）增值税发票管理的特别规定

（1）增值税纳税人应使用新系统选择相应的编码开具增值税发票。

（2）自2017年7月1日起，购买方为企业（包括公司、非公司制企业法人、企业分支机构、个人独资企业、合伙企业和其他企业）的，索取增值税普通发票时，应向销售方提供纳税人识别号或统一社会信用代码；销售方为其开具增值税普通发票时，应在"购买方纳税人识别号"栏填写购买方的纳税人识别号或统一社会信用代码。不符合规定的发票，不得作为税收凭证。

（3）销售方开具增值税发票时，发票内容应按照实际销售情况如实开具，不得根据购买方要求填开与实际交易不符的内容。

（4）进一步扩大增值税发票网上申领适用范围，已经实现办税人员实名信息采集和验证的纳税人，可以自愿选择使用网上申领方式领用发票。

（5）积极推进增值税发票领用分类分级管理。

（四）发票的检查

税务机关在发票管理中有权进行下列检查：

（1）检查印制、领购、开具、取得、保管和缴销发票的情况；

（2）调出发票查验；

（3）查阅、复制与发票有关的凭证、资料；

（4）向当事各方询问与发票有关的问题和情况；

（5）在查处发票案件时，对与案件有关的情况和资料，可以记录、录音、录像、照相和复制。

印制、使用发票的单位和个人，必须接受税务机关依法检查，如实反映情况，提供有关资料，不得拒绝、隐瞒。税务人员进行检查时，应当出示税务检查证。

考点四　纳税申报

（一）纳税申报的方式

（1）自行申报。

（2）邮寄申报：以寄出的邮戳日期为实际申报日期。

（3）数据电文申报：以税务机关计算机网络系统收到该数据电文的时间为实际申报日期。

（4）其他方式：简易申报；简并征期。

该两种方式只适用于实行定期定额缴纳税款的纳税人。

（二）纳税申报的其他要求

（1）纳税人在纳税期内没有应纳税款的，也应当按照规定办理纳税申报。

（2）纳税人享受减税、免税待遇的，在减税、免税期间应当按照规定办理纳税申报。

（3）因不可抗力不能按期申报，可以办理延期纳税。

经核准延期办理纳税申报、报送事项的，应当在纳税期内按照上期实际缴纳的税额或者税务机关核定的税额预缴税款，并在核准的延期内办理税款结算。

第三节　税款征收与税务检查

考点一　税款征收

税款征收是税收征收管理工作的中心环节，是全部税收征管工作的目的和归宿。

（一）征收方式

查账征收、查定征收、查验征收、定期定额征收。

征收方式	适用范围
查账征收	适用于财务会计制度健全、能够如实核算和提供生产经营情况，并能正确计算应纳税款和如实履行纳税义务的纳税人
查定征收	适用于生产经营规模较小、产品零星、税源分散、会计账册不健全，但能控制原材料或进销货的小型厂矿和作坊
查验征收	适用于纳税人财务制度不健全、生产经营不固定、零星分散、流动性大的税源
定期定额征收	适用于经主管税务机关认定和县以上税务机关（含县级）批准的生产、经营规模小，达不到设置账簿标准，难以查账征收，不能准确计算计税依据的个体工商户（包括个人独资企业） 定期定额缴纳税款的纳税人可以简易申报、简并征期

（二）应纳税额的核定

1. 核定应纳税额的情形

（1）依照法律、行政法规的规定可以不设置账簿、应当设置账簿但未设置的、虽设账簿但账目混乱难以查账的。

（2）擅自销毁账簿或者拒不提供纳税资料的。

（3）发生纳税义务，未按照规定的期限办理纳税申报，经税务机关责令限期申报，逾期仍不申报的。

（4）纳税人申报的计税依据明显偏低，又无正当理由的（无法查账、故意不想缴税或少缴税）。

【注意】

①纳税人发生纳税义务，未按照规定的期限办理纳税申报，经税务机关责令限期申报，逾期仍不申报的，税务机关有权核定其应纳税额。

②纳税人欠缴税款，由税务机关责令限期缴纳，逾期仍未缴纳税款的，经县以上税务局（分局）局长批准，税务机关有权采取税收强制执行措施。

2. 核定应纳税额的方法

（1）参照当地同类行业或者类似行业中经营规模和收入水平相近的纳税人的税负水平核定。

（2）按照营业收入或者成本加合理的费用和利润的方法核定。

（3）按照耗用的原材料、燃料、动力等推算或者测算核定。

（4）按照其他合理方法核定。

当其中一种方法不足以正确核定应纳税额时，可以同时采用两种以上的方法核定。

（三）税款征收措施

1. 责令缴纳

滞纳金＝滞纳税款 × 滞纳天数 × 万分之五

滞纳金的起止时间：规定确定的税款缴纳期限届满次日起至纳税人、扣缴义务人实际缴纳或者解缴税款之日止。

【注意】

①贴现期：贴现日至汇票到期日前1日计算；承兑人在异地的，贴现的期限另加3天的划款日期。

②支付两倍工资的期限从用工满一个月的次日至补订书面劳动合同的前一日。

2. 责令提供纳税担保

纳税担保，是指经税务机关同意或确认，纳税人或其他自然人、法人、经济组织以保证、抵押、质押的方式，为纳税人应当缴纳的税款及滞纳金提供担保的行为。

（1）适用纳税担保的情形：

①税务机关有根据认为从事生产、经营的纳税人有逃避纳税义务行为，在规定的纳税期之前经责令其限期缴纳应纳税款，在限期内发现纳税人有明显的转移、隐匿其应纳税的商品、货物，以及其他财产或者应纳税收入的迹象，责成纳税人提供纳税担保的；

②欠缴税款、滞纳金的纳税人或者其法定代表人需要出境的；

③纳税人同税务机关在纳税上发生争议而未缴清税款，需要申请行政复议的；

④税收法律、行政法规规定可以提供纳税担保的其他情形。

（2）纳税担保的方式。

纳税担保，是指纳税人或其他自然人、法人、经济组织以保证、抵押、质押的方式，为纳税人应当缴纳的税款及滞纳金提供担保的行为。

（3）纳税担保的范围。

纳税担保范围包括税款、滞纳金和实现税款、滞纳金的费用。费用包括抵押、质押登记费用，质押保管费用，以及保管、拍卖、变卖担保财产等相关费用支出。

【注意】票据权利追索的费用：金额；利息；拒绝证明或发出通知书的费用。

3. 采取税收保全措施

税务机关责令具有税法规定情形的纳税人提供纳税担保而纳税人拒绝或无力提供纳税担保，经县以上税务局（分局）局长批准。

（1）书面通知纳税人开户银行或者其他金融机构冻结纳税人的金额相当于应纳税款的存款。

（2）扣押、查封纳税人的价值相当于应纳税款的商品、货物或其他财产。

4. 采取强制执行措施

从事生产、经营的纳税人、扣缴义务人未按照规定的期限缴纳或者解缴税款，纳税担保人未按照规定的期限缴纳所担保的税款，由税务机关责令限期缴纳，逾期仍未缴纳的，经县以上税务局（分局）局长批准，税务机关可以采取强制执行措施。

（1）强制扣款：即书面通知其开户银行或者其他金融机构从其存款中扣缴税款。

（2）拍卖变卖：即扣押、查封、依法拍卖或者变卖其价值相当于应纳税款的商品、货物或者其他财产，以拍卖或者变卖所得抵缴税款。

【注意】①税收保全措施的范围不包括税收滞纳金，且仅适用于从事生产、经营的纳税人。

②税务机关采取税收保全措施的期限一般不得超过6个月；重大案件需要延长的，应当报国家税务总局批准。

③个人及其所扶养家属维持生活必需的住房和用品以及单价5000元以下的其他生活用品不在税收保全措施、强制执行措施的范围之内。

④税务机关采取强制执行措施时，对上述纳税人、扣缴义务人、纳税担保人未缴纳的滞纳金同时强制执行。

	税收保全	强制执行
执行对象	生产、经营的纳税人	生产、经营的纳税人、扣缴义务人、纳税担保人
滞纳金	没有	有
方　式	冻结、查封、扣押	强制扣款、拍卖变卖
批　准	县以上税务局（分局）局长	
不适用	①个人及其所扶养家属维持生活必需的住房和用品 ②单价5000元以下的其他生活用品	

5. 阻止出境

欠缴税款的纳税人或者其法定代表人在出境前未按规定结清应纳税款、滞纳金或者提供纳税担保的，税务机关可以通知出境管理机关阻止其出境。

【注意】核定应纳税额、责令提供纳税担保、税收保全、税收强制执行、阻止出境的前提条件：

税款征收	实施条件
核定应纳税额	无法查账；主观故意不缴税或少缴税
责令提供纳税担保	①在责令缴纳限期内发现纳税人有明显的转移、隐匿其应纳税的财产或者应纳税收入的迹象 ②欠缴税款、滞纳金的纳税人或者其法定代表人需要出境的 ③未缴清税款，需要申请行政复议的
税收保全	税法规定情形的纳税人提供纳税担保而纳税人拒绝或无力提供担保
税收强制执行	未按照规定期限纳税，税务机关责令限期缴纳，逾期仍未缴纳的
阻止出境	纳税人或者其法定代表人在出境前未按规定结清应纳税款、滞纳金或者提供纳税担保的

考点二　税务检查

1. 税务机关在税务检查中的职权

（1）检查纳税人的账簿、记账凭证、报表和有关资料；检查扣缴义务人代扣代缴、代收代缴税款账簿、记账凭证和有关资料。（检查税务资料）

（2）到纳税人的生产、经营场所和货物存放地检查纳税人应纳税的商品、货物或者其他财产；检查扣缴义务人与代扣代缴、代收代缴税款有关的经营情况。（实地检查财产）

（3）责成纳税人、扣缴义务人提供与纳税或者代扣代缴、代收代缴税款有关的文件、证明材料和有关资料。（提供缴税证明）

（4）询问纳税人、扣缴义务人与纳税或者代扣代缴、代收代缴税款有关的问题和情况。（询问）

（5）到车站、码头、机场、邮政企业及其分支机构检查纳税人托运、邮寄应纳税商品、货物或者其他财产的有关单据、凭证和有关资料。（检查资产转移情况）

（6）经县以上税务局（分局）局长批准，指定专人负责，凭全国统一格式的检查存款账户许可证明，查询从事生产、经营的纳税人、扣缴义务人在银行或者其他金融机构的存款账户。税务机关在调查税收违法案件时，经设区的市、自治州以上税务局（分局）局长批准，可以查询案件涉嫌人员的储蓄存款。税务机关查询所获得的资料，不得用于税收以外的用途。

即：查询纳税人、扣缴义务人存款账户：县级以上税务局（分局）局长批准；查询涉嫌人员储蓄存款：市级以上税务局（分局）局长批准。

2. 被检查人的义务

（1）纳税人、扣缴义务人必须接受税务机关依法进行的税务检查，如实反映情况，提供有关资料，不得拒绝、隐瞒。

（2）税务机关依法进行税务检查，向有关单位和个人调查纳税人、扣缴义务人和其他当事人与纳税或者代扣代缴、代收代缴税款有关的情况时，有关单位和个人有义务向税务机关如实提供有关资料及证明材料。

第四节　税务行政复议

考点一　税务行政复议范围

纳税人及其他当事人（简称“申请人”）认为税务机关（简称“被申请人”）的具体行政行为侵犯其合法权益，可依法向税务行政复议机关申请行政复议。

税务行政复议机关（简称“复议机关”），是指依法受理税务行政复议申请，对具体行政行为进行审查并作出行政复议决定的税务机关。

申请人对税务机关下列具体行政行为不服的，可以提出行政复议申请：

（1）税务机关作出的征税行为。包括确认纳税主体、征税对象、征税范围、减税、免税、退税、抵扣税款、适用税率、计税依据、纳税环节、纳税期限、纳税地点和税款征收方式等具体行政行为，征收税款、加收滞纳金、扣缴义务人、受税务机关委托的单位和个人作出的代扣代缴、代收代缴、代征行为等；

（2）行政许可、行政审批行为；

（3）发票管理行为，包括发售、收缴、代开发票等；

（4）税收保全措施、强制执行措施；

（5）行政处罚行为：罚款；没收财物和违法所得；停止出口退税权；

（6）税务机关不依法履行下列职责的行为：开具、出具完税凭证；行政赔偿；行政奖励；其他不依法履行职责的行为；

（7）资格认定行为；

（8）不依法确认纳税担保行为；

（9）政府公开信息工作中的具体行政行为；

（10）纳税信用等级评定行为；

（11）税务机关通知出入境管理机关阻止出境行为；

（12）税务机关作出的其他具体行政行为。

【注意】没有调整税收优惠政策。

【提示】

①申请人对复议范围中第1项规定的行为不服的，应当先向复议机关申请行政复议，对行政复议决定不服的，可以再向人民法院提起行政诉讼。

②申请人对复议范围中第1项规定以外的其他具体行政行为不服的，可以申请行政复议，也可以直接向人民法院提起行政诉讼。

考点二 税务行政复议管辖

（一）一般规定

（1）对各级税务局的具体行政行为不服的，向其上一级税务局申请行政复议。

（2）对计划单列市税务局的具体行政行为不服的，向国家税务总局申请行政复议。

（3）对税务所（分局）、各级税务局的稽查局的具体行政行为不服的，向其所属税务局申请行政复议。

（4）对国家税务总局的具体行政行为不服的，向国家税务总局申请行政复议。对行政复议决定不服，申请人可以向人民法院提起行政诉讼，也可以向国务院申请裁决。国务院的裁决为最终裁决。

（二）复议管辖的特殊规定

（1）对两个以上税务机关以共同的名义作出的具体行政行为不服的，向共同上一级税务机关申请行政复议；对税务机关与其他行政机关以共同的名义作出的具体行政行为不服的，向其共同上一级行政机关申请行政复议。

（2）对被撤销的税务机关在撤销以前所作出的具体行政行为不服的，向继续行使其职权的税务机关的上一级税务机关申请行政复议。

（3）对税务机关作出逾期不缴纳罚款加处罚款的决定不服的，向作出行政处罚决定的税务机关申请行政复议。但是对已处罚款和加处罚款都不服的，一并向作出行政处罚决定的税务机关的上一级税务机关申请行政复议。

申请人向具体行政行为发生地的县级地方人民政府提交行政复议申请的，由接受申请的县级地方人民政府依法予以转送。

【提示】行政复议管辖

行政机关	复议机关
各级税务局	上一级税务局
计划单列市税务局	国家税务总局
稽查局	所属税务局
国家税务总局	国家税务总局
两个税务机关共同行为	共同上一级税务机关
税务机关与其他行政机关共同行为	共同上一级行政机关
已撤销的税务机关	继续行使职权的税务机关的上一级税务机关
加处罚款	作出行政处罚决定的税务机关
已处罚款和加处罚款	上一级税务机关

考点三 税务行政复议申请与受理

（一）税务行政复议申请

（1）时间：申请人可以在知道税务机关作出具体行政行为之日起60日内提出行政复议申请。

（2）方式：申请人申请行政复议，可以书面申请，也可以口头申请。

（3）申请人申请行政复议的，必须依照税务机关根据法律、行政法规确定的税额、期限，先行缴纳或者解缴税款及滞纳金，或者提供相应的担保，方可在实际缴清税款和滞纳金后或者所提供的担保得到作出具体行政行为的税务机关确认之日起60日内提出行政复议申请。

（4）申请人对税务机关作出逾期不缴纳罚款加处罚款的决定不服的，应当先缴纳罚款和加处罚款，再申请行政复议。

【例题：单选题】根据税收征收管理法律制度的规定，下列情形中，税务机关可以责令纳税人提供纳税担保的是（　　）。（2019年真题）

扫二维码　视频讲解

A. 纳税人按照规定应设置账簿而未设置

B. 纳税人同税务机关在纳税上发生争议而未缴清税款，需要申请行政复议的

C. 纳税人对税务机关作出逾期不缴纳罚款加处罚款的决定不服，需要申请行政复议的

D. 纳税人开具与实际经营业务情况不符的发票

【答案】B

【解析】适用纳税担保的情形：①税务机关有根据认为从事生产、经营的纳税人有逃避纳税义务行为。②欠缴税款、滞纳金的纳税人或者其法定代表人需要出境的。③纳税人同税务机关在纳税上发生争议而未缴清税款，需要申请行政复议的。④税收法律、行政法规规定可以提供纳税担保的其他情形。

（二）税务行政复议受理

（1）复议机关收到行政复议申请后，应当在5日内进行审查，决定是否受理。对符合规定的行政复议申请，自行政复议机构收到之日起即为受理。

（2）对于应先复议再诉讼的具体行政行为，申请人可以自收到不予受理决定书之日起或者行政复议期满之日起15日内，依法向人民法院提起行政诉讼。

（3）申请人向复议机关申请行政复议，复议机关已经受理的，在法定行政复议期限内申请人不得向人民法院提起行政诉讼；申请人向人民法院提起行政诉讼，人民法院已经依法受理的，不得申请行政复议。

（4）行政复议期间具体行政行为不停止执行。但有下列情形之一的，可以停止执行：

①被申请人认为需要停止执行的；

②复议机关认为需要停止执行的；

③申请人申请停止执行，复议机关认为其要求合理，决定停止执行的；

④法律规定停止执行的。

考点四　税务行政复议审查和决定

（一）税务行政复议审查

（1）行政复议机构审理行政复议案件，应当由2名以上行政复议工作人员参加。税务机关中初次从事行政复议的人员，应当通过国家统一法律职业资格考试取得法律职业资格。

（2）行政复议原则上采用书面审查的办法，但是申请人提出要求或者行政复议机构认为有必要时，应当听取申请人、被申请人和第三人的意见，并可以向有关组织和人员调查了解情况。

（3）对重大、复杂的案件，申请人提出要求或者行政复议机构认为必要时，可以采取听证的方式审理。

听证应当公开举行，但是涉及国家秘密、商业秘密或者个人隐私的除外；行政复议听证人员不得少于2人，听证主持人由行政复议机构指定，听证应当制作笔录，申请人、被申请人和第三人应当确认听证笔录内容。第三人不参加听证的，不影响听证的举行。

（4）申请人在行政复议决定作出以前撤回行政复议申请的，经行政复议机构同意，可以撤回；申请人撤回行政复议申请的，不得再以同一事实和理由提出行政复议申请；但是，申请人能够证明撤回行政复议申请违背其真实意思表示的除外。

（5）行政复议期间被申请人改变原具体行政行为的，不影响行政复议案件的审理。但是，申请人依法撤回行政复议申请的除外。

（6）行政复议机关审查被申请人的具体行政行为时，认为其依据不合法，本机关有权处理的，应当在30日内依法处理；无权处理的，应当在7日内按照法定程序逐级转送有权处理的国家机关依法处理。处理期间，中止对具体行政行为的审查。

（二）税务行政复议决定

时间：复议机关应当自受理申请之日起60日内作出行政复议决定；情况复杂，不能在规定期限内作出行政复议决定的，经复议机关负责人批准，可以适当延期，并告知申请人和被申请人；但延期不得超过30日。

行政复议决定的类型。

（1）具体行政行为认定事实清楚，证据确凿，适用依据正确，程序合法，内容适当的，决定维持。

（2）被申请人不履行法定职责的，决定其在一定期限内履行。

（3）具体行政行为有下列情形之一的，行政复议机关应决定予以撤销、变更或者确认其违法：

①主要事实不清、证据不足的；
②适用依据错误的；
③违反法定程序的；
④超越或者滥用职权的；
⑤具体行政行为明显不当的。

复议机关责令被申请人重新作出具体行政行为的，被申请人不得作出对申请人更为不利的决定；但是复议机关以原具体行政行为主要事实不清、证据不足或适用依据错误决定撤销的，被申请人重新作出具体行政行为的除外。

复议机关责令被申请人重新作出具体行政行为的，被申请人应当在60日内重新作出具体行政行为；情况复杂、不能在规定期限内重新作出具体行政行为的，经复议机关批准，可以适当延期，但是延期不得超过30日。

复议机关作出行政复议决定，应当制作行政复议决定书。行政复议决定书一经送达，即发生法律效力。

【提示】法律文书生效时间：

①调解书：签收生效；②裁决书：作出生效；③一审判决书：送达之日15日未上诉；④行政复议决定书：送达生效。

第五节　税收法律责任

考点　具体法律责任

（一）违反税务管理规定的法律责任

（1）纳税人有下列行为之一的，由税务机关责令限期改正，可以处2000元以下的罚款；情节严重的，处2000元以上1万元以下的罚款：

①未按照规定设置、保管账簿或者保管记账凭证和有关资料的；

②未按照规定将财务、会计制度或者财务、会计处理办法和会计核算软件报送税务机关备查的；

③未按照规定将其全部银行账号向税务机关报告的；

④未按照规定安装、使用税控装置，或者损毁或者擅自改动税控装置的。

（2）扣缴义务人未按照规定设置、保管代扣代缴、代收代缴税款账簿或者保管代扣代缴、代收代缴税款记账凭证及有关资料的，由税务机关责令限期改正，可以处2000元以下的罚款；情节严重的，处2000元以上5000元以下的罚款。

（3）纳税人未按照规定的期限办理纳税申报和报送纳税资料的，或者扣缴义务人未按照规定的期限向税务机关报送代扣代缴、代收代缴税款报告表和有关资料的，由税务机关责令限期改正，可以处2000元以下的罚款；情节严重的，处2000元以上1万元以下的罚款。

（4）纳税人、扣缴义务人编造虚假计税依据的，由税务机关责令限期改正，并处5万元以下的罚款。

（5）非法印制、转借、倒卖、变造或者伪造完税凭证的，由税务机关责令改正，处2000元以上1万元以下的罚款；情节严重的，处1万元以上5万元以下的罚款；构成犯罪的，依法追究刑事责任。

（6）银行和其他金融机构未依照税收征管法的规定在从事生产、经营的纳税人的账户中登录税务登记证件号码，或者未按规定在税务登记证件中登录从事生产、经营的纳税人的账户账号的，由税务机关责令其限期改正，处2000元以上2万元以下的罚款；情节严重的，处2万元以上5万元以下的罚款。

（7）扣缴义务人应扣未扣、应收而不收税款的，由税务机关向纳税人追缴税款，对扣缴义务人处应扣未扣、应收未收税款50%以上3倍以下的罚款。

（8）税务代理人违反税收法律、行政法规，造成纳税人未缴或者少缴税款的，除由纳税人缴纳或者补缴应纳税款、滞纳金外，对税务代理人处纳税人未缴或者少缴税款50%以上3倍以下的罚款。

（二）逃税行为的法律责任

逃税行为，是指纳税人采取欺骗、隐瞒手段进行虚假纳税申报或者不申报，逃避缴纳税款的行为。

（1）纳税人采取伪造、变造、隐匿、擅自销毁账簿、记账凭证，或者在账簿上多列支出或者不列、少列收入，或者经税务机关通知申报而拒不申报或者进行虚假的纳税申报的手段，不缴或者少缴应纳税款的，由税务机关追缴其不缴或者少缴的税款、滞纳金，并处不缴或者少缴的税款50%以上5倍以下的罚款。

（2）纳税人采取欺骗、隐瞒手段进行虚假纳税申报或者不申报，逃避缴纳税款数额较大并且占应纳税额10%以上的，处3年以下有期徒刑或者拘役，并处罚金；数额巨大并且占应纳税额30%以上的，处3年以上7年以下有期徒刑，并处罚金。对多次实施前述行为，未经处理的，按照累计数额计算。

（3）有逃税行为，经税务机关依法下达追缴通知后，补缴应纳税款，缴纳滞纳金，已受行政处罚的，不予追究刑事责任；但是，五年内因逃避缴纳税款受过刑事处罚或者被税务机关给予两次以上行政处罚的除外。

（4）扣缴义务人采取上述手段，不缴或者少缴已扣、已收税款，由税务机关追缴其不缴或者少缴的税款、滞纳金，并处不缴或者少缴的税款的50%以上5倍以下的罚款；构成犯罪的，依法追究刑事责任。

（三）欠税行为的法律责任

欠税行为是指纳税人欠缴应纳税款，采取转移或者隐匿财产的手段，妨碍税务机关追缴欠缴的税款的行为。

纳税人欠税的，由税务机关追缴欠缴的税款、滞纳金，并处欠缴税款50%以上5倍以下的罚款；构成犯罪的，依法追究刑事责任。

（四）抗税行为的法律责任

对抗税行为，除由税务机关追缴其拒缴的税款、滞纳金外，依法追究刑事责任。情节轻微，未构成犯罪的，由税务机关追缴其拒缴的税款、滞纳金，并处拒缴税款1倍以上5倍以下的罚款。

（五）骗税行为的法律责任

（1）纳税人有骗税行为，由税务机关追缴其骗取的退税款，并处骗取税款1倍以上5倍以下的罚款；构成犯罪的，依法追究刑事责任。

（2）对骗取国家出口退税款的，税务机关可以在规定期间内停止为其办理出口退税。

（3）为纳税人、扣缴义务人非法提供银行账户、发票、证明或者其他方便，骗取国家出口退税款的，税务机关除没收其违法所得外，可以处未缴、少缴或者骗取的税款1倍以下的罚款。

（六）纳税人、扣缴义务人不配合税务检查的法律责任

税务检查期间，纳税人、扣缴义务人发生不配合税务机关进行税务检查的下列行为，由税务机关责令改正，可以处1万元以下的罚款；情节严重的，处1万元以上5万元以下的罚款：

（1）逃避、拒绝或者以其他方式阻挠税务机关检查的；

（2）提供虚假资料，不如实反映情况，或者拒绝提供有关资料的；

（3）拒绝或者阻止税务机关记录、录音、录像、照相和复制与案件有关的情况和资料的；

（4）转移、隐匿、销毁有关资料的；

（5）有不依法接受税务检查的其他情形的。

违法行为	法律责任
纳税人的一般违法行为	2000元以下，2000～10000元
扣缴义务人一般违法行为	2000元以下，2000～5000元
纳税人、扣缴义务人未按规定期限办理纳税申报和报送税务资料	2000元以下，2000～10000元
纳税人、扣缴义务人编造虚假计税依据	50000元以下
非法印制、转借、倒卖、变造或伪造完税凭证	2000～10000元，10000～50000元
银行等金融机构未在税务登记证中登录纳税人的账户账号的	2000～20000元，20000～50000元
税务代理人造成纳税人未缴或少缴税款的	①纳税人补缴税款、滞纳金 ②对税务代理人处纳税人未缴或者少缴税款50%以上3倍以下的罚款
扣缴义务人应扣未扣，应收不收税款的	①纳税人补缴税款、滞纳金 ②对扣缴义务人处应扣未扣、应收未收税款50%以上3倍以下的罚款
欠税	①由税务机关追缴欠缴的税款、滞纳金，并处欠缴税款50%以上5倍以下的罚款 ②构成犯罪的，依法追究刑事贞任
抗税	①由税务机关追缴其拒缴的税款、滞纳金，并处拒缴税款1倍以上5倍以下的罚款 ②构成犯罪的，依法追究刑事责任
骗税	处骗税款1～5倍罚款
不配合税务检查	10000元以下，10000～50000元

第七章

（七）重大税收违法失信案件信息公布

1. 公布信息的案件标准

（1）纳税人伪造、变造、隐匿、擅自销毁账簿、记账凭证，或者在账簿上多列支出或者不列、少列收入，或者经税务机关通知申报而拒不申报或者进行虚假的纳税申报，不缴或者少缴应纳税款100万元以上，且任一年度不缴或者少缴应纳税款占当年各税种应纳税总额10%以上的；

（2）纳税人欠缴应纳税款，采取转移或者隐匿财产的手段，妨碍税务机关追缴欠缴的税款，欠缴税款金额10万元以上的；

（3）骗取国家出口退税款的；

（4）以暴力、威胁方法拒不缴纳税款的；

（5）虚开增值税专用发票或者虚开用于骗取出口退税、抵扣税款的其他发票的；

（6）虚开普通发票100份或者金额40万元以上的；

（7）私自印制、伪造、变造发票，非法制造发票防伪专用品，伪造发票监制章的；

（8）具有偷税、逃避追缴欠税、骗取出口退税、抗税、虚开发票等行为，经税务机关检查确认走逃（失联）的；

（9）其他违法情节严重、有较大社会影响的。

2. 公布的案件信息内容

法人或者其他组织的法定代表人、负责人与违法事实发生时的法定代表人、负责人不一致的，应一并公布，并对违法事实发生时的法定代表人、负责人进行标注。

经法院裁判确定的实际责任人，与法定代表人或者负责人不一致的，除有证据证明法定代表人或者负责人有涉案行为外，只公布实际责任人信息。

3. 案件信息公布程序

认定为重大税收违法失信案件，税务局稽查局依法作出《税务处理决定书》或者《税务行政处罚决定书》的，当事人在法定期间内没有申请行政复议或者提起行政诉讼，或者经行政复议或者法院裁判对此案件最终确定效力后，依法向社会公布。

未作出《税务处理决定书》《税务行政处罚决定书》的走逃（失联）案件，经税务机关查证处理，进行公告30日后，依法向社会公布。

4. 案件信息公布管理

（1）重大税收违法失信案件信息自公布之日起满3年的，停止公布并从公告栏中撤出。

（2）案件信息一经录入相关税务信息管理系统，作为当事人的税收信用记录永久保存。

（3）重大税收违法失信案件信息实行动态管理，案件信息撤出或者发生变化的，税务机关应当及时向同级参与联合惩戒和管理的部门提供更新信息 。

第八章　劳动合同与社会保险法律制度

微信扫二维码
看教材配套课程

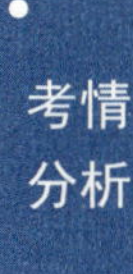

考情分析

本章主要讲述的是劳动合同法和社会保险法两大法律制度，内容广泛，但比较接近日常生活，所以在学习本章内容时，可以运用理论知识结合实际例子来掌握知识要点。本章考试涉及单选、多选、判断及不定项等题型，在历年考试中属于很重要的章节，预估分值在10分左右。

第一节　劳动合同法律制度

考点一　劳动关系与劳动合同

（一）概　念

劳动关系是指在劳动者与用人单位之间产生的法律关系。

劳动合同：是劳动者和用人单位之间依法确立劳动关系，明确双方权利义务的协议。

劳动关系的特征。

（1）劳动关系的主体具有特定性。劳动关系主体的一方是劳动者，另一方是用人单位。

（2）劳动关系的内容具有较强的法定性。当事人签订劳动合同不得违反强制性规定，否则无效。

（3）劳动者在签订和履行劳动合同过程时的地位是不同的。签订劳动合同时，遵循平等、自愿、协商一致的原则，履行时具有支配与被支配、管理与服从的从属关系。

（二）《中华人民共和国劳动合同法》（简称《劳动合同法》）的适用范围

《劳动合同法》自2008年1月1日起施行。

适用范围：中华人民共和国境内的企业、个体经济组织、民办非企业单位、依法成立的会计师事务所、律师事务所等合伙组织和基金会等组织。

依照劳动合同法执行：国家机关、事业单位、社会团体和与其建立劳动关系的劳动者；事业单位与实行聘用制的工作人员。现役军人、小时工等劳动者不适用劳动合同法。

考点二　劳动合同的订立

（一）劳动合同订立的概念和原则

（1）劳动合同订立的概念。

劳动合同的订立是指劳动者和用人单位经过相互选择与平等协商，就劳动合同的各项条款达成一致意见，并以书面形式明确规定双方权利、义务的内容，从而确立劳动关系的法律行为。

（2）劳动合同订立的原则：合法、公平、平等自愿、协商一致、诚实信用。

（二）劳动合同订立的主体

1. 劳动合同订立主体的资格要求

（1）劳动者具有劳动权利能力和行为能力。

禁止用人单位招用未满16周岁的未成年人；文艺、体育、特种工艺单位招用未满16周岁的未成年人，必须依照国家有关规定，履行审批手续，并保障其接受义务教育的权利。

残疾人、少数民族人员、退役军人就业，法律、法规有特别规定的，从其规定。

（2）用人单位有用人权利能力和行为能力。

用人单位设立的分支机构，依法取得营业执照或者登记证书的，可以作为用人单位与劳动者订立劳动合同；未依法取得营业执照或者登记证书的，受用人单位委托可以与劳动者订立劳动合同。

2. 劳动合同订立主体的义务

（1）用人单位的义务和责任。

2 个不得	违反规定的责任
不得扣押劳动者的居民身份证和其他证件（居民户口簿、毕业证、学位证、资格证、专业技能证书、职称评定证书等）	由劳动行政部门责令限期退还劳动者本人，并依照有关法律规定给予处罚
不得要求劳动者提供担保或者以其他名义向劳动者收取财物（保证金、抵押金、培训费、服装费、纪律违约金等）	由劳动行政部门责令限期退还劳动者本人，并以每人 500 元以上 2000 元以下的标准对用人单位处以罚款；给劳动者造成损害的，应当承担赔偿责任

（2）劳动者的义务。

用人单位有权了解劳动者与劳动合同直接相关的基本情况，劳动者应当如实说明。

（三）劳动关系建立时间

用人单位与劳动者在用工前订立劳动合同的，劳动关系自用工之日起建立。

用人单位应当建立职工名册备查。包括劳动者姓名、性别、公民身份证号、户籍地址及现住址、联系方式、用工形式、用工起始时间、劳动合同期限等内容。

用人单位违反《劳动合同法》有关建立职工名册规定的，由劳动行政部门责令限期改正；逾期不改正的，由劳动行政部门处 2000 元以上 2 万元以下的罚款。

（四）劳动合同订立形式

1. 书面形式（劳动合同）

（1）建立劳动关系，应当订立书面劳动合同。

（2）对于已建立劳动关系，未同时订立书面劳动合同的，应当自用工之日起 1 个月内订立书面劳动合同。

未订立合同	处理规定
1 个月内	经用人单位书面通知后，劳动者不与用人单位订立书面劳动合同的，用人单位应当书面通知劳动者终止劳动关系，无须向劳动者支付经济补偿，但要支付其实际工作时间的劳动报酬
1 个月～1 年	①用人单位未签：应当向劳动者每月支付 2 倍的工资，并与劳动者补订书面劳动合同 【注意】2 倍工资的起算时间为用工之日起满 1 个月的次日，截止至补订书面劳动合同的前 1 日 ②劳动者未签：用人单位应当书面通知劳动者终止劳动关系，并支付经济补偿
满 1 年	①用人单位自用工之日起满 1 个月的次日至满 1 年的前一日应当向劳动者每月支付 2 倍的工资 ②视为自用工之日起满 1 年的当日已经与劳动者订立无固定期限劳动合同，应当立即与劳动者补订书面劳动合同
不与劳动者订立无固定期限劳动合同	自应当订立无固定期限劳动合同之日起向劳动者每月支付 2 倍的工资

第八章

（3）未签订劳动合同补偿方式。

时　间	劳动者不签	用人单位不签
一个月之内	①终止劳动关系 ②支付劳动报酬 ③不支付经济补偿	
一个月至一年	①终止劳动关系 ②支付经济补偿	①支付 2 倍工资，用工之日起满一个月的次日至补签合同的前一日 ②补签劳动合同
满一年		①支付 2 倍工资，用工之日起满一个月的次日至满一年的前一日 ②视为签订无固定期限劳动合同，满一年的当日
无固定期限		支付 2 倍工资

2. 口头形式

（1）非全日制用工双方当事人可以订立口头协议。

（2）非全日制是指：劳动者在同一用人单位一般平均每日工作时间不超过 4 个小时，每周工作时间累计不超过 24 小时的用工形式。

①合同：非全日制用工双方当事人可以不订立书面劳动合同，只订立口头协议；劳动者可以与一个或者一个以上用人单位订立劳动合同；但是，后订立的劳动合同不得影响先订立的劳动合同的履行。

②试用期：非全日制用工双方当事人不得约定试用期。

③经济补偿：非全日制用工双方当事人任何一方都可以随时通知对方终止用工。终止用工，用人单位不向劳动者支付经济补偿。

④工资：非全日制用工小时计酬标准不得低于用人单位所在地人民政府规定的最低小时工资标准。用人单位可以按小时、日或周为单位结算工资，但非全日制用工劳动报酬结算支付周期最长不得超过 15 日。

（五）劳动合同的效力

要　点	内　容
劳动合同生效	①双方协商一致 ②订立即生效：双方在劳动合同文本上签字或者盖章生效
无效劳动合同	（1）无效劳动合同的情形 ①以欺诈、胁迫的手段或者乘人之危，使对方在违背真实意思的情况下订立或者变更劳动合同的 ②用人单位免除自己的法定责任、排除劳动者权利的 ③违反法律、行政法规强制性规定的 （2）无效劳动合同的法律后果 ①无效劳动合同，从订立时起就没有法律约束力 ②劳动合同被确认无效，劳动者已付出劳动的，用人单位应当向劳动者支付劳动报酬 ③给对方造成损害的，有过错的一方应当承担赔偿责任 ④劳动合同部分无效，不影响其他部分效力的，其他部分仍然有效

【注意】

①劳动合同的生效不等同于劳动关系的建立。劳动关系的建立以实际用工为标志；劳动合同生效，若没有发生实际用工，则劳动关系并没有建立。

②无效劳动合同可使其全部或者部分条款归于无效。劳动合同被确认无效，给对方造成损害的，有过错的一方应当承担赔偿责任。

考点三 劳动合同的主要内容

劳动合同主要内容包括必备条款和约定条款。

（一）劳动合同必备条款

1. 用人单位的名称、住所和法定代表人或者主要负责人

2. 劳动者的姓名、住址和居民身份证或其他证件号码

劳动者的住址以其户籍所在的居住地为住址，其经常居住地与户籍所在地不一致的，以经常居住地为住址。

3. 劳动合同期限

劳动合同包括固定期限劳动合同、无固定期限劳动合同、以完成一定工作任务为期限的劳动合同。

（1）固定期限劳动合同：劳动合同期限届满，劳动关系即告终止。

（2）以完成一定工作任务为期限的劳动合同。

①以完成单项工作任务为期限的劳动合同。

②以项目承包方式完成承包任务的劳动合同。

③因季节原因用工的劳动合同。

④其他双方约定的以完成一定工作任务为期限的劳动合同。

（3）有下列情形之一，劳动者提出或者同意续订、订立劳动合同的，除劳动者提出订立固定期限劳动合同外，应当订立无固定期限劳动合同。

①劳动者在该用人单位连续工作满 10 年的（已实行劳动合同制）。

②用人单位初次实行劳动合同制度或者国有企业改制重新订立劳动合同时，劳动者在该用人单位连续工作满 10 年且距法定退休年龄不足 10 年的。

法定退休年龄：男年满 60 周岁；女干部年满 55 周岁；女工人年满 50 周岁。

③连续订立二次固定期限劳动合同，且劳动者没有下述情形，续订劳动合同的（劳动者有大错，无能力）：

a. 严重违反用人单位的规章制度的；

b. 严重失职、营私舞弊，给用人单位造成重大损害的；

c. 劳动者同时与其他用人单位建立劳动关系，对完成本单位的工作任务造成严重影响，或者经用人单位提出，拒不改正的；

d. 劳动者以欺诈、胁迫的手段或乘人之危，使用人单位在违背真实意思的情况下订立或变更劳动合同，致使劳动合同无效的；

e. 被依法追究刑事责任的；

f. 劳动者患病或非因工负伤，在规定的医疗期满后不能从事原工作，也不能从事由用人单位另行安排的工作的；

g. 劳动者不能胜任工作，经过培训或调整工作岗位，仍不能胜任工作的。

④用人单位自用工之日起满 1 年不与劳动者订立书面劳动合同的，视为用人单位自用工之日起满 1 年的当日已经与劳动者订立无固定期限劳动合同。

【注意】

①连续订立固定期限劳动合同的次数：应当自《劳动合同法》2008年1月1日施行后续订固定期限劳动合同时开始计算。

②满10年：应当自用人单位用工之日起计算，包括《劳动合同法》施行前的工作年限。

③连续工作：劳动者非因本人原因从原用人单位被安排到新用人单位工作，劳动者在原用人单位的工作年限合并计算为新用人单位的工作年限。原用人单位已经向劳动者支付经济补偿的，新用人单位在依法解除、终止劳动合同计算支付补偿的工作年限时，不再计算劳动者在原用人单位的工作年限。

4. 劳动报酬

（1）劳动报酬发放。

①形式：工资应当以法定货币支付，不得以实物及有价证券替代货币支付。

②时间。

a. 工资至少每月支付一次，实行周、日、小时工资制的可按周、日、小时支付工资；

b. 如遇节假日或休息日，则应提前在最近的工作日支付；

c. 对完成一次性临时劳动或某项具体工作的劳动者，用人单位应按有关协议或合同规定在其完成劳动任务后即支付工资。

（2）特殊情况下的工资支付。

①法定休假日和婚丧假期间以及依法参加社会活动期间，用人单位应当依法支付工资；在部分公民放假的节日期间（妇女节、青年节），对参加社会活动或单位组织庆祝活动和照常工作的职工，单位应支付工资报酬，但不支付加班工资。如果该节日恰逢星期六、星期日，单位安排职工加班工作，则应当依法支付休息日的加班工资。

②法定标准工作时间以外工作（加班）的工资支付：

加　班	加班工资
日标准工作时间以外	按照不低于劳动合同规定的劳动者本人小时工资标准的150%支付
休息日工作，且未补休	按照不低于劳动合同规定的劳动者本人日或小时工资标准的200%支付
法定休假节日工作	按照不低于劳动合同规定的劳动者本人日或小时工资标准的300%支付
实行计件工资的劳动者，完成计件定额任务后，由用人单位安排延长工作时间的	根据上述原则，分别按照不低于其本人法定工作时间计件单价的150%、200%、300%支付

（3）其他。

实行综合计算工时工作制的，其综合计算工作时间超过法定标准工作时间的部分，应视为延长工作时间，按上述规定支付劳动者延长工作时间的工资。实行不定时工时制度的劳动者，不执行上述规定。

（4）最低工资制度。

①最低工资标准采取月最低工资标准和小时最低工资标准的形式，月最低工资标准适用于全日制就业劳动者，小时最低工资标准适用于非全日制就业劳动者。

②最低工资不包括加班工资、补贴、津贴和保险。

③劳动合同履行地与用人单位注册地不一致的，最低工资标准、劳动保护、劳动条件、职业危害防护和本地区上年度职工月平均工资标准等事项，按照劳动合同履行地的有关规定执行；用人单位注册地的标准高于劳动合同履行地的有关标准，且用人单位与劳动者约定按照用人单位注册地的有关规定执行的，从其约定。

④最低工资的具体标准由省、自治区、直辖市人民政府规定，报国务院备案。

⑤因劳动者本人原因给用人单位造成经济损失的，用人单位可按照劳动合同的约定要求其赔偿经济损失。经济损失的赔偿，可从劳动者本人的工资中扣除。但每月扣除的部分不得超过劳动者当月工资的 20%。若扣除后的剩余工资部分低于当地月最低工资标准，则按最低工资标准支付。

即：每月扣除工资≤ 20%；剩余工资≥当地月最低工资标准。

【注意】

①用人单位安排加班不支付加班费的，均由劳动行政部门责令限期支付加班费，逾期不支付的，责令用人单位按应付金额 50% 以上 100% 以下的标准向劳动者加付赔偿金。

②用人单位低于当地最低工资标准支付劳动者工资的，由劳动行政部门责令限期支付其差额部分；逾期不支付的，责令用人单位按应付金额 50% 以上 100% 以下的标准向劳动者加付赔偿金。

③用人单位未按照劳动合同的约定或者国家规定及时足额支付劳动者劳动报酬的，由劳动行政部门责令限期支付；逾期不支付的，责令用人单位按应付金额 50% 以上 100% 以下的标准向劳动者加付赔偿金。

5. 工作时间和休息、休假

（1）工作时间。

工作时间通常是指劳动者在一昼夜或一周内从事生产或工作的时间，换言之，是劳动者每天应工作的时数或每周应工作的天数。

目前我国实行的工时制度主要有标准工时制、不定时工作制和综合计算工时制三种类型。

①标准工时制：是法律统一规定的劳动者从事工作或劳动的时间。

正常：劳动者每日工作 8 小时、每周工作 40 小时的标准工时制度。有些企业因工作性质和生产特点不能实行标准工时制度，应保证劳动者每天工作不超过 8 小时，每周工作不超过 40 小时，每周至少休息 1 天。

延长（加班）：一般每日不得超过 1 小时；因特殊原因需要延长工作时间的，每日不得超过 3 小时，每月不得超过 36 小时。

有下列情形之一的，延长工作时间不受上述规定的限制：

a. 发生自然灾害、事故或者因其他原因，威胁劳动者生命健康和财产安全，需要紧急处理的；

b. 生产设备、交通运输线路、公共设施发生故障，影响生产和公众利益，必须及时抢修的；

c. 法律、行政法规规定的其他情形。

②不定时工作制：是没有固定工作时间限制的工作制度，主要适用于一些因工作性质或工作条件不受标准工作时间限制的工作岗位。

③综合计算工时制：是用人单位根据生产和工作的特点，分别以周、月、季、年等为周期，综合计算劳动者工作时间。

（2）休息休假。

①休息：工作日内的间歇时间、工作日之间的休息时间（8 小时以外）、周末。

②休假：无需履行劳动义务且一般有工资保障的法定休息时间，包括法定假日、年休假。

要　点	时　间
法定假日	11 天：元旦、春节、清明节、劳动节、端午节、中秋节、国庆节
年休假	①时间：累计工作满 1 年不满 10 年的，年休假 5 天，累计工作满 10 年不满 20 年的，年休假 10 天；累计工作满 20 年的，年休假 15 天 ②国家法定休假日、休息日不计入年休假的假期 ③年休假在 1 个年度内可以集中安排，也可以分段安排，一般不跨年度安排（单位因生产、工作特点确有必要跨年度例外） 【注意】累计工作是指所有工作年限，与本单位工作年限无关

第八章

职工有下列情形之一的，不享受当年的年休假：

a. 职工依法享受寒暑假，其休假天数多于年休假天数的；

b. 职工请事假累计 20 天以上且单位按照规定不扣工资的；

c. 累计工作满 1 年不满 10 年的职工，请病假累计 2 个月以上的；

d. 累计工作满 10 年不满 20 年的职工，请病假累计 3 个月以上的；

e. 累计工作满 20 年以上的职工，请病假累计 4 个月以上的。

【注意】职工新进用人单位且符合享受带薪年休假条件的，当年度年休假天数按照在本单位剩余日历天数折算确定，折算后不足 1 整天的部分不享受年休假。

剩余年休假天数 =［当年度在本单位剩余日历天数 /365 天］× 职工本人全年应当享受的年休假天数

累计工作年限（a）	年假天数	不得享受当年年休假的情形	
		请病假	其他情形
1 年≤ a ＜ 10 年	5 天	≥ 2 个月	①事假累计≥ 20 天且未扣工资 ②寒暑假的天数多于年休假天数
10 年≤ a ＜ 20 年	10 天	≥ 3 个月	
a ≥ 20 年	15 天	≥ 4 个月	

6. 工作内容和工作地点

7. 社会保险

社会保险包括基本养老保险、基本医疗保险、失业保险、工伤保险、生育保险五项。参加社会保险、缴纳社会保险费是用人单位与劳动者的法定义务，双方都必须履行。

8. 劳动保护、劳动条件和职业危害防护

（二）劳动合同可备条款

劳动合同可备条款包括：试用期、服务期、保守商业秘密和竞业限制。

用人单位与劳动者在劳动合同中可以约定试用期、服务期、保守商业秘密和竞业限制等条款，但约定事项不能违反法律、行政法规的强制性规定，否则该约定无效。（可约可不约）

1. 试用期

（1）试用期期限：1 ～ 6 个月。

劳动合同期限	试用期
期限＜ 3 个月	不得约定试用期
以完成一定工作任务为期限	
3 个月≤期限＜ 1 年	≤ 1 个月
1 年≤期限＜ 3 年	≤ 2 个月
期限≥ 3 年的固定期限	≤ 6 个月
无固定期限	

（2）同一用人单位与同一劳动者只能约定一次试用期。

①在试用期内解除劳动合同，不管是用人单位解除还是劳动者解除，用人单位再次招用该劳动者时，不得再约定试用期。

②试用期结束后，不管是在劳动合同期限内，还是劳动合同续订，用人单位不得与该劳动者再约定试用期。

③劳动合同终止后一段时间又招用该劳动者的，对该劳动者用人单位不得再约定试用期。

（3）试用期包含在劳动合同期限内。劳动合同仅约定试用期的，试用期不成立，该期限为劳动合同期限。

（4）用人单位违反试用期规定的，由劳动行政部门责令改正，违法约定的试用期已经履行的，由用人单位以劳动者试用期满月工资为标准，按已经履行的超过法定试用期的期间向劳动者支付赔偿金。

（5）劳动者在试用期的工资。

①不得低于本单位相同岗位最低档工资或者劳动合同约定工资的80%。

②不得低于用人单位所在地的最低工资标准。

劳动合同约定工资，是指该劳动者与用人单位订立的劳动合同中约定的劳动者试用期满后的工资。

【例题：多选题】某公司拟与张某签订为期3年的劳动合同，关于该合同试用期约定的下列方案中，符合法律制度规定的有（　　）。

A. 不约定试用期　　B. 试用期1个月

C. 试用期3个月　　D. 试用期6个月

扫二维码　视频讲解

【答案】ABCD

2. 服务期

用人单位为劳动者提供专项培训费用，对其进行专业技术培训的，可以与该劳动者订立协议，约定服务期。

【注意】服务期没有统一的时间限定。

（1）服务期与劳动合同一般期限在时间长度上不一致，前者一般长于后者；劳动合同期满，但是用人单位与劳动者约定的服务期尚未到期的，劳动合同应当续延至服务期满；双方另有约定的，从其约定。

（2）劳动者违反服务期约定的违约责任。

①劳动者违反服务期约定的，应当按照约定向用人单位支付违约金。违约金的数额不得超过用人单位提供的培训费用。用人单位要求劳动者支付的违约金不得超过服务期尚未履行部分所应分摊的培训费用。

【注意】服务期满解除劳动关系，即使有培训费，用人单位也无权要求支付。

②一般情况下，只有劳动者在服务期内提出与单位解除劳动关系时，用人单位才可以要求其支付违约金。

③劳动者因下列违纪等重大过错行为而被用人单位解除劳动关系的，用人单位仍有权要求其支付违约金：

劳动者严重违反用人单位的规章制度的；劳动者严重失职，营私舞弊，给用人单位造成重大损失的；劳动者同时与其他用人单位建立劳动关系，对完成本单位的工作任务造成严重影响，或经用人单位提出，拒不改正的；劳动者以欺诈、胁迫的手段或者乘人之危，使用人单位在违背真实意思的情况下订立或者变更劳动合同的；劳动者被依法追究刑事责任的。

（3）劳动者解除劳动合同不属于违反服务期约定的情形。

①用人单位未按照劳动合同约定提供劳动保护或者劳动条件的。

②用人单位未及时足额支付劳动报酬的。

③用人单位未依法为劳动者缴纳社会保险费的。

④用人单位的规章制度违反法律、法规的规定，损害劳动者权益的。

⑤用人单位以欺诈、胁迫的手段或者乘人之危，使劳动者在违背真实意思的情况下订立或者变更劳动合同致使劳动合同无效的。

⑥用人单位在劳动合同中免除自己的法定责任、排除劳动者权利的。

⑦用人单位违反法律、行政法规强制性规定的。

⑧法律、行政法规规定劳动者可以解除劳动合同的其他情形。

【例题：单选题】甲公司为员工张某支付培训费用3万元，约定服务期3年。2年后，张某以甲公司自其入职之日起从未按照合同约定提供劳动保护为由，向甲公司提出解除劳动合同。根据劳动合同法律制度的规定，下列表述中，正确的是（　　）。

A. 张某违反了服务期的约定

B. 甲公司可以要求张某支付3万元的违约金

C. 甲公司可以要求张某支付1万元的违约金

D. 张某无需支付违约金

扫二维码　视频讲解

【答案】D

3. 保守商业秘密和竞业限制

（1）适用人群。

竞业限制的人员限于用人单位的高级管理人员、高级技术人员和其他负有保密义务的人员，而非所有的劳动者。

（2）竞业限制补偿金。

竞业限制补偿金是用人单位对劳动者履行竞业限制义务的经济补偿，不能包含在工资中，只能在劳动关系结束（终止或解除）后，在竞业限制期内，由用人单位按月支付，数额由双方约定。

【注意】用人单位要求劳动者签订竞业限制条款，必须给予相应的经济补偿，否则该条款无效。

（3）竞业限制期限。

竞业限制期限不得超过2年；约定的竞业限制期限超过2年的，超过部分无效。

（4）违约责任。

劳动者违反竞业限制约定的，应当按照约定向用人单位支付违约金，给用人单位造成损失的应当承担赔偿责任。

（5）对竞业限制的司法解释。

①当事人在劳动合同或者保密协议中约定了竞业限制和经济补偿，当事人解除劳动合同时，除另有约定外，用人单位要求劳动者履行竞业限制义务，或者劳动者履行了竞业限制义务后要求用人单位支付经济补偿的，人民法院应予支持。

②当事人在劳动合同或者保密协议中约定了竞业限制和经济补偿，劳动合同解除或者终止后，因用人单位的原因导致3个月未支付经济补偿，劳动者请求解除竞业限制约定的，人民法院应予支持。

③在竞业限制期限内，用人单位请求解除竞业限制协议时，人民法院应予支持，在解除竞业限制协议时，劳动者请求用人单位额外支付劳动者3个月的竞业限制经济补偿的，人民法院应予支持。

④劳动者违反竞业限制约定，向用人单位支付违约金后，用人单位要求劳动者按照约定继续履行竞业限制义务的，人民法院应予支持。

⑤当事人在劳动合同或保密协议中约定了竞业限制，但未约定解除或终止劳动合同后给予劳动者经济补偿，劳动者履行了竞业限制业务，要求用人单位按照劳动者在劳动合同解除或终止前12个月平均工资的30%按月支付经济补偿的，人民法院应予支持；月平均工资的30%低于劳动合同履行地最低工资标准的，按照劳动合同履行地最低工资标准支付。

时　间	事　项	后　果
解除劳动合同	劳动者未履行竞业限制或用人单位未支付经济补偿，要求履行或支付	人民法院应予支持
	合同或协议未约定经济补偿，劳动者履行了义务并要求经济补偿的（前 12 个月平均工资的 30%）	
竞业限制期内	用人单位原因 3 个月未支付经济补偿，劳动者请求解除竞业限制约定	
	用人单位请求解除竞业限制协议，劳动者请求额外支付 3 个月经济补偿	
	劳动者违反竞业限制规定，支付违约金后，用人单位要求劳动者继续履行竞业限制业务	

【例题：单选题】根据劳动合同法律制度的规定，从事同类业务的竞业限制，不得超过（　　）年。

A. 5　　B. 3

C. 2　　D. 10

扫二维码　视频讲解

【答案】C

【解析】竞业限制期限不得超过 2 年。

考点四 劳动合同的履行和变更

（一）劳动合同的履行

1. 用人单位与劳动者应当按照劳动合同的约定，全面履行各自的义务

（1）用人单位与劳动者应当按照劳动合同约定和国家规定，向劳动者及时足额支付劳动报酬。

【注意】用人单位未按照劳动合同的约定或者国家规定及时足额支付劳动者劳动报酬的，由劳动行政部门责令限期支付；逾期不支付的，责令用人单位按应付金额 50% 以上 100% 以下的标准向劳动者加付赔偿金。

（2）用人单位应当严格执行劳动定额标准，不得强迫或者变相强迫劳动者加班。

（3）劳动者拒绝用人单位管理人员违章指挥、强令冒险作业的，不视为违反劳动合同。

（4）用人单位变更名称、法定代表人、主要负责人或者投资人等事项，不影响劳动合同的履行。

（5）用人单位发生合并或者分立等情况，原劳动合同继续有效，劳动合同由承继其权利和义务的用人单位继续履行。

2. 用人单位应当依法建立和完善劳动规章制度，保障劳动者享有劳动权利，履行劳动义务

（1）劳动规章制度是用人单位制定的，用于组织劳动过程和进行劳动管理的规则和制度的总称。

（2）合法有效的劳动规章制度是劳动合同的组成部分，对用人单位和劳动者均具有法律约束力。

（3）用人单位在制定、修改或者决定有关劳动报酬、工作时间、休息休假、劳动安全卫生、保险福利、职工培训、劳动纪律以及劳动定额管理等直接涉及劳动者切身利益的规章制度和重大事项时，应当经职工代表大会或全体职工讨论，提出方案和意见，与工会或者职工代表平等协商确定。

（4）用人单位应当将直接涉及劳动者切身利益的规章制度和重大事项决定公示，或者告知劳动者。如果用人单位的规章制度未经公示或者未对劳动者告知，该规章制度对劳动者不生效。

（二）劳动合同的变更

劳动合同的变更是指劳动合同依法订立后，在合同尚未履行或尚未履行完毕之前，经用人单位和劳动者双方当事人协商同意，对劳动合同内容作部分修改、补充或删减的法律行为。

变更劳动合同应当采用书面形式，未采用书面形式，但已经实际履行了口头变更的劳动合同超过1个月，且变更后的劳动合同内容不违反法律、行政法规、国家政策以及公序良俗，当事人以未采用书面形式为由主张劳动合同变更无效的，人民法院不予支持。

考点五 劳动合同的解除和终止

劳动合同解除是指在劳动合同订立后，劳动合同期限届满之前，因双方协商提前结束劳动关系，或因出现法定的情形，一方单方通知对方结束劳动关系的法律行为。

<table>
<tr><th colspan="3">要　点</th><th>内　容</th></tr>
<tr><td rowspan="3">解　除</td><td colspan="2">协商解除</td><td>—</td></tr>
<tr><td rowspan="2">法定解除</td><td>劳动者
法定解除</td><td>①提前通知解除：2 种（无补偿）
②随时通知解除：8 种
③不需告知解除：2 种</td></tr>
<tr><td>用人单位
法定解除</td><td>①劳动者过错解除（随时通知）：6 种（无补偿）
②无过失性辞退解除（提前通知）：3 种
③经济性裁员：4 种</td></tr>
<tr><td colspan="3">终　止</td><td>7 种</td></tr>
<tr><td colspan="3">限制性规定</td><td>6 项</td></tr>
<tr><td colspan="3">经济补偿</td><td>经济补偿金与赔偿金；支付经济补偿的情形；支付标准</td></tr>
<tr><td colspan="3">法律后果</td><td>经济补偿；赔偿金</td></tr>
</table>

（一）劳动合同解除

劳动合同的解除分为协商解除和法定解除。

协商解除：由用人单位提出解除劳动合同而与劳动者协商一致的，必须依法向劳动者支付经济补偿。由劳动者主动辞职而与用人单位协商一致解除劳动合同的，用人单位不需向劳动者支付经济补偿。

法定解除：可分为劳动者的单方解除和用人单位的单方解除。

1. 劳动者可单方面解除劳动合同的情形

（1）提前通知解除。（双方无错）

①劳动者在试用期内提前 3 日通知用人单位，可以解除劳动合同。

②劳动者提前 30 日以书面形式通知用人单位，可以解除劳动合同。

责任：劳动者不能获得经济补偿，如劳动者没有履行通知程序，对用人单位造成损失的，劳动者应对用人单位的损失承担赔偿责任。

（2）随时通知解除。（用人单位过错）

①用人单位未按照劳动合同约定提供劳动保护或者劳动条件的。

②用人单位未及时足额支付劳动报酬的。

③用人单位未依法为劳动者缴纳社会保险费的。

④用人单位的规章制度违反法律、法规的规定，损害劳动者权益的。

⑤用人单位以欺诈、胁迫的手段或者乘人之危，使劳动者在违背真实意思的情况下订立或者变更劳动合同致使劳动合同无效的。

⑥用人单位在劳动合同中免除自己的法定责任、排除劳动者权利的。

⑦用人单位违反法律、行政法规强制性规定。

⑧法律、行政法规规定劳动者可以解除劳动合同的其他情形。

责任：用人单位需向劳动者支付经济补偿，即使约定了服务期，也可以随时解除，且无需向用人单位支付违约金。

（3）不需告知解除。

①用人单位以暴力、威胁或者非法限制人身自由的手段强迫劳动者劳动的。

②用人单位违章指挥、强令冒险作业危及劳动者人身安全的。

责任：劳动者可以立即解除劳动合同，不需事先告知用人单位，用人单位需向劳动者支付经济补偿。

2. 用人单位可单方面解除合同的情形

（1）劳动者过错解除。（随时通知，劳动者有大问题）

①劳动者在试用期间被证明不符合录用条件的。

②劳动者严重违反用人单位的规章制度的。

③劳动者严重失职，营私舞弊，给用人单位造成重大损害的。

④劳动者同时与其他用人单位建立劳动关系，对完成本单位的工作任务造成严重影响，或者经用人单位提出，拒不改正的。

⑤劳动者以欺诈、胁迫的手段或者乘人之危，使用人单位在违背真实意思的情况下订立或者变更劳动合同致使劳动合同无效的。

⑥劳动者被依法追究刑事责任的。

责任：用人单位可随时通知劳动者解除劳动关系，不需向劳动者支付经济补偿。

（2）无过失性辞退解除。（提前通知）

①劳动者患病或者非因工负伤，在规定的医疗期满后不能从事原工作，也不能从事由用人单位另行安排的工作的。

②劳动者不能胜任工作，经过培训或者调整工作岗位，仍不能胜任工作的。

③劳动合同订立时所依据的客观情况发生重大变化，致使劳动合同无法履行，经用人单位与劳动者协商，未能就变更劳动合同内容达成协议的。

责任：

a. 用人单位需提前 30 日以书面形式通知劳动者本人或者额外支付劳动者 1 个月工资后，方可解除劳动合同；

b. 支付的 1 个月工资按该劳动者上一个月的工资标准确定，且还需向劳动者支付经济补偿；

c. 劳动者不能胜任工作的，应先经过培训或者调整工作岗位，如果没有经过培训或调整工作岗位就解除劳动合同的，属于违法解除。

（3）经济性裁员。

①依照《企业破产法》规定进行重整的。

②生产经营发生严重困难的。

③企业转产、重大技术革新或者经营方式调整，经变更劳动合同后，仍需裁减人员的。

④其他因劳动合同订立时所依据的客观经济情况发生重大变化，致使劳动合同无法履行的。

责任：

a. 需要裁减人员 20 人以上或者裁减不足 20 人但占企业职工总数 10% 以上（含 10%）的，用人单位提前 30 日向工会或者全体职工说明情况，听取工会或者职工的意见后，裁减人员方案经向劳动行政部门报告，可以裁减人员，用人单位应当向劳动者支付经济补偿；

【注意】裁减人员不足 20 人且占企业职工总数不足 10% 的，无需执行上述程序，但需支付经济补偿。

b. 裁减人员时，应当优先留用下列人员：与本单位订立较长期限的固定期限劳动合同的；与本单位订立无固定期限劳动合同的；家庭无其他就业人员，有需要扶养的老人或者未成年人的；

c. 用人单位裁减人员后，在 6 个月内重新招用人员的，应当通知被裁减的人员，并在同等条件下优先招用被裁减的人员；

d. 工会在解除劳动合同中的监督作用：用人单位单方解除劳动合同，应当事先将理由通知工会；用人单位违反法律、行政法规规定或者劳动合同约定的，工会有权要求用人单位纠正，用人单位应当研究工会的意见，并将处理结果书面通知工会。

（二）劳动合同的终止情形

有下列情形之一的，劳动合同终止：

（1）劳动合同期满的；

（2）劳动者开始依法享受基本养老保险待遇的；

（3）劳动者达到法定退休年龄的；

（4）劳动者死亡，或者被人民法院宣告死亡或者宣告失踪的；

（5）用人单位被依法宣告破产的；

（6）用人单位被吊销营业执照、责令关闭、撤销或者用人单位决定提前解散的；

（7）法律、行政法规规定的其他情形。

【注意】用人单位与劳动者不得约定上述情形之外的其他劳动合同终止条件。

（三）劳动合同解除和终止的限制性规定

根据《劳动合同法》的规定，劳动者有下列情形之一的，用人单位既不得适用无过失性辞退或经济性裁员解除劳动合同的情形解除劳动合同，也不得终止劳动合同，劳动合同应当续延至相应的情形消失时终止：

（1）从事接触职业病危害作业的劳动者未进行离岗前职业健康检查，或者疑似职业病病人在诊断或者医学观察期间的；

（2）在本单位患职业病或者因工负伤并被确认丧失或者部分丧失劳动能力的；

（3）患病或者非因工负伤，在规定的医疗期内的；

（4）女职工在孕期、产期、哺乳期的；

（5）在本单位连续工作满 15 年，且距法定退休年龄不足 5 年的；

【注意】用人单位初次实行劳动合同制度或者国有企业改制重新订立劳动合同时，劳动者在该用人单位连续工作满 10 年且距法定退休年龄不足 10 年的需签订无固定期限劳动合同。

（6）法律、行政法规规定的其他情形。

（四）劳动合同解除和终止的经济补偿

1. 经济补偿的概念

经济补偿金，是指在劳动者无过错的情况下，用人单位与劳动者解除或者终止劳动合同而依法应给予劳动者的经济上的补助。经济补偿金与违约金、赔偿金不同。

违约金是约定的，是指劳动者违反了服务期和竞业限制的约定而向用人单位支付的违约补偿，《劳动合同法》第二十五条明确规定，禁止用人单位对劳动合同服务期和竞业限制之外的其他事项与劳动者约定由劳动者承担违约金。

赔偿金是指用人单位和劳动者由于自己的过错给对方造成损害时，所应承担的不利的法律后果。

经济补偿金、违约金和赔偿金：

要　点	适用条件	支付主体
经济补偿金	①劳动关系的解除和终止 ②劳动者无过错	用人单位

（续表）

要　点	适用条件	支付主体
违约金	①劳动者违反了服务期的规定 ②劳动者违反了竞业限制的规定 《劳动合同法》禁止用人单位对劳动合同服务期和竞业限制之外的其他事项与劳动者约定由劳动者承担违约金	劳动者
赔偿金	用人单位和劳动者由于自己的过错给对方造成损害	用人单位或劳动者

2. 用人单位应当向劳动者支付经济补偿的情形

（1）劳动者符合随时通知解除和不需事先通知即可解除劳动合同规定情形而解除劳动合同的。（劳动者提前通知无需支付）

（2）由用人单位提出解除劳动合同并与劳动者协商一致而解除劳动合同的。（劳动者提出且协商一致无需支付）

（3）用人单位符合提前30日以书面形式通知劳动者本人或者额外支付劳动者1个月工资后，可以解除劳动合同的规定情形而解除劳动合同的。

（4）用人单位符合可裁减人员规定而解除劳动合同的。

（5）除用人单位维持或者提高劳动合同约定条件续订劳动合同，劳动者不同意续订的情形外，劳动合同期满终止固定期限劳动合同的。

（6）用人单位被依法宣告破产或被吊销营业执照、责令关闭、撤销或者用人单位决定提前解散而终止劳动合同的。

（7）以完成一定工作任务为期限的劳动合同因任务完成而终止的。

（8）法律、行政法规规定的其他情形。

【总结】①非试用期；②非劳动者提出；③非劳动者过错。

【注意】

①用人单位安排加班不支付加班费的，由劳动行政部门责令限期支付加班费，逾期不支付的，责令用人单位按应付金额50%以上100%以下的标准向劳动者加付赔偿金。

②因劳动者本人原因给用人单位造成经济损失的，用人单位可以按照劳动合同的约定要求其赔偿经济损失。经济损失的赔偿，可从劳动者本人的工资中扣除，但每月扣除的部分不得超过劳动者当月工资的20%。若扣除后的剩余工资部分低于当地月最低工资标准，则按最低工资标准支付。

3. 经济补偿的支付标准

（1）经济补偿金的计算公式。

①经济补偿金 = 工作年限 × 月工资

②经济补偿金 = 工作年限 × 月最低工资标准

③经济补偿金 = 工作年限（最高不超过12年）× 当地上年度职工月平均工资3倍

一般用①，工资太低用②，工资太高用③。

（2）关于工作年限。

按劳动者在本单位工作的年限，每满1年支付1个月工资的标准向劳动者支付。6个月以上（含6个月）不满1年的，按1年计算；不满6个月的，向劳动者支付半个月工资标准的经济补偿。

劳动者非因本人原因从原用人单位被安排到新用人单位工作的，劳动者在原用人单位的工作年限合并计入新用人单位的工作年限。原用人单位已经向劳动者支付经济补偿金的，新用人单位在依法解除、终止劳动合同计算支付经济补偿金的工作年限时，不再计算劳动者在原用人单位的工作年限。

（3）关于补偿基数（月工资）的计算标准。

①月工资是指劳动者在劳动合同解除或终止前12个月的平均月工资。包括计时工资或计件工资以及奖金、津贴和补贴等货币性收入。

②月平均工资低于当地最低工资标准的，按照当地最低工资标准计算。

③月工资高于用人单位所在地区上年度职工月平均工资3倍的，向其支付经济补偿的标准按职工月平均工资3倍的数额支付，向其支付经济补偿的年限最高不超过12年。

经济补偿金＝工作年限 × 月工资

工作年限：
①1年=1个月
②＜6个月＝半个月
≥6个月=1个月
③最高不超过12个月

月工资：
①≥当地最低工资标准
②≤上年平均工资3倍

【例】

工作年限	月工资	上年度职工月平均工资	当地最低工资标准	经济补偿金
4年5个月	5000元	4000元	2000元	4.5×5000元
4年5个月	1800元	—	2000元	4.5×2000元
4年5个月	15000元	4000元	—	4.5×12000元
14年5个月	15000元	4000元	—	12×12000元
14年5个月	5000元	4000元	—	14.5×5000元

【注意】

①月工资是指：合同解除或终止前12个月的平均月工资。

②月工资与上年度月平均工资3倍和最低工资标准进行比较。

③地方各级人民政府及县级以上人民政府有关部门为安置就业困难人员提供的给予岗位补贴和社会保险补贴的公益性岗位，其劳动合同不适用《劳动合同法》有关无固定期限劳动合同的规定以及支付经济补偿的规定。

【例题：单选题】2018年12月31日，甲公司与孙某的劳动合同期满，甲公司不再与其续订。已知孙某在甲公司工作年限为5年，劳动合同终止前12个月的平均工资为13000元。甲公司所在地上年度职工月平均工资为4000元，当地月最低工资标准为2000元。劳动合同终止时，甲公司依法应向孙某支付的经济补偿数额为（　　）。（2019年真题）

A. 20000元　　B. 10000元

C. 65000元　　D. 60000元

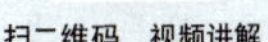

扫二维码　视频讲解

【答案】D

【解析】劳动者月工资高于用人单位所在地上年度职工月平均工资3倍的，向其支付经济补偿的标准按职工月平均工资3倍的数额支付。经济补偿金=5×（4000×3）=60000元。

（五）劳动合同解除和终止的法律后果

（1）劳动合同解除和终止后，劳动关系消灭。

（2）用人单位应当在解除或者终止劳动合同时出具解除或者终止劳动合同的证明，并在15日内为劳动者办理档案和社保关系转移手续。

用人单位对已经解除或者终止的劳动合同的文本，至少保存2年备查。

劳动者依法解除或者终止劳动合同，用人单位扣押劳动者档案或者其他物品的，由劳动行政部门责令限期退还劳动者本人，并以每人500元以上2000元以下的标准处以罚款；给劳动者造成损害的，应当承担赔偿责任。

（3）用人单位未按规定向劳动者支付经济补偿的，由劳动行政部门责令限期支付经济补偿，逾期不支付的，责令用人单位按应付金额50%以上100%以下的标准向劳动者加付赔偿金。

【注意】用人单位未支付劳动报酬、加班工资、低于当地最低工资标准同上。

（4）用人单位违反规定解除或终止劳动合同，劳动者要求继续履行的，用人单位应继续履行，劳动者不要求继续履行的，用人单位应按规定的经济补偿标准的2倍向劳动者支付赔偿金，用人单位支付了赔偿金的，不再支付经济补偿。赔偿金的计算年限自用工之日起计算。

【注意】补偿和赔偿不一样。补偿按月工资和工作年限计算，赔偿按补偿两倍计算，两者不可兼得。

（5）劳动者违反《劳动合同法》规定解除劳动合同，给用人单位造成损失的，应承担赔偿责任。

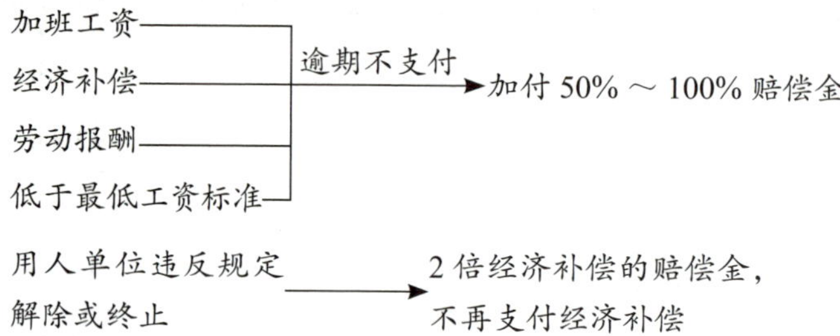

考点六 集体合同与劳务派遣

（一）集体合同

1. 集体合同的概念

集体合同是工会代表企业职工一方与企业签订的以劳动报酬、工作时间、休息休假、劳动安全卫生、保险福利等为主要内容的书面协议。尚未建立工会的用人单位，可以由上级工会指导劳动者推举的代表与用人单位订立集体合同。

2. 集体合同的订立

（1）集体合同内容由用人单位和职工各自派出集体协商代表，通过集体协商（会议）方式协商确定，集体协商双方的代表人数应当对等，每方至少3人，并各确定一名首席代表。

（2）职工代表大会或者全体职工讨论集体合同草案，应当有2/3以上（含2/3）职工代表或者职工出席，且须经全体职工代表半数以上或者全体职工半数以上（含1/2）同意，方获通过。集体合同草案或专项集体合同草案经职工代表大会或职工大会通过后，由集体协商双方首席代表签字。协商：3人以上、人数对等，出席讨论2/3，同意1/2，首席签字。

（3）集体合同订立后，应当报送劳动行政部门；劳动行政部门自收到集体合同文本之日起15日内未提出异议的，集体合同即行生效。

【注意】集体合同中劳动报酬和劳动条件等标准不得低于当地人民政府规定的最低标准；用人单位与劳动者订立的劳动合同中，劳动报酬和劳动条件等标准不得低于集体合同规定的标准。

3. 集体合同纠纷和法律救济

用人单位违反集体合同，侵犯职工劳动权益的，工会可以依法要求用人单位承担责任；因履行集体合同发生争议，经协商解决不成的，工会可以依法申请仲裁、提起诉讼。

（二）劳务派遣

劳务派遣是指由劳务派遣单位（用人单位）与劳动者订立劳动合同，与用工单位订立劳务派遣协议，将被派遣劳动者派往用工单位给付劳务。劳动力的雇佣和使用分离是劳务派遣最显著的特征。

用工单位 ←签派遣协议→ 用人单位
劳动者 —提供劳务→ 用工单位
劳动者 —签劳动合同→ 用人单位

1. 适用范围

劳动合同用工是我国企业的基本用工形式，劳务派遣用工是补充形式，只能在临时性、辅助性或者替代性的工作岗位上实施。

临时性：存续时间不超过 6 个月的岗位。

辅助性：为主营业务岗位提供服务的非主营业务岗位。

替代性：用工单位的劳动者因脱产学习、休假等原因无法工作的一定期间内，可以由其他劳动者替代工作的岗位。

【注意】用工单位使用的被派遣劳动者数量不得超过其用工总量的 10%，该用工总量是指用工单位订立劳动合同人数与使用的被派遣劳动者人数之和。

即：派遣员工 ÷（正式员工 + 派遣员工）≤ 10%。

2. 用人单位的义务

（1）劳务派遣单位应当履行用人单位对劳动者的义务。劳务派遣单位与被派遣劳动者订立的劳动合同，除应当载明劳动合同的必备条款外，还应当载明被派遣劳动者的用工单位以及派遣期限、工作岗位等情况。

（2）劳务派遣单位应当与被派遣劳动者订立 2 年以上的固定期限劳动合同，按月支付劳动报酬；被派遣劳动者在无工作期间，劳务派遣单位应当按照所在地人民政府规定的最低工资标准，向其按月支付报酬。劳务派遣单位不得以非全日制用工形式招用被派遣劳动者。

（3）用人单位不得设立劳务派遣单位向本单位或者所属单位派遣劳动者，用工单位不得将被派遣劳动者再派遣到其他用人单位。

3. 用工单位的义务

（1）执行国家劳动标准，提供相应的劳动条件和劳动保护。

（2）告知被派遣劳动者的工作要求和劳动报酬。

（3）支付加班费、绩效奖金，提供与工作岗位相关的福利待遇。

（4）对在岗被派遣劳动者进行工作岗位所必需的培训。

（5）连续用工的，实行正常的工资调整机制。

4. 被派遣劳动者的权利

（1）劳务派遣单位和用工单位不得向被派遣劳动者收取费用。

（2）被派遣劳动者享有与用工单位的劳动者同工同酬的权利。

（3）被派遣劳动者有权在劳务派遣单位或者用工单位依法参加或者组织工会，维护自身的合法权益。

（4）用工单位给被派遣劳动者造成损害的，劳务派遣单位与用工单位承担连带赔偿责任。

考点七 劳动争议的解决

（一）劳动争议及解决方法

1. 劳动争议的适用范围

劳动争议是指劳动关系当事人之间因实现劳动权利、履行劳动义务发生分歧而引起的争议。包括：

（1）因确认劳动关系发生的争议；

（2）因订立、履行、变更、解除和终止劳动合同发生的争议；

（3）因除名、辞退和辞职、离职发生的争议；

（4）因工作时间、休息休假、社会保险、福利、培训以及劳动保护发生的争议；

（5）因劳动报酬、工伤医疗费、经济补偿或者赔偿金等发生的争议；

（6）法律、法规规定的其他劳动争议。

2. 劳动争议的解决原则和方法

（1）原则：应当根据事实，遵循合法、公正、及时、着重调解的原则，依法保护当事人的合法权益。

举证责任，当事人对自己提出的主张，有责任提供证据。

（2）方法：协商、调解、仲裁、诉讼。

①协商：用人单位与劳动者发生劳动争议，劳动者可以与用人单位协商，也可以请工会或者第三方共同与用人单位协商，达成和解协议；（非必经程序）

②调解：当事人不愿协商、协商不成或者达成和解协议后不履行的，可以向调解组织申请调解；（非必经程序）

③仲裁：不愿调解、调解不成或者达成调解协议后不履行的，可以向劳动争议仲裁机构申请仲裁；（必经程序，不实行一裁终局制）

④诉讼：对仲裁裁决不服的，可以依法向人民法院提起诉讼。（必须仲裁前置）

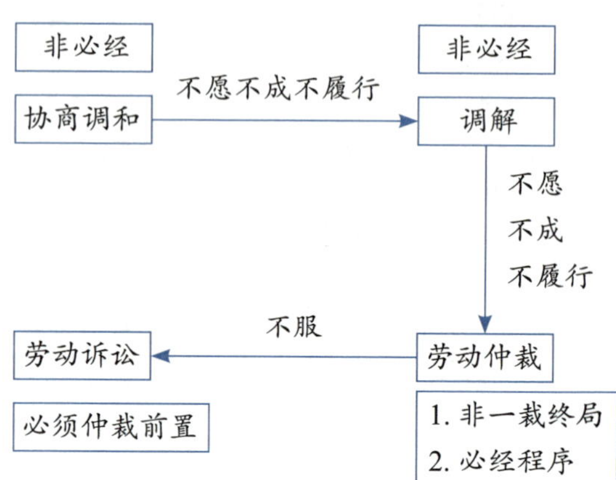

（二）劳动调解

1. 劳动争议调解组织

（1）企业劳动争议调解委员会：国家鼓励企业尤其是大型企业尽量设立调解委员会。

（2）依法设立的基层人民调解组织。

（3）在乡镇、街道设立的具有劳动争议调解职能的组织。

2. 调解员

企业劳动争议调解委员会由职工代表和企业代表组成，企业劳动争议调解委员会主任由工会成员或双方推举的人员担任。

3. 劳动调解程序

（1）当事人申请劳动争议调解可以书面申请，也可以口头申请。

（2）调解劳动争议。

（3）经调解达成协议的，应当制作调解协议书。

（4）自劳动争议调解组织收到调解申请之日起 15 日内未达成调解协议的，当事人可以依法申请仲裁。

【注意】

①调解协议书由双方当事人签名或盖章，经调解员签名并加盖调解组织印章后生效。

②因支付拖欠劳动报酬、工伤医疗费、经济补偿或者赔偿金事项达成调解协议，用人单位在协议约定期限内不履行的，劳动者可以持调解协议书依法向人民法院申请支付令。人民法院应当依法发出支付令。

（三）劳动仲裁

劳动仲裁是指由劳动争议仲裁委员会对当事人申请仲裁的劳动争议居中公断与裁决。

劳动仲裁是劳动争议当事人向人民法院提起诉讼的必经程序。

劳动争议仲裁不收费。（行政复议不收费）

【注意】经济仲裁采用或裁或审原则，依据是《仲裁法》，劳动仲裁采用先裁后审原则。

1. 劳动仲裁参加人、劳动仲裁机构和劳动仲裁管辖

（1）参加人：当事人、当事人代表、第三人、代理人。

①当事人：发生劳动争议的劳动者和用人单位为劳动争议仲裁案件的双方当事人。

②当事人代表：发生争议的劳动者一方在10人以上，并有共同请求的，劳动者可以推举3～5名代表人参加仲裁活动。

③第三人。

④代理人。

（2）劳动仲裁机构。

劳动仲裁机构是劳动人事争议仲裁委员会。

省、自治区人民政府可以决定在市、县设立；直辖市人民政府可以决定在区、县设立；直辖市、设区的市也可以设立一个或若干个劳动争议仲裁委员会，不按行政区划层层设立。

劳动仲裁机构由劳动行政部门代表、工会代表和企业方面代表组成；组成人员应当是单数。

（3）劳动仲裁管辖。

劳动争议由劳动合同履行地或者用人单位所在地的劳动争议仲裁委员会管辖。双方当事人分别向劳动合同履行地和用人单位所在地的劳动争议仲裁委员会申请仲裁的，由劳动合同履行地的劳动争议仲裁委员会管辖。

①劳动合同履行地为劳动者实际工作场所地，用人单位所在地为用人单位注册、登记地。

②案件受理后，劳动合同履行地或者用人单位所在地发生变化的，不改变争议仲裁的管辖。

③多个仲裁委员会都有管辖权的，先受理的仲裁委员会管辖。

【注意】

①民事诉讼、行政诉讼：由最先立案（非最先起诉、最先受理）的法院管辖。

②经济仲裁没有级别管辖和地域管辖；劳动仲裁有地域管辖，无级别管辖。

2. 申请和受理

（1）申请仲裁时效。

①申请时效：1年。仲裁时效期间从当事人知道或者应当知道其权利被侵害之日起计算。

劳动关系存续期间因拖欠劳动报酬发生争议的，劳动者申请仲裁不受一年仲裁时效期间的限制；但是，劳动关系终止的，应当自劳动关系终止之日起1年内提出。

②仲裁时效中断，下列3种情形会导致仲裁时效中断：当事人一方向对方当事人主张权利；向有关部门请求权利救济；对方当事人同意履行义务。从中断时起，仲裁时效期间重新计算。

③仲裁时效中止。

因不可抗力或者有其他正当理由，当事人不能在仲裁时效期间申请仲裁的，仲裁时效中止。从中止时效的原因消除之日起，仲裁时效期间继续计算。

【注意】诉讼时效期间。

①中止：诉讼时效期间的最后6个月内、因不可抗力或者其他障碍致使权利人不能行使请求权的，诉讼时效期间暂时停止计算。

②中断：诉讼时效期间，当事人提起诉讼、当事人一方提出要求或者同意履行义务，而使已经经过的时效期间全部归于无效。

（2）仲裁申请。

应当提交书面仲裁申请；书写仲裁申请确实有困难的，可以口头申请。

【注意】仲裁协议必须采用书面形式，口头形式无效。

（3）仲裁受理。

劳动争议仲裁委员会收到仲裁申请之日起5日内，决定是否受理，认为不符合受理条件的，应当书面通知申请人不予受理，并说明理由。

对劳动争议仲裁委员会不予受理或者逾期未作出决定的，申请人可以就该劳动争议事项向人民法院提起诉讼。

3. 开庭和裁决

（1）基本制度。

①先行调解制：仲裁庭在作出裁决前，应当先行调解。调解达成协议的，仲裁庭应当制作调解书。调解书经双方当事人签收后，发生法律效力。

②公开仲裁制：劳动争议仲裁公开进行，但当事人协议不公开或涉及商业秘密和个人隐私的，经相关当事人书面申请，仲裁委员会应当不公开审理。

③仲裁庭制：仲裁庭由3名仲裁员组成，设首席仲裁员。简单劳动争议案件可以由1名仲裁员独任仲裁。

④回避制：近亲属的、有利害关系的、有其他关系可能影响公正裁决的、私会或接受当事人请客送礼的。

【注意】经济仲裁开庭不公开；当事人协议公开的，可以公开进行，但涉及国家秘密的除外。

（2）开庭程序。

①申请人（劳动者）收到书面通知，无正当理由拒不到庭或未经仲裁庭同意中途退庭的，可以视为撤回仲裁申请。

②被申请人（用人单位）收到书面通知，无正当理由拒不到庭或者未经仲裁庭同意中途退庭的，仲裁庭可以继续开庭审理，并缺席裁决。

③仲裁庭裁决劳动争议案件，应当自仲裁委员会受理仲裁申请之日起45日内结束，案情复杂需要延期的，经仲裁委员会主任批准，可以延期并书面通知当事人，但延长期限不得超过15日。逾期未作出仲裁裁决的，当事人可以就该劳动争议事项向人民法院提起诉讼。

劳动争议仲裁中的3日、5日、10日指工作日；15日、45日指自然日。

（3）裁决。

裁决应当按照多数仲裁员的意见作出，少数仲裁员的不同意见应当记入笔录。对裁决持不同意见的仲裁员，可以签名，也可以不签名。仲裁庭裁决劳动争议案件时，其中一部分事实已经清楚，可以就该部分先行裁决。

下列劳动争议，除法律另有规定的外，仲裁裁决为终局裁决，裁决书自作出之日起发生法律效力：

①追索劳动报酬、工伤医疗费、经济补偿或者赔偿金，不超过当地月最低工资标准12个月金额的争议；

②因执行国家的劳动标准在工作时间、休息休假、社会保险等方面发生的争议。

仲裁庭裁定案件时，裁决内容同时涉及终局裁决和非终局裁决的，应当分别制作裁决书，并告知当事人相应的救济权利。

（4）仲裁裁决的撤销。

用人单位有证据证明终局仲裁裁决有下列情形之一的，可以自收到仲裁裁决书之日起30日内向劳动争议仲裁委员会所在地的中级人民法院申请撤销仲裁裁决：

①适用法律、法规确有错误的；

②劳动争议仲裁委员会无管辖权的；

③违反法定程序的；

④裁决所根据的证据是伪造的；

⑤对方当事人隐瞒了足以影响公正裁决的证据的；

⑥仲裁员在仲裁该案件时有索贿受贿、徇私舞弊、枉法裁决行为的。

【注意】

①对终局裁决不服，用人单位不能提起劳动诉讼，只能申请撤销该终局裁决但劳动者可以提起劳动诉讼；劳动者对劳动争议的终局裁决不服的，可以自收到仲裁裁决书之日起15日内提起诉讼。

②对非终局裁决不服，用人单位和劳动者均可以提起劳动诉讼。当事人对非终局裁决争议不服的，可以自收到仲裁裁决书之日起15日内提起诉讼。

③经济仲裁裁决书自作出之日发生法律效力。

④终局裁决被人民法院裁定撤销的，当事人可以自收到裁定书之日起15日内提起诉讼。

4. 执行

（1）仲裁庭对追索劳动报酬、工伤医疗费、经济补偿或者赔偿金的案件，根据当事人的申请，可以裁决先予执行，移送人民法院执行。仲裁庭裁决先予执行的，应当符合下列条件：①当事人之间权利义务关系明确；②不先予执行将严重影响申请人的生活。

劳动者申请先予执行的，可以不提供担保。

（2）当事人对发生法律效力的调解书、裁决书，应当依照规定的期限履行。一方当事人逾期不履行的，另一方当事人可以依照《民事诉讼法》的有关规定向人民法院申请执行。

经济仲裁和劳动仲裁：

要　点	经济仲裁	劳动仲裁
是否实行自愿原则	双方自愿达成仲裁协议，没有仲裁协议的，只能民事诉讼	劳动仲裁是民事诉讼的必经程序，劳动仲裁不涉及仲裁协议
级别管辖	无	
地域管辖	无，当事人协议选定	合同履行地或用人单位所在地；劳动合同履行地优先
回避制度	实行	
是否公开	不公开；协议公开的可以公开，但涉及国家秘密的除外	公开进行；协议不公开进行或者涉及国家秘密、商业秘密和个人隐私的除外
裁决生效	裁决书作出生效	终局裁决：作出之日 非终局裁决：收到裁决书后 15 日不起诉
对裁决不服，能否诉讼	一裁终局，不能诉讼	终局裁决劳动者可以单位不可以，非终局裁决双方都可以
申请强制执行	可以	
原则、制度	自愿、公平、独立仲裁、一裁终局	公开仲裁、仲裁庭制、回避制

（四）劳动诉讼

1. 申请范围

（1）对劳动争议仲裁委员会不予受理或者逾期未作出决定的，申请人可以就该劳动争议事项向人民法院提起诉讼。

（2）劳动者对劳动争议的终局裁决不服的，可以自收到仲裁裁决书之日起 15 日内向人民法院提起诉讼。

（3）当事人对终局裁决情形之外的其他劳动争议案件的仲裁裁决不服的，可以自收到仲裁裁决书之日起 15 日内提起诉讼。

（4）终局裁决被人民法院裁定撤销的，当事人可以自收到裁定书之日起 15 日内就该劳动争议事项向人民法院提起诉讼。

2. 程序

依照《民事诉讼法》的规定进行。

考点八　违反劳动合同法的法律责任

（一）用人单位违反《劳动合同法》的法律责任

1. 用人单位规章制度违法

用人单位违反《劳动合同法》有关建立职工名册规定的，由劳动行政部门责令限期改正；逾期不改正的，由劳动行政部门处 2000 元以上 2 万元以下的罚款。

2. 用人单位订立劳动合同违法

（1）用人单位自用工之日起超过 1 个月不满 1 年未与劳动者订立书面劳动合同的，应当向劳动者每月支付 2 倍的工资。

（2）用人单位违反《劳动合同法》规定不与劳动者订立无固定期限劳动合同的，自应当订立无固定期限劳动合同之日起向劳动者每月支付 2 倍的工资。

（3）用人单位违反《劳动合同法》规定，以担保或者其他名义向劳动者收取财物的，由劳动行政部门责令限期退还劳动者本人，并以每人 500 元以上 2000 元以下的标准处以罚款；给劳动者造成损害的，应当承担赔偿责任。

（4）用人单位招用与其他用人单位尚未解除或者终止劳动合同的劳动者，给其他用人单位造成损失的，应当承担连带责任。

3. 用人单位履行、解除、终止劳动合同违法

（1）用人单位有下列情形之一的，由劳动行政部门责令限期支付劳动报酬、加班费；逾期不支付的，责令用人单位按应付金额 50% 以上 100% 以下的标准向劳动者加付赔偿金：

①未按照劳动合同的约定或者国家规定及时足额支付劳动者劳动报酬的；

②低于当地最低工资标准支付劳动者工资的；

③安排加班不支付加班费的。

（2）用人单位违反《劳动合同法》规定解除或者终止劳动合同的，应当依照《劳动合同法》规定的经济补偿标准的 2 倍向劳动者支付赔偿金；支付赔偿金的，不再支付经济补偿。

（3）劳动者依法解除或者终止劳动合同，用人单位扣押劳动者档案或其他物品的，由劳动行政部门责令限期退还劳动者本人，并以每人 500 元以上 2000 元以下的标准处以罚款。

4. 其他法律责任

劳务派遣单位、用工单位违反《劳动合同法》有关劳务派遣规定的，由劳动行政部门责令限期改正；逾期不改正的，以每人 5000 元～ 10000 元的标准处以罚款，对劳务派遣单位，吊销其劳务派遣业务经营许可证。

（二）劳动者违反劳动合同法律制度的法律责任

（1）劳动合同被确认无效或违法解除劳动合同，给用人单位造成损失的，有过错的劳动者应当承担赔偿责任。

（2）劳动者违反劳动合同中约定的保密义务或者竞业限制，劳动者应当按照劳动合同的约定，向用人单位支付违约金。给用人单位造成损失的，应当承担赔偿责任。

（3）劳动者违反培训协议，未满服务期解除或者终止劳动合同的，或者因劳动者严重违纪，用人单位与劳动者解除约定服务期的劳动合同的，劳动者应当按照劳动合同的约定，向用人单位支付违约金。

第二节　社会保险法律制度

考点一　社会保险概述

社会保险，是指国家依法建立的，由国家、用人单位和个人共同筹集资金、建立基金，使个人在年老（退休）、患病、工伤（因工伤残或者患职业病）、失业、生育等情况下获得物质帮助和补偿的一种社会保障制度。

目前我国的社会保险项目主要有基本养老保险、基本医疗保险、工伤保险、失业保险和生育保险。

2017 年 6 月底前启动生育保险和职工基本医疗保险合并实施试点工作，试点在 12 个试点城市行政区域开展，期限为 1 年左右。

考点二 基本养老保险

（一）基本养老保险的含义

基本养老保险制度是指缴费达到法定期限并且个人达到法定退休年龄后，国家和社会提供物质帮助以保证因年老而退出劳动领域者稳定、可靠的生活来源的社会保险制度。养老保险是社会保险体系中最重要、实施最广泛的一项制度。

（二）基本养老保险的覆盖范围

（1）职工基本养老保险制度。

由用人单位和职工共同缴纳基本养老保险费。基本养老金由统筹养老金和个人账户养老金组成。无雇工的个体工商户、未在用人单位参加基本养老保险的非全日制从业人员以及其他灵活就业人员可以参加基本养老保险，由个人缴纳基本养老保险费。

（2）新型农村社会养老保险（简称新农保）：保障农村居民年老时的基本生活为目的，实行个人缴费、集体补助和政府补贴相结合的筹资模式，新农保待遇由基础养老金和个人账户养老金组成。

（3）城镇居民社会养老保险（简称城居保）：保障城镇户籍非从业人员养老保险制度，城居保的养老金待遇由基础养老金和个人账户养老金两部分构成，基础养老金由政府全额支付，个人账户由个人缴费、政府补贴和其他来源组成。

（4）国务院于 2015 年 1 月 14 日发布了《关于机关事业单位工作人员养老保险制度改革的决定》，改革现行机关事业单位工作人员退休保障制度，逐步建立独立于机关事业单位之外、资金来源多渠道、保障方式多层次、管理服务社会化的养老保险体系。

对于按照《公务员法》管理的单位、参照《公务员法》管理的机关（单位）、事业单位及其编制内的工作人员，实行社会统筹与个人账户相结合的基本养老保险制度。

（三）职工基本养老保险基金的组成和来源

基本养老保险基金由用人单位和个人缴费以及政府补贴等组成。

基本养老金由统筹养老金和个人账户养老金组成。

（1）统筹养老金账户：用人单位应当按照国家规定的本单位职工工资总额的比例缴纳基本养老保险费，记入基本养老保险统筹基金。

（2）个人养老金账户：职工按照国家规定的本人工资的比例缴纳基本养老保险费，记入个人账户。

【注意】

①个人账户不得提前支取，记账利率不得低于银行定期存款利率，免征利息税。

②个人跨统筹地区就业的，其基本养老保险关系随本人转移，缴费年限累计计算。个人达到法定退休年龄时，基本养老金分段计算、统一支付。

（四）职工基本养老保险费的缴纳与计算

1. 单位缴费

按照现行政策，自 2019 年 5 月 1 日起，降低城镇职工基本养老保险（包括企业和机关事业单位基本养老保险）单位缴费比例。各省、自治区、直辖市及新疆生产建设兵团养老保险单位缴费比例高于 16% 的，可降至 16%；目前低于 16% 的，要研究提出过渡办法。

2. 个人缴费

从 2006 年 1 月 1 日起，个人缴费工资的 8%，单位缴费不再划入个人账户。

（1）缴费工资基数：一般以职工本人上一年度（有条件的地区也可以本人上月）月平均工资计算。新职工第一年以起薪当月工资作为缴费基数。

（2）本人月平均工资低于当地职工月平均工资 60% 的，按当地职工月平均工资的 60% 作为缴费基数。本人月平均工资高于当地职工月平均工资 300% 的，按当地职工月平均工资的 300% 作为缴费基数，超过部分不计入缴费工资基数，也不计入计发养老金的基数。

【注意】

①劳动者月工资高于用人单位所在直辖市、设区的市级人民政府公布的本地区上年度职工月平均工资 3 倍的，向其支付经济补偿金的标准按职工月平均工资 3 倍的数额支付，向其支付经济补偿金的年限最高不超过 12 年。

②个人缴费不计征个人所得税，在计算个人所得税的应税收入时，应当扣除个人缴纳的养老保险费。

③城镇个体工商户和灵活就业人员缴费基数为当地上年度在岗职工月平均工资，允许缴费人在 60% 至 300% 之间选择适当的缴费基数，缴费比例为 20%，其中 8% 计入个人账户。

（五）职工基本养老保险享受条件与待遇

1. 职工基本养老保险享受条件

（1）年龄条件：达到法定退休年龄。

我国法定退休年龄：男年满 60 周岁，女工人年满 50 周岁，女干部年满 55 周岁。从事井下、高温、高空、特别繁重体力劳动或其他有害身体健康工作的，退休年龄男年满 55 周岁，女年满 45 周岁；因病或非因工致残，由医院证明并经劳动鉴定委员会确认完全丧失劳动能力的，退休年龄为男年满 50 周岁，女年满 45 周岁。

从事工作及身体状况	退休年龄		
	男	女	女干部
一般工作	60	50	55
井下、高温、高空、特别繁重体力劳动或其他有害身体健康工作	55	45	—
因病或非因工致残，由医院证明并经劳动鉴定委员会确认完全丧失劳动能力的	50	45	—

（2）缴费条件：累计缴费满 15 年。

达到法定退休年龄且累计缴费满 15 年的，按月领取基本养老金。

【注意】必须同时满足年龄条件和缴费条件，即必须退休且累计缴费满 15 年。

2. 职工基本养老保险待遇

（1）职工基本养老金。

（2）丧葬补助金和遗属抚恤金。

①参加基本养老保险的个人，因病或者非因工死亡的，其遗属可以领取丧葬补助金和抚恤金，所需资金从基本养老保险基金中支付。

②个人死亡同时符合领取基本养老保险丧葬补助金、工伤保险丧葬补助金和失业保险丧葬补助金条件的，其遗属只能选择领取其中的一项。

③参加职工基本养老保险的个人死亡后，其个人账户中的余额可以全部依法继承。

（3）病残津贴。

参加基本养老保险的个人，在未达到法定退休年龄时因病或者非因工致残完全丧失劳动能力的，可以领取病残津贴，所需资金从基本养老保险基金中支付。

【注意】如因工致残，在评定伤残等级后可以领取伤残津贴，由工伤保险基金支付。

考点三 基本医疗保险

（一）基本医疗保险的含义

按照国家规定缴纳一定比例的医疗保险费，参保人因患病和意外伤害而就医诊疗，由医疗保险基金支付其一定医疗费用的社会保险制度。

（二）基本医疗保险的覆盖范围

1. 职工基本医疗保险

由**用人单位和职工共同缴纳**，征缴范围包括各类企业（包括外商投资企业）及其职工，国家机关及其工作人员，事业单位及其职工，民办非企业单位及其职工，社会团体及其专职人员。

无雇工的个体工商户、未在用人单位参加基本医疗保险的非全日制从业人员以及其他灵活就业人员可以参加职工基本医疗保险，由个人按照国家规定缴纳基本医疗保险费（同基本养老保险）。

2. 城乡居民基本医疗保险

城乡居民基本医疗保险制度覆盖范围包括现有城镇居民基本医疗保险制度和新型农村合作医疗所有应参保（合）单位，即覆盖除职工基本医疗保险应参保人员以外的其他所有城乡居民，统一保障待遇。

（三）全面推进生育保险和职工基本医疗保险合并实施

统一基金征缴和管理，生育保险基金并入职工基本医疗保险基金，按照用人单位参加生育保险和职工基本医疗保险的缴费比例之和确定新的用人单位职工基本医疗保险费率，个人不缴纳生育保险费。

（四）职工基本医疗保险费的缴纳

（1）单位缴费：职工工资总额的6%左右。

（2）基本医疗保险个人账户的资金来源：

①个人缴费部分：本人工资收入的2%；

②用人单位强制性缴费的划入部分：30%左右；

③个人账户存储额的利息。

单位：6% → 70% → 统筹账户
30% → 个人账户
个人：2% → 个人账户
利息 → 个人账户

（3）基本医疗保险关系转移接续制度。

个人跨统筹地区就业的，其基本医疗保险关系随本人转移，缴费年限累计计算。

（4）退休人员基本医疗保险费的缴纳。

参加职工基本医疗保险的个人，达到法定退休年龄时累计缴费达到国家规定年限的，退休后不再缴纳基本医疗保险费，按照国家规定享受基本医疗保险待遇，未达到国家规定缴费年限的，可以缴费至国家规定年限，目前对最低缴费年限没有全国统一的规定，由各统筹地区根据本地情况确定。

（五）职工基本医疗费用的结算

起付线与封顶线：

起付线：**当地职工年平均工资的10%**左右。

封顶线：**当地职工年平均工资的6倍**左右。

（1）低于起付线：**个人账户支付或个人自付**。

（2）起付线与封顶线之间：报销90%，**个人账户支付或个人自付10%**。

（3）封顶线以上及报销目录以外：**不报销**，可以通过单位补充医疗保险或参加商业保险等途径解决。

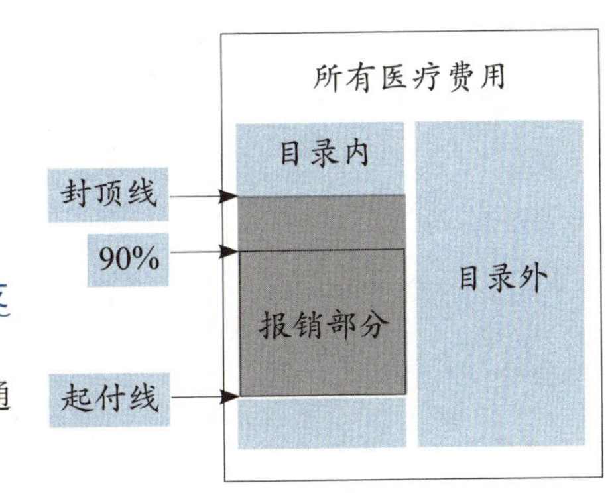
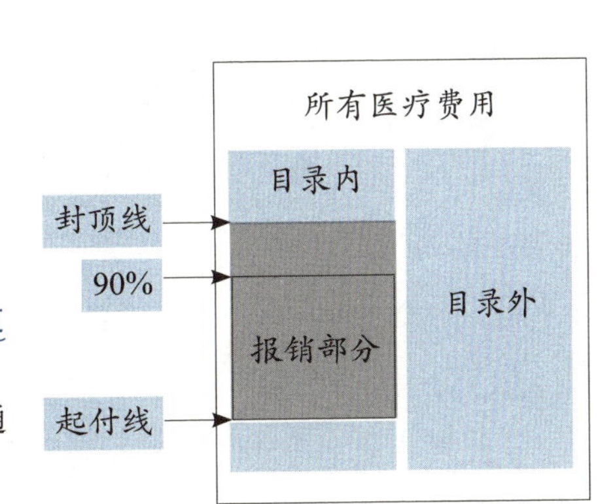

第八章

【例题：不定项选择题】吴某在定点医院做外科手术，共发生医疗费用 18 万，其中在规定医疗目录内的费用为 15 万，目录以外费用 3 万。当地职工平均工资水平为 2000 元 / 月。

要求：根据上述资料，分析回答下列第（1）～（2）小题。

（1）吴某可以从统筹账户中报销的费用为（　　）元。

A. 2400　　B. 144000　　C. 127440　　D. 131760

【答案】C

【解析】

起付线：2000×12×10%=2400（元）。

封顶线：2000×12×6=144000（元）。

可报销：（144000-2400）×90%=127440（元）。

扫二维码　视频讲解

（2）需要吴某自理的费用为（　　）元。

A. 52560　　B. 16560　　C. 22560　　D. 50160

【答案】A

【解析】自付：2400+（144000-2400）×10%+（150000-144000）+（180000-150000）=52560 或 180000-127440=52560（元）。

（六）基本医疗保险基金不支付的医疗费用

（1）应当从工伤保险基金中支付的。

（2）应当由第三人负担的。

（3）应当由公共卫生负担的。

（4）在境外就医的。

医疗费用应当由第三人负担，第三人不支付或者无法确定第三人的，由基本医疗保险基金先行支付，然后向第三人追偿。

（七）医疗期

医疗期是指企业职工因患病或非因工负伤停止工作，治病休息，但不得解除劳动合同的期限。（因工负伤停止工作是停工留薪期）

1. 医疗期期间（3 ～ 24 个月）

企业职工因患病或非因工负伤，需要停止工作，进行医疗时，根据本人实际参加工作年限和在本单位工作年限，给予 3 个月到 24 个月的医疗期。

医疗期的计算从病休第一天开始，累计计算。病休期间，公休、假日和法定节日包括在内。

2. 医疗期的计算方法

根据实际工作年限和在本单位工作年限综合考虑。

实际工作年限	本单位工作年限	医疗期	计算时间段
10 年以下	5 年以下	3 个月	6 个月
	5 ～ 10 年	6 个月	12 个月
10 年以上	5 年以下	6 个月	12 个月
	5 ～ 10 年	9 个月	15 个月
	10 ～ 15 年	12 个月	18 个月

（续表）

实际工作年限	本单位工作年限	医疗期	计算时间段
10 年以上	15～20 年	18 个月	24 个月
	20 年以上	24 个月	30 个月

【注意】

①计算带薪年休假的天数时，依据劳动者累计工作年限，与在本单位的工作年限无关；不包括国家法定休假日、休息日。

②医疗期的期间，先看劳动者的累计工作年限，再看在本单位的工作年限；包括国家法定休假日、休息日。

③对某些患特殊疾病的职工，在 24 个月内尚不能痊愈的，经企业和劳动主管部门批准，可以适当延长医疗期。

3. 医疗期内的待遇

（1）病假工资（或疾病救济费）标准：可低于当地最低工资标准，但最低不能低于最低工资标准的 80%。

（2）如医疗期内待遇合同期满，则合同必须续延至医疗期满，职工在此期间仍然享受医疗期内待遇。除劳动者有以下情形外，用人单位在医疗期内不得解除或终止劳动合同：

①在试用期间被证明不符合录用条件的；

②严重违反用人单位的规章制度的；

③严重失职，营私舞弊；

④劳动者同时与其他用人单位建立劳动关系，对完成本单位的工作任务造成严重影响，或者经用人单位提出，拒不改正的；

⑤以欺诈、胁迫的手段或者乘人之危，使用人单位在违背真实意思的情况下订立或者变更劳动合同致使劳动合同无效的；

⑥被依法追究刑事责任的。

【注意】

①服务期内劳动合同期满，劳动合同应当续延至服务期满；双方另有约定的，从其约定。

②女职工在孕期、产期、哺乳期的，劳动合同应当续延至相应的情形消失时终止。

③对医疗期满尚未痊愈者，或者医疗期满后，不能从事原工作，也不能从事用人单位另行安排的工作，被解除劳动合同的，用人单位需按经济补偿规定给予其经济补偿。（用人单位提前通知解除或额外支付一个月工资才可解除）

④关于最低工资标准

a. 医疗期病假工资标准：可低于当地最低工资标准，但最低不能低于最低工资标准的 80%。

b. 劳动者在试用期的工资不得低于本单位相同岗位最低档工资或者劳动合同约定工资的 80%，并不得低于用人单位所在地的最低工资标准。

c. 因劳动者本人原因给用人单位造成的经济损失，从劳动者本人的工资中扣除，但每月扣除的部分不得超过劳动者当月工资的 20%。若扣除后的剩余工资部分低于当地月最低工资标准，则按最低工资标准支付。

d. 计算经济补偿金时，劳动者在劳动合同解除或者终止前 12 个月的平均工资低于当地最低工资标准的，按照当地最低工资标准计算。

e. 劳务派遣单位应当与被派遣劳动者订立 2 年以上的固定期限劳动合同，按月支付劳动报酬；被派遣劳动者在无工作期间，劳务派遣单位应当按照所在地人民政府规定的最低工资标准，向其按月支付报酬。

考点四 工伤保险

（一）工伤保险的含义

工伤保险是指劳动者在职业工作中或规定的特殊情况下遭遇意外伤害或职业病，导致暂时或永久丧失劳动能力以及死亡时，劳动者或其遗属能够从国家和社会获得物质帮助的社会保险制度。

（二）工伤保险费的缴纳和工伤保险基金

1. 工伤保险费的缴纳

用人单位缴纳工伤保险费，职工个人不缴纳。

工伤保险费根据以支定收、收支平衡的原则，确定费率。国家根据不同行业的工伤风险程度确定行业差别费率和行业内费率差别，行业差别费率和行业内费率档次由国务院社会保险行政部门制定，报国务院批准后公布施行。

用人单位缴费费率由社会保险经办机构根据用人单位使用工伤保险基金、工伤发生率和所属行业费率档次等情况确定。

2. 工伤保险基金

由用人单位缴纳的工伤保险费、工伤保险基金的利息、依法纳入工伤保险基金的其他资金构成。

工伤保险基金存入社会保障基金财政专户，用于《工伤保险条例》规定的工伤保险待遇，劳动能力鉴定，工伤预防的宣传、培训等费用，以及法律、法规规定的用于工伤保险的其他费用的支付。

（三）工伤认定与劳动能力鉴定

1. 工伤认定

（1）在工作时间和工作场所内，因工作原因受到事故伤害的。

（2）工作时间前后在工作场所内，从事与工作有关的预备性或者收尾性工作受到事故伤害的。

（3）在工作时间和工作场所内，因履行工作职责受到暴力等意外伤害的。

（4）患职业病的。

（5）因工外出期间，由于工作原因受到伤害或者发生事故下落不明的。

（6）在上下班途中，受到非本人主要责任的交通事故或者城市轨道交通、客运轮渡、火车事故伤害的。

（7）法律、行政法规规定应当认定为工伤的其他情形。

2. 视同工伤的情形

（1）在工作时间和工作岗位，突发疾病死亡或者在48小时内经抢救无效死亡的（48小时之外死亡不属于工伤）。

（2）在抢险救灾等维护国家利益、公共利益活动中受到伤害的。

（3）原在军队服役，因战、因公负伤致残，已取得革命伤残军人证，到用人单位后旧伤复发的。

3. 不认定为工伤的情况

（1）故意犯罪。

（2）醉酒或吸毒。

（3）自残或自杀。

（4）法律、行政法规规定的其他情形。

4. 劳动能力鉴定

职工发生工伤，经治疗伤情相对稳定后存在残疾、影响劳动能力的，应当进行劳动能力鉴定。劳动能力鉴定是指劳动功能障碍程度和生活自理障碍程度的等级鉴定。

（1）劳动功能障碍分为十个伤残等级，最重的为一级，最轻的为十级。生活自理障碍分为三个等级：生活完全不能自理、生活大部分不能自理和生活部分不能自理。

（2）自劳动能力鉴定结论作出之日起 1 年后，工伤职工或者其近亲属、所在单位或者经办机构认为伤残情况发生变化的，可以申请劳动能力复查鉴定。

（四）工伤保险待遇

1. 工伤医疗待遇

（1）治疗工伤的医疗费用（诊疗费、药费、住院费）。

（2）住院伙食补助费、交通食宿费。

（3）康复性治疗费。

（4）停工留薪期工资福利待遇（非医疗期待遇）。

第（1）～（3）项由工伤保险基金支付，第（4）项由用人单位按月支付。

【注意】

①停工留薪期工资福利待遇一般不超过 12 个月。伤情严重或者情况特殊，经设区的市级劳动能力鉴定委员会确认，可以适当延长，但延长不得超过 12 个月。

②工伤职工评定伤残等级后，停止享受停工留薪期待遇，按照规定享受伤残待遇。

2. 辅助器具装配费

从工伤保险基金支付。

3. 伤残待遇

经劳动能力鉴定委员会鉴定，评定伤残等级的工伤职工，享受伤残待遇。包括：生活护理费、伤残津贴、一次性伤残补助金、一次性工伤医疗补助金和一次性伤残就业补助金。

（1）生活护理费。

工伤职工已经评定伤残等级并经劳动能力鉴定委员会确认需要生活护理的，从工伤保险基金按月支付生活护理费。

（2）一次性伤残补助金。

职工因工致残被鉴定为一级至十级伤残的，从工伤保险基金按伤残等级支付一次性伤残补助金。

（3）伤残津贴。

①职工因工致残被鉴定为一级至四级伤残的，保留劳动关系，退出工作岗位，从工伤保险基金按月支付伤残津贴。伤残津贴实际金额低于当地最低工资标准的，由工伤保险基金补足差额。

职工因工致残被鉴定为五级、六级伤残的，保留与用人单位的劳动关系，由用人单位安排适当工作；难以安排工作的，由用人单位按月发给伤残津贴。伤残津贴实际金额低于当地最低工资标准的，由用人单位补足差额。

②因工致残享受伤残津贴的职工达到退休年龄并办理退休手续后，停发伤残津贴，按照国家有关规定享受基本养老保险待遇。被鉴定为一级至四级伤残的职工，基本养老保险待遇低于伤残津贴的，由工伤保险基金补足差额。

（4）一次性工伤医疗补助金和一次性伤残就业补助金。

五、六级伤残，经工伤职工本人提出，可以与用人单位解除或终止劳动关系。七级至十级伤残的，劳动合同期满终止，或者职工本人主动提出提前解除劳动合同，由工伤保险基金支付一次性工伤医疗补助金，由用人单位支付一次性伤残就业补助金。

4. 工亡待遇

职工因工死亡，或者伤残职工在停工留薪期内因工伤导致死亡的，其近亲属享受遗属待遇，包括：

（1）丧葬补助金，为 6 个月的统筹地区上年度职工月平均工资。

（2）供养亲属抚恤金，工亡职工的配偶每月发给本人生前月工资的 40%，其他亲属每月发给本人生前月工资的30%，孤寡老人或孤儿每人每月在上述基础上增加10%，但最终核定的各供养亲属的抚恤金之和不应高于工亡职工生前的工资。

（3）一次性工亡补助金，为上一年度全国城镇居民人均可支配收入的20倍。

【注意】

①一至四级伤残职工在停工留薪期满后死亡的，其近亲属可以享受前两项遗属待遇，不享受一次性工亡补助金待遇。（在停工留薪期内死亡就可以享受）

②参加基本养老保险的个人，因病或者非因工死亡的，其遗属可以领取丧葬补助金和抚恤金，所需资金从基本养老保险基金中支付。

③失业人员在领取失业保险金期间死亡的，参照当地对在职职工死亡的规定，向其遗属发给一次性丧葬补助金和抚恤金，所需资金从失业保险基金中支付。

④如果个人死亡同时符合领取基本养老保险丧葬补助金、工伤保险丧葬补助金和失业保险丧葬补助金条件的，其遗属只能选择领取其中的一项。

5. 工伤待遇

（1）工伤医疗待遇、伤残待遇、工亡待遇。

要　点	内　容
工伤医疗待遇	治疗工伤的医疗费用；住院伙食补助费、交通食宿费；康复性治疗费；停工留薪期工资福利待遇
伤残待遇	生活护理费；伤残津贴；一次性伤残补助金；一次性工伤医疗补助金；一次性伤残就业补助金
工亡待遇	丧葬补助金；供养亲属抚恤金；一次性工亡补助金

（2）按等级划分。

等　级	伤残情况	生活护理费	一次性伤残补助金	伤残津贴	一次性工伤医疗补助金	一次性伤残就业补助金
1～4	退出工作岗位	√	√	√	×	×
5～6	继续工作	√	√	×	×	×
	难以工作	√	√	√	×	×
7～10	继续工作	√	√	×	×	×
	职工提出解除或合同期满	√	√	×	√	√

（3）工伤原因及在职状态。

要　点		丧葬补助金	供养亲属抚恤金	一次性工亡补助金
因工死亡	停工留薪期内	√	√	√
	停工留薪期满	√	√	×
因病、非因工死亡、失业期间		√	√	×

第八章

（五）工伤保险待遇承担

1. 由工伤保险基金支付的费用

（1）治疗工伤的医疗费用和康复费用。

（2）住院伙食补助费。
（3）到统筹地区以外就医的交通食宿费。
（4）安装配置伤残辅助器具所需费用。
（5）生活不能自理的，经劳动能力鉴定委员会确认的生活护理费。
（6）一次性伤残补助金和一至四级伤残职工按月领取的伤残津贴。
（7）终止或解除劳动合同时，应当享受的一次性医疗补助金。
（8）因工死亡的，其遗属领取的丧葬补助金、供养亲属抚恤金和因工死亡补助金。
（9）劳动能力鉴定费。

2. 由用人单位支付的费用

（1）治疗工伤期间的工资福利。
（2）五级、六级伤残职工按月领取的伤残津贴。
（3）终止或者解除劳动合同时，应当享受的一次性伤残就业补助金。

工伤保险基金	用人单位
工伤医疗待遇	治疗期间的工资福利
生活护理费	
一次性伤残补助金	
按月领取的伤残津贴：一到四级	按月领取的伤残津贴：五、六级
一次性医疗补助金	一次性伤残就业补助金
遗属待遇：丧葬补助金，供养亲属抚恤金，一次性工亡补助金	
劳动能力鉴定费	

（六）特别规定

（1）本人工资是指工伤职工因工作遭受事故伤害或者患职业病前 12 个月平均月缴费工资。

本人工资高于统筹地区职工平均工资 300% 的，按照统筹地区职工平均工资的 300% 计算；本人工资低于统筹地区职工平均工资 60% 的，按照统筹地区职工平均工资 60% 计算。

【注意】基本养老保险：当地职工月平均工资 60% ～ 300%。经济补偿金：当地月最低工资标准～当地月平均工资 3 倍。

（2）工伤职工有下列情形之一的，停止享受工伤保险待遇：丧失享受待遇条件的；拒不接受劳动能力鉴定的；拒绝治疗的。

（3）职工所在用人单位未依法缴纳工伤保险费，发生工伤事故的，由用人单位支付工伤保险待遇。用人单位不支付的，从工伤保险基金中先行支付，由用人单位偿还。用人单位不偿还的，社会保险经办机构可以追偿。

（4）由于第三人的原因造成工伤，第三人不支付工伤医疗费用或者无法确定第三人的，由工伤保险基金先行支付。工伤保险基金先行支付后，有权向第三人追偿。

【注意】医疗费用应当由第三人负担，第三人不支付或者无法确定第三人的，由基本医疗保险基金先行支付，然后向第三人追偿。

考点五 失业保险

（一）失业保险的含义

失业保险是国家通过立法强制实行的，由社会集中建立基金，保障因失业而暂时中断生活来源的劳动者的基本生活，并通过职业训练、职业介绍等措施促进其再就业的社会保险制度。

（二）失业保险费的缴纳

（1）征缴范围：国有企业、城镇集体企业、外商投资企业、城镇私营企业和其他城镇企业及其职工、事业单位及其职工。

（2）征缴比例。

《失业保险条例》规定：

单位：工资总额的2%，职工本人工资的1%。

城镇企事业单位按照本单位工资总额的2%缴纳事业保险费，职工按照本人工资的1%缴纳失业保险费；为减轻企业负担，促进扩大就业，人力资源社会保障部、财政部数次发文降低失业保险费率，将用人单位和职工失业保险缴费比例总和从3%阶段性降至1%，个人费率不得超过单位费率，实施失业保险总费率1%的省份，延长阶段性降低失业保险费率的期限至2020年4月30日。

（3）职工跨统筹地区就业的，其失业保险关系随本人转移，缴费年限累计计算。

【注意】个人跨统筹地区就业的，其基本养老保险关系、基本医疗保险关系和失业保险关系随本人转移，缴费年限累计计算。

（三）失业保险待遇

1. 失业保险待遇的享受条件

（1）失业前用人单位和本人已经缴纳失业保险费满1年的。

（2）非因本人意愿中断就业的。包括：①终止劳动合同的；②被用人单位解除劳动合同的；③被用人单位开除、除名和辞退的；④用人单位以暴力、威胁或者非法限制人身自由的手段强迫劳动，劳动者解除劳动合同的；⑤用人单位未按照劳动合同约定支付劳动报酬或者提供劳动条件，劳动者解除劳动合同的。

（3）已经进行失业登记，并有求职要求的。

【注意】养老保险享受条件，缴满15年并退休。

2. 失业保险金的领取期限

（1）用人单位应当及时为失业人员出具终止或者解除劳动关系的证明，并将失业人员的名单自终止或者解除劳动关系之日起7日内报受理其失业保险业务的经办机构备案。失业人员应当持本单位为其出具的终止或者解除劳动关系的证明，及时到指定的公共就业服务机构办理失业登记。失业人员应在终止或者解除劳动合同之日起60日内到受理其单位失业保险业务的经办机构申领失业保险金。

失业前累计缴费年限	领取期限
1年≤年限＜5年	最长12个月
5年≤年限＜10年	最长18个月
年限≥10年	最长24个月

（2）重新就业后，再次失业的，缴费时间重新计算，领取失业保险金的期限与前次失业应当领取而尚未领取的失业保险金的期限合并计算，最长不超过24个月；失业人员因当期不符合失业保险金领取条件的，原有缴费时间予以保留，重新就业并参保的，缴费时间累计计算。

3. 失业保险金发放标准

不低于城市居民最低生活保障标准，不高于当地最低工资标准。

4. 失业保险待遇

（1）领取失业保险金期间的基本医疗保险费。

失业人员在领取失业保险金期间，参加职工基本医疗保险，享受基本医疗保险待遇。失业人员应当缴纳的基本医疗保险费从失业保险基金中支付，个人不缴纳基本医疗保险费。

（2）领取失业保险金期间的死亡补助。

失业人员在领取失业保险金期间死亡的，参照当地对在职职工死亡的规定，向其遗属发给一次性丧葬补助金和抚恤金，所需资金从失业保险基金中支付。

【注意】个人死亡同时符合领取基本养老保险丧葬补助金、工伤保险丧葬补助金和失业保险丧葬补助金条件的，其遗属只能选择领取其中的一项。

（3）职业介绍与职业培训补贴。

（4）其他。

（四）停止领取失业保险金及其他失业保险待遇的情形

（1）重新就业的。

（2）应征服兵役的。

（3）移居境外的。

（4）享受基本养老保险待遇的。

（5）被判刑收监执行的。

（6）无正当理由，拒不接受当地人民政府指定部门或者机构介绍的适当工作或者提供的培训的。

社会保险费率及领取条件总结：

种　类	比　例		享受条件
	个　人	单　位	
养　老	8%	20%	退休、缴费满 15 年
医　疗	2%	6%	目录内：（10% ～ 6 倍）90%
工　伤	不缴纳	按规定	因工受伤、致残、死亡
失　业	1% ～ 1.5%，个人不超过 0.5%		①非本人意愿辞职 ②缴费满 1 年 ③已登记

考点六　社会保险费征缴与管理

（一）社会保险登记

1. 用人单位的社会保险登记

根据《社会保险费征缴暂行条例》的规定，企业在办理登记注册时，同步办理社会保险登记。企业以外的缴费单位应当自成立之日起 30 日内，向当地社会保险经办机构申请办理社会保险登记。

2. 个人的社会保险登记

用人单位应当自用工之日起 30 日内为其职工向社会保险经办机构申请办理社会保险登记。

自愿参加社会保险的无雇工的个体工商户，未在用人单位参加社会保险的非全日制工作人员及其他灵活就业人员，应当向社会保险经办机构申请办理社会保险登记。

（二）社会保险费缴纳

用人单位的缴纳义务：

（1）用人单位应当自行申报、按时足额缴纳社会保险费，非因不可抗力等法定事由不得缓缴、减免；

（2）职工应当缴纳的社会保险费由用人单位代扣代缴，用人单位应当按月将缴纳社会保险费的明细情况告知本人；

（3）无雇工的个体工商户、未在用人单位参加社会保险的非全日制从业人员以及其他灵活就业人员，可以直接向社会保险费征收机构缴纳社会保险费；

（4）自2019年1月1日起由税务部门统一征收各项社会保险费和先行划转的非税收入。

（三）社会保险基金管理

除基本医疗保险基金与生育保险基金合并建账及核算外，其他各项社会保险基金按照社会保险险种分别建账，分账核算，执行国家统一的会计制度，社会保险基金专款专用，任何组织和个人不得侵占或挪用。

考点七　违反社会保险法的法律责任

（一）用人单位违反社会保险法的法律责任

（1）用人单位不办理社会保险登记的，责令限期改正；逾期不改正的，对用人单位处应缴社会保险费数额1倍以上3倍以下的罚款，对其直接负责的主管人员和其他直接责任人员处500元以上3000元以下的罚款。

（2）滞纳金：欠缴之日起，按日加收0.05%的滞纳金；逾期仍不缴纳的，由有关行政部门处欠缴数额1倍以上3倍以下的罚款。

（3）用人单位拒不出具终止或者解除劳动关系证明的，由劳动行政部门责令改正；给劳动者造成损害的，应当承担赔偿责任。

（二）骗保行为的法律责任

（1）以欺诈、伪造证明材料或者其他手段骗取社会保险待遇的，由社会保险行政部门责令退回骗取的社会保险费，处骗取金额2倍以上5倍以下的罚款。

（2）社会保险经办机构以及医疗机构、药品经营单位等社会保险服务机构以欺诈、伪造证明材料或者其他手段骗取社会保险基金支出的，由社会保险行政部门责令退回骗取的社会保险金，处骗取金额2倍以上5倍以下的罚款；属于社会保险服务机构的，解除服务协议；直接负责的主管人员和其他直接责任人员有执业资格的，依法吊销其执业资格。

（三）社会保险经办机构、社会保险费征收机构、社会保险服务机构等机构的法律责任

上述机构违反规定的，由社会保险行政部门责令改正，对直接负责的主管人员和其他直接责任人员依法给予处分；给社会保险基金、用人单位或个人造成损失的，应当承担赔偿责任。